AF898075

Pierre par pierre (Volume 2)

DE MEILLEURES POLITIQUES DU LOGEMENT DANS L'APRÈS COVID-19

OCDE
DES POLITIQUES MEILLEURES
POUR UNE VIE MEILLEURE

Cet ouvrage est publié sous la responsabilité du Secrétaire général de l'OCDE. Les opinions et les arguments exprimés ici ne reflètent pas nécessairement les vues officielles des pays Membres de l'OCDE.

Ce document, ainsi que les données et cartes qu'il peut comprendre, sont sans préjudice du statut de tout territoire, de la souveraineté s'exerçant sur ce dernier, du tracé des frontières et limites internationales, et du nom de tout territoire, ville ou région.

Les données statistiques concernant Israël sont fournies par et sous la responsabilité des autorités israéliennes compétentes. L'utilisation de ces données par l'OCDE est sans préjudice du statut des hauteurs du Golan, de Jérusalem-Est et des colonies de peuplement israéliennes en Cisjordanie aux termes du droit international.

Note de la République de Türkiye
Les informations figurant dans ce document qui font référence à « Chypre » concernent la partie méridionale de l'Ile. Il n'y a pas d'autorité unique représentant à la fois les Chypriotes turcs et grecs sur l'Ile. La Türkiye reconnaît la République Turque de Chypre Nord (RTCN). Jusqu'à ce qu'une solution durable et équitable soit trouvée dans le cadre des Nations Unies, la Türkiye maintiendra sa position sur la « question chypriote ».

Note de tous les États de l'Union européenne membres de l'OCDE et de l'Union européenne
La République de Chypre est reconnue par tous les membres des Nations Unies sauf la Türkiye. Les informations figurant dans ce document concernent la zone sous le contrôle effectif du gouvernement de la République de Chypre.

Merci de citer cet ouvrage comme suit :
OCDE (2023), *Pierre par pierre (Volume 2) : De meilleures politiques du logement dans l'après COVID-19*, Éditions OCDE, Paris, https://doi.org/10.1787/43b303bd-fr.

ISBN 978-92-64-67974-0 (imprimé)
ISBN 978-92-64-54770-4 (pdf)
ISBN 978-92-64-34338-2 (HTML)
ISBN 978-92-64-33805-0 (epub)

Crédits photo : Couverture © Sergey Nivens/Shutterstock.com.

Les corrigenda des publications sont disponibles sur : www.oecd.org/fr/apropos/editionsocde/corrigendadepublicationsdelocde.htm.

© OCDE 2023

L'utilisation de ce contenu, qu'il soit numérique ou imprimé, est régie par les conditions d'utilisation suivantes : https://www.oecd.org/fr/conditionsdutilisation.

Remerciements

Le présent volume rassemble les principales conclusions du Projet horizontal sur les politiques du logement au service d'une croissance durable et inclusive – Phase II mené par l'OCDE sur la période 2021-2022. Cette activité a pu s'appuyer sur l'approche, le cadre et les conclusions du Projet de l'OCDE sur le logement entrepris en 2019-2020, qui sont présentés dans l'ouvrage *Pierre par pierre : Bâtir de meilleures politiques du logement*.

Le Comité de politique économique, présidé par Cecilia Rouse (États-Unis), et son Groupe de travail n° 1 chargé de l'analyse des politiques macroéconomiques et structurelles, alors présidé par Arent Skjaeveland (Norvège), ont piloté le Projet horizontal de l'OCDE sur les politiques du logement au service d'une croissance durable et inclusive – Phase II. Ce projet a été mené sous la supervision et a bénéficié des contributions du Comité des statistiques et de la politique statistique, du Comité de l'emploi, du travail et des affaires sociales, du Comité des politiques d'environnement, du Comité des politiques de développement régional, du Comité des marchés financiers et du Comité des affaires fiscales. Il a été préparé sous la direction de Laurence Boone, Secrétaire générale adjointe et Cheffe économiste, puis d'Alvaro Pereira, Chef économiste par intérim. Il a été géré par Luiz de Mello, Directeur de la Branche des études de politique économique du Département des affaires économiques, avec le soutien d'Asa Johansson, Directrice adjointe de la Direction des statistiques et des données, et de Boris Cournède, Chef par intérim de la Division des finances publiques du Département des affaires économiques.

Boris Cournède et Volker Ziemann (tous deux du Département des affaires économiques) ont coordonné le rapport avec l'assistance, pour les recherches, de Manuel Bétin (Département des affaires économiques), et pour le travail éditorial, de Peter Hoeller (consultant).

Les principaux auteurs sont Boris Cournède (chapitres 1, 2 et 4), Luiz de Mello (chapitre 1), Volker Ziemann (chapitres 2 et 4), Manuel Bétin (chapitres 2 et 4), du Département des affaires économiques, ainsi que Willem Adema, Ali Bargu et Marissa Plouin, Direction de l'emploi, du travail et des affaires sociales (chapitre 1), Peter Hoeller, consultant (chapitre 2), Sean Dougherty, Réseau sur les relations budgétaires entre les différents niveaux d'administration (chapitre 2), Caroline Roulet, Direction des affaires financières et des entreprises (chapitre 3), Peter Jarrett, consultant (chapitre 3), Rudiger Ahrend, Alexandre Banquet, Maria Paula Caldas, Marcos Díaz Ramírez et Paolo Veneri, Centre pour l'entrepreneuriat, les PME, les régions et les villes (chapitre 4), Katherine Hassett, Ioannis Tikoudis et Lea Stapper, Direction de l'environnement (chapitre 4), et Daniel Sanchez-Serra, Pierre-Alain Pionnier (chapitre 4). Luiz de Mello et Alain de Serres, du Département des affaires économiques, ont fourni des orientations et formulé des commentaires sur les différentes versions du rapport. Inés Gómez Palacio et Nathalie Bienvenu ont préparé le rapport en vue de sa publication.

Le rapport a bénéficié du soutien sans faille des présidents et des délégués des comités susmentionnés et de leurs groupes de travail, ainsi que du Groupe de pilotage du Projet horizontal sur le logement, et d'échanges fructueux avec eux. Nicolina Lamhauge (Direction de l'environnement), Sarah Perret (Centre de politique et d'administration fiscales), Peter Jarrett (consultant) et des agents de toute l'OCDE ont apporté des commentaires précieux : le Cabinet du Secrétaire général, le Centre pour l'entrepreneuriat, les PME, les régions et les villes, le Département des affaires économiques, la Direction de l'emploi, du travail et des affaires sociales, la Direction des affaires financières et des entreprises et le Réseau sur les relations budgétaires entre les différents niveaux d'administration.

Nous remercions sincèrement les organismes suivants qui ont partagé avec nous des données géographiques détaillées sur le logement qui ont été utilisées dans les chapitres 1 et 4 : Statistik Austria (Autriche), Statbel (Belgique), vdpResearch (Allemagne), Statistics Denmark (Danemark), INE (Espagne), Statistics Finland (Finlande), le ministère de l'Économie, des Finances et de la Souveraineté industrielle et numérique (France), Hungarian Central Statistics Office (Hongrie), Central Bureau of Statistics (Israël), MOLIT (Corée), Sociedad Hipotecaria Federal (Mexique), Statistics Norway (Norvège), Confidencial Imobiliário (Portugal), Svensk Maklarstatistik (Suède) et le Zillow Research Institute (États-Unis). Enfin, nous adressons nos remerciements particuliers aux délégués du Comité des marchés financiers et aux experts des autorités nationales d'Irlande, d'Italie, de Lituanie, de Norvège et de Suisse pour leurs contributions sur les politiques de financement immobilier qui figurent dans le chapitre 3.

Acronymes

ABS	Asset-backed securities (titres adossés à des actifs)
CMBS	Commercial mortgage-backed securities (titres adossés à des créances hypothécaires commerciales)
CMHC	Canada Mortgage and Housing Corporation
CPE	Certificat de performance énergétique
CRE CLO	Commercial real estate collateralised loan obligations (obligations structurées adossées à des créances immobilières commerciales)
CRTs	Credit Risk Transfer securities (titres de transfert du risque de crédit)
CSF	Conseil de stabilité financière
DSTI	Debt service to income (ratio service de la dette/revenu)
DTI	Debt to income (ratio dette/revenu)
EJ	Exajoule
ETF	Exchange-traded fund (fonds indiciel coté)
FCPI	Fonds commun de placement immobilier
FHA	Federal Housing Administration (États-Unis)
FHFA	Federal Housing Finance Agency (États-Unis)
FMM	Fonds du marché monétaire
GFC	Global financial crisis (crise financière mondiale)
GHD	Geography of Housing Database
GML	Green mortgage loan (prêt hypothécaire vert)
GSE	Government-sponsored entity (institution financière spécialisée d'intérêt public)
GT	Gigatonne
IFNB	Institution financière non bancaire
LTV	Loan to value (quotité de prêt)
MBS	Mortgage-backed security (titre adossé à des créances hypothécaires)
MID	Mortgage interest deductibility (déductibilité des intérêts hypothécaires)
mREIT	Mortgage real estate investment trust (SPH, société de placement hypothécaire)
MSR	Mortgage servicing right (droits de gestion de prêts hypothécaires)
MT	Megatonne
OICV	Organisation internationale des commissions de valeurs
OEF	Open-ended fund (fonds « ouvert »)
PMI	Private mortgage insurance (assurance hypothécaire indépendante)
REIT	Real estate investment trust (SPI, société de placement immobilier)
RMBS	Residential mortgage-backed securities (titres adossés à des créances hypothécaires résidentielles)
SEEB	Système d'évaluation environnementale des bâtiments
SEQE	Système d'échange de quotas d'émission
ZUF	Zone urbaine fonctionnelle

Table des matières

Remerciements 3

Acronymes 5

Résumé 11

1 Les politiques du logement à l'ère de l'après-COVID-19 14

Surveiller les conséquences des crises provoquées par la pandémie et l'explosion du coût de la vie sur l'accessibilité financière des logements 15

Affronter la crise énergétique en jetant les bases nécessaires à l'émergence d'un logement bas carbone 22

Préserver la résilience face au retournement du cycle du logement 30

Faciliter la refonte du marché du logement sur fond d'essor du télétravail et de montée des préoccupations environnementales 35

Bibliographie 41

2 Décarboner le logement 43

Suivre la trajectoire des émissions et la réalisation des objectifs 45

Tenir compte des particularités du logement et des spécificités locales dans les stratégies de décarbonation 53

Déployer des politiques complémentaires 63

Concevoir des mesures pénalisant le moins possible les ménages à faible revenu 70

Mobiliser tous les niveaux de pouvoir 71

Bibliographie 76

3 Axer le financement du logement sur l'efficience, la résilience et la décarbonation 80

Garder à l'esprit les spécificités nationales des marchés hypothécaires 82

Parvenir à concilier soutien au crédit hypothécaire et promotion de la résilience financière 85

Surveiller l'essor des financements immobiliers non bancaires 98

Utiliser le crédit hypothécaire au service de la décarbonation du logement 112

Bibliographie 120

4 Adapter les politiques urbaines à la nouvelle géographie de la demande de logements 124

Suivre les évolutions spatiales des prix du logement et de la construction à usage résidentiel à l'aide de nouvelles données 126

Étudier les effets du travail à domicile sur la distribution spatiale de la demande de logements 129

Tenir compte de l'impact des aménités environnementales sur la demande de logements 134

Adapter les politiques 140
Bibliographie 144
Annexe 4.A. La base de données de l'OCDE relative à la géographie de la demande de logements 155
Annexe 4.B : Mesurer le gradient des prix des logements urbains et son évolution 156

Tableaux

Tableau 1.1. Cadre de mise en place et de fonctionnement d'un fonds autorenouvelable permettant d'orienter l'investissement vers le logement social et abordable 20
Tableau 1.2. Exemples de mesures d'allègement des coûts énergétiques à court terme, 2022-23 25
Tableau 1.3. Principales mesures de décarbonation du secteur de logements 28
Tableau 1.4. Exemples d'instruments de financement du logement à la disposition des pouvoirs publics 33
Tableau 1.5. Exemples de mesures permettant de favoriser un large partage des avantages de la nouvelle géographie du logement et d'une amélioration des aménités environnementales en milieu urbain 39
Tableau 2.1. Règles de majorité applicables à l'approbation de travaux de rénovation dans les immeubles en copropriété 54
Tableau 2.2. Caractéristiques de certains régimes de subventions 61
Tableau 2.3. Étapes majeures sur le chemin de la neutralité carbone pour le secteur de la construction 66
Tableau 2.4. Répartition des responsabilités entre les niveaux de pouvoir 72
Tableau 2.5. Politiques urbaines en faveur de l'efficacité énergétique du bâti 74
Tableau 3.1. Les emprunteurs hypothécaires sont aidés par les pouvoirs publics dans la plupart des pays 85

Tableau d'annexe 4.A.1. Sources des données et couverture par pays 155

Graphiques

Graphique 1.1. Les tensions inflationnistes exacerbent le risque de surcharge financière liée au coût du logement pour de nombreux ménages 16
Graphique 1.2. Les aides temporaires liées à la pandémie sont progressivement supprimées dans de nombreux pays de l'OCDE 17
Graphique 1.3. L'investissement public dans le logement a chuté fortement depuis son pic de 2009 18
Graphique 1.4. Les coûts de la construction ont augmenté beaucoup plus vite que l'inflation 19
Graphique 1.5. Les coûts de l'énergie domestique ont explosé, surtout en Europe 23
Graphique 1.6. La performance énergétique des logements varie en fonction du revenu des ménages, de la taille du logement et de son statut d'occupation 24
Graphique 1.7. Les coûts de l'énergie domestique pèsent particulièrement lourd sur les ménages à faible revenu 25
Graphique 1.8. Efficacité énergétique et électrification sont les deux principaux piliers de la décarbonation du logement 26
Graphique 1.9. Dans les pays de l'OCDE, une grande partie du parc immobilier a plus de 50 ans 29
Graphique 1.10. Les taux d'intérêt ont fortement augmenté 30
Graphique 1.11. Les prix réels des logements ont augmenté, mais pourraient avoir atteint un pic dans de nombreux pays 31
Graphique 1.12. Les banquiers centraux portent une attention renouvelée aux prix des logements 31
Graphique 1.13. La dette des ménages a augmenté dans de nombreux pays 32
Graphique 1.14. Dans plusieurs pays, la proportion de prêts hypothécaires à taux variable est importante 33
Graphique 1.15. Les prix réels des logements ont fortement augmenté avant 2022, mais globalement pas autant qu'avant 2007 35
Graphique 1.16. Le télétravail fait désormais partie du paysage 36
Graphique 1.17. Les prix des logements augmentent plus rapidement autour des grandes villes que dans leurs centres où il sont plus élevés 37
Graphique 1.18. Les tensions sur les prix sont généralement plus fortes dans les banlieues que dans les centres-villes 38
Graphique 1.19. Les efforts de décarbonation peuvent avoir des effets négatifs sur les prix des logements 40
Graphique 2.1. Le logement représente une part importante du total des émissions de CO_2 46
Graphique 2.2. Plusieurs pays émettent peu de CO_2 malgré un important besoin énergétique des logements 46

Graphique 2.3. L'intensité carbone dépend du niveau des émissions directes et du bouquet énergétique 48
Graphique 2.4. Les facteurs qui expliquent la réduction passée des émissions provenant du secteur du logement sont très variables d'une région à l'autre 49
Graphique 2.5. L'évolution du bouquet énergétique résidentiel a été très variable selon les pays 50
Graphique 2.6. Les scénarios mondiaux de l'AIE pour 2050 mettent en évidence l'ampleur des changements requis 51
Graphique 2.7. La décarbonation du logement passe par une électrification massive et d'importants gains d'efficacité 52
Graphique 2.8. Le bouquet énergétique sera dominé par l'électricité, complétée par les équipements produisant des énergies renouvelables installés dans les logements 53
Graphique 2.9. Les tarifs du carbone sont bas et couvrent une part limitée des émissions liées au logement dans de nombreux pays 56
Graphique 2.10. Les tarifs effectifs du carbone sont loin d'être semblables dans les différents secteurs et pays 57
Graphique 2.11. Les innovations liées aux technologies propres jouent un rôle critique dans la décarbonation des bâtiments 67
Graphique 2.12. Les coûts de réduction des émissions de GES sont élevés dans le secteur de la construction 68
Graphique 2.13. Les solutions simples sont peu nombreuses s'agissant de réduire les émissions directes provenant des bâtiments 69
Graphique 2.14. L'innovation a réduit les coûts d'installation de nombreuses sources d'énergies renouvelables, dont le photovoltaïque en toiture 70
Graphique 3.1. Le taux d'accession à la propriété varie considérablement suivant les pays de l'OCDE 83
Graphique 3.2. Le taux d'accession à la propriété et la proportion d'emprunteurs hypothécaires diffèrent selon le quintile de la population classée par âge et par niveau de revenu 83
Graphique 3.3. La charge financière des emprunts hypothécaires pèse plus lourdement sur les ménages à faible revenu 84
Graphique 3.4. L'échéance moyenne des prêts hypothécaires varie considérablement selon les pays 84
Graphique 3.5. La déductibilité des intérêts d'emprunt hypothécaire tire vers le haut l'endettement des ménages 86
Graphique 3.6. Seuls quelques pays disposent d'un parc de logements locatifs sociaux important 88
Graphique 3.7. Les prix de l'immobilier ont rapidement augmenté 89
Graphique 3.8. Le niveau et la dynamique de la dette des ménages ont été différents d'un pays à l'autre 91
Graphique 3.9. . La quotité de financement initiale moyenne est généralement nettement inférieure aux plafonds applicables 91
Graphique 3.10. Les plafonds de ratio service de la dette/revenu diffèrent suivant les pays 92
Graphique 3.11. Les prix des logements lituaniens ont augmenté tandis que l'endettement des ménages est resté stable 94
Graphique 3.12. L'indicateur de réglementation des saisies de l'OCDE montre que l'importance relative de la protection des droits des emprunteurs et des prêteurs varie 97
Graphique 3.13. Le marché des TACH immobilières des États-Unis s'est redressé à la suite de la crise financière mondiale 99
Graphique 3.14. Les marchés des titres adossés à des créances hypothécaires (TACH) et des obligations d'entreprises des États-Unis sont de loin les plus importants 100
Graphique 3.15. Le marché des obligations sécurisées s'est considérablement développé 102
Graphique 3.16. La proportion de sociétés d'investissement immobilier hypothécaire reste faible par rapport à celle des sociétés d'investissement immobilier direct, même si elle augmente 104
Graphique 3.17. Les marchés du financement par des emprunts verts et durables se sont considérablement développés 117
Graphique 4.1. Les prix des logements décroissent proportionnellement à la distance par rapport au centre-ville dans les grandes zones métropolitaines 127
Graphique 4.2. Les gradients des prix des logements varient considérablement à l'intérieur des zones urbaines et entre elles 128
Graphique 4.3. L'offre résidentielle est plus ou moins dynamique selon les pays 128
Graphique 4.4. 5x30=3x50 minutes : le travail à domicile élargit la zone de résidence 129
Graphique 4.5. Le développement du travail à domicile dans le monde a été variable 130
Graphique 4.6. Le gradient des prix des logements urbains s'est aplati dans les grandes zones urbaines 131
Graphique 4.7. La construction à usage résidentiel augmente avec la distance par rapport au centre 131
Graphique 4.8. Un recours plus large au télétravail se traduit par un recul des tensions sur les prix dans les centres-villes et par une accentuation des tensions dans les périphéries des grandes zones urbaines 132
Graphique 4.9. Les aménités locales ont un impact plus fort sur les prix dans les zones périphériques 133

Graphique 4.10. Les prix des logements se sont aussi envolés en dehors des grandes zones métropolitaines: l'exemple de New York, S1 2019 - S1 2021 134
Graphique 4.11. La qualité de l'environnement est un déterminant majeur de la désaffection des centres-villes induite par les prix 135
Graphique 4.12. Effet d'une vue sur un espace ouvert sur les prix des logements 136
Graphique 4.13. Effet d'une vue sur une étendue d'eau sur les prix des logements 136
Graphique 4.14. Effets de la présence d'éoliennes sur les prix des logements 137
Graphique 4.15. Effet d'une diminution de 1 décibel sur les prix des logements 138

Encadrés

Encadré 1.1. Mettre fin au sans-abrisme : aider les pouvoirs public à mieux mesurer le phénomène et à prendre des mesures plus appropriées 17
Encadré 1.2. Des fonds autorenouvelables pour investir dans le logement social et abordable 20
Encadré 2.1. Copropriété, organismes de logement et décisions en matière de réduction des émissions de CO_2 54
Encadré 2.2. Les tarifs effectifs du carbone sont bas dans la majorité des pays 56
Encadré 2.3. La directive du Parlement européen et du Conseil sur la performance énergétique des bâtiments 58
Encadré 2.4. Effets de l'étiquetage/la certification et des normes sur la détermination des prix 60
Encadré 2.5. Un second souffle pour le chauffage urbain 63
Encadré 2.6. De l'importance des villes et des régions dans la décarbonation des bâtiments 72
Encadré 3.1. Les risques que représentent les garanties de prêts hypothécaires pour les finances publiques : la FHA aux États-Unis et la SCHL au Canada 87
Encadré 3.2. Le cadre macroprudentiel de l'Italie 90
Encadré 3.3. Mener une politique macroprudentielle axée sur le logement : l'expérience de trois pays 93
Encadré 3.4. Les marchés de titres adossés à des créances hypothécaires : l'expérience des États-Unis 99
Encadré 3.5. Tendances et enjeux dans le secteur des sociétés d'investissement immobilier 103
Encadré 3.6. Financement non bancaire du logement : tendances et expérience internationale 105
Encadré 3.7. Financement non bancaire du logement : endettement, liquidité et autres risques principaux 107
Encadré 3.8. Fonds ouverts : facteurs de vulnérabilité et réformes envisageables 109
Encadré 3.9. Mesures visant à limiter les niveaux d'endettement et les asymétries de liquidité dans les fonds de placement immobiliers en Irlande 110
Encadré 3.10. L'essor des systèmes d'évaluation environnementale des bâtiments : types et expérience internationale 113
Encadré 3.11. Normes applicables aux prêts hypothécaires verts à l'appui de la décarbonation des actifs immobiliers 115

Suivez les publications de l'OCDE sur :

https://twitter.com/OECD

https://www.facebook.com/theOECD

https://www.linkedin.com/company/organisation-eco-cooperation-development-organisation-cooperation-developpement-eco/

https://www.youtube.com/user/OECDiLibrary

https://www.oecd.org/newsletters/

Ce livre contient des...

StatLinks

Accédez aux fichiers Excel® à partir des livres imprimés !

Vous trouverez un *StatLink* sous chaque tableau ou graphique de cet ouvrage. Pour télécharger le fichier Excel® correspondant, il vous suffit de copier le lien dans votre navigateur internet ou de cliquer dessus depuis la version électronique de l'ouvrage.

Résumé

Le logement est au cœur de nos vies. Sa qualité influe directement sur la santé et le bien-être des individus. Sa localisation détermine les possibilités offertes en matière d'éducation, de loisirs et de travail. Son coût absorbe une grande partie du revenu des ménages. Ses performances environnementales déterminent une bonne part des émissions locales et mondiales de gaz à effet de serre. Son financement aide de nombreuses personnes à acquérir une résidence et a des répercussions sur la stabilité et la résilience macroéconomiques.

La pandémie de COVID-19 et ses suites ont fait émerger de nouvelles tendances, en particulier l'essor du télétravail – facilité par la transformation numérique – et les phénomènes connexes de report de la demande de logements. La forte hausse des cours des combustibles fossiles observée depuis le déclenchement de la guerre d'agression menée par la Russie contre l'Ukraine a accentué les tensions s'exerçant sur le budget des ménages et souligné l'importance d'améliorer l'efficacité énergétique des logements.

Parallèlement, la prise de conscience grandissante de la nécessité de réduire les émissions de gaz à effet de serre conformément aux engagements pris a mis en exergue le rôle crucial que jouera le logement dans la réussite des efforts déployés pour parvenir à la neutralité carbone d'ici au milieu du siècle. En outre, l'inflation tire vers le haut les coûts de construction de même que les taux d'intérêt, mettant fin du même coup à une période marquée par des coûts d'emprunt hypothécaire exceptionnellement faibles.

S'inscrivant dans le prolongement du rapport *Pierre par pierre : Bâtir de meilleures politiques du logement*, ce nouveau volume enrichit la *Boîte à outils pour les politiques publiques du logement*[1] en vue de rendre les marchés de l'immobilier d'habitation plus efficients, plus inclusifs et plus durables face à de nouveaux défis. La plupart des instruments d'action recensés dans *Pierre par pierre* restent adaptés pour relever ces défis, mais de nouveaux sont venus s'y ajouter.

Les pouvoirs publics peuvent envisager différentes options, en gardant à l'esprit les probables synergies à exploiter et arbitrages à opérer entre les trois dimensions – efficience, accessibilité financière et durabilité – sur lesquelles se sont fondées nos analyses :

- Les pouvoirs publics ont adopté des mesures pour faire face aux conséquences négatives de l'augmentation des prix de l'énergie sur les ménages et les entreprises vulnérables. Ils ont mis en place des programmes ciblés d'aide au revenu soumis à conditions de ressources, instauré des plafonds des tarifs de l'énergie et procédé à d'autres interventions fondées sur les prix. Lors de la conception de ces mesures de soutien, les autorités doivent trouver un juste équilibre entre protection sociale à court terme et réalisation des objectifs de durabilité visés à plus long terme. Il convient d'éviter de brouiller les signaux envoyés par les prix de l'énergie, afin d'étayer les changements nécessaires en matière de structure des investissements, de consommation d'énergie et de comportements pour favoriser la transition vers une économie bas carbone. La nécessité de veiller à l'efficience des dépenses publiques compte tenu de la rareté des ressources budgétaires impose également d'adopter des mesures judicieusement ciblées sur les personnes qui en ont véritablement besoin.

[1] Portail de l'OCDE sur le logement (https://www.oecd.org/housing/)

- La pierre angulaire des stratégies de décarbonation est de veiller à la cohérence de la tarification du carbone entre les différentes sources, entre secteurs et dans le temps, tout en mettant en place des dispositifs de compensation adéquats pour éviter que cette tarification n'ait des effets préjudiciables sur le plan social. La tarification du carbone – passant notamment par des impôts judicieusement calibrés sur les combustibles fossiles utilisés dans les logements, ou des systèmes d'échange de droits d'émission – constitue un moyen efficace et économiquement efficient de créer des incitations à la réduction des émissions de gaz à effet de serre. Elle empêche également l'« effet rebond » qui peut amoindrir l'efficacité d'autres mesures : ainsi, sans tarification du carbone, les effets de la réglementation ou des subventions axées sur l'amélioration des performances énergétiques peuvent être compensés en tout ou partie par un accroissement de la consommation. Point important, il faut que la tarification des émissions directes des logements aille de pair avec une tarification efficace des émissions de carbone résultant de la production d'électricité, afin de garantir l'adéquation des incitations aux économies d'énergie, aux investissements dans l'efficacité énergétique et à l'utilisation accrue de sources d'énergie décarbonées.
- Néanmoins, une tarification efficace n'est pas suffisante pour décarboner le secteur du logement, compte tenu des incitations divergentes qui caractérisent les relations entre propriétaires et locataires et du manque de connaissances des ménages sur les performances énergétiques de leurs logements. Un assortiment de mesures judicieusement conçues associant certification des performances énergétiques des logements neufs et anciens et obligations de rénovation, subventions à la rénovation énergétique et possibilités de partager les factures d'énergie entre locataires et propriétaires peut contribuer à lever ces obstacles.
- Il est également crucial pour la décarbonation du logement de réaliser des avancées dans le domaine de son financement. Des cadres adaptés de certification des performances énergétiques permettent aux prêteurs de mieux prendre en compte la qualité de crédit associée aux logements économes en énergie, de réduire les coûts de financement en général et les coûts des crédits en particulier, ainsi que de créer des marchés d'instruments de financement des prêts à la rénovation.
- Au-delà du soutien apporté au processus de décarbonation, un financement efficace du logement peut renforcer la résilience des marchés de capitaux. Ce point est tout particulièrement important à l'heure où l'évolution des conditions monétaires marque la fin d'une période de coûts d'emprunt historiquement bas. Une amélioration de l'absorption des chocs et de la résilience à ces phénomènes devrait résulter des efforts que les autorités ont accomplis depuis la crise financière mondiale pour mettre en place des mécanismes régulateurs, notamment du côté des emprunteurs, en plafonnant les quotités de financement (ratios prêt/valeur du logement acquis) et les ratios service de la dette/revenu, ainsi que du côté des prêteurs, en durcissant les exigences de fonds propres relatives aux prêts hypothécaires, en améliorant la consolidation et le suivi des expositions hors bilan vis-à-vis du secteur du logement et en déployant des volants de fonds propres contracycliques.
- L'essor des prêteurs non bancaires dans le domaine du financement du logement au cours de la dernière décennie exige un suivi adéquat et des évaluations de ses conséquences systémiques pour le secteur financier. On pourrait encore renforcer les règles prudentielles, notamment en appliquant aux prêteurs non bancaires une approche fondée sur les risques, en phase avec le cadre réglementaire des banques.

- Le déploiement généralisé de l'internet à haut débit et les progrès technologiques réalisés en matière de téléconférence ont permis à de nombreuses personnes de travailler à domicile, tendance qui s'est accélérée depuis la pandémie de COVID-19 et a élargi l'éventail des choix de localisation. Le report de la demande de logements qui en a résulté – des zones caractérisées par des prix élevés en centre-ville vers des zones distantes offrant des logements plus abordables et spacieux ainsi qu'un meilleur accès aux espaces verts – requiert l'adoption de mesures facilitant les ajustements de l'offre. Il faudrait notamment modifier les règles d'occupation des sols et d'aménagement du territoire pour libérer des terrains aux fins d'aménagement, de réaménagement ou de densification dans les zones où la demande est particulièrement forte. Les autorités peuvent également recourir à la fiscalité pour étayer ces évolutions, en donnant davantage de poids aux impôts périodiques annuels en lieu et place des prélèvements effectués sur les transactions. Au regard de cette nouvelle géographie de la demande de logements, il est crucial de continuer à investir dans la connectivité numérique et dans l'offre de services publics, notamment dans des infrastructures de transport performantes.
- Les améliorations de la qualité environnementale des zones urbaines découlant d'un renforcement des aménités offertes entraînent souvent un renchérissement de l'immobilier d'habitation, qui a des conséquences négatives sur les ménages à faible revenu, en particulier les locataires. La disponibilité de logements sociaux et abordables peut atténuer ces effets. Les investissements publics et les mesures compensatoires adoptées peuvent être financés en partie au moyen d'outils, tels que des taxes assises sur la valeur foncière, des participations d'urbanisme et des prélèvements sur les permis de construire, permettant de récupérer les plus-values foncières qui résultent de l'amélioration de l'environnement.

1 Les politiques du logement à l'ère de l'après-COVID-19

Le monde est aujourd'hui confronté à différents enjeux étroitement imbriqués, qui vont des conséquences de la pandémie de COVID-19 à la transition vers des économies bas carbone en passant par la guerre d'agression contre l'Ukraine menée par la Russie, l'inflation élevée ou encore la hausse des taux d'intérêt. Le secteur du logement en est affecté, directement ou indirectement, et cette situation appelle des réponses appropriées de la part des pouvoirs publics. L'envolée des prix de l'énergie a accru la pauvreté énergétique dans de nombreux pays, sapant l'accessibilité financière du logement. L'inflation et la hausse des taux d'intérêt mettent à l'épreuve la résilience des financements immobiliers. La généralisation du télétravail et la recherche d'un environnement de meilleure qualité rebattent les cartes de la demande de biens immobiliers. Le présent chapitre passe en revue les différentes options qui s'offrent aux pouvoirs publics pour relever ces défis, et expose les arbitrages potentiels qu'ils pourraient être amenés à opérer.

Les évolutions récentes résultent en une intrication d'enjeux pour l'action publique qui, directement ou indirectement, ont des retombées sur le secteur du logement. La hausse des prix de l'énergie a rappelé l'urgence de décarboner le logement pour pouvoir atteindre les objectifs convenus en matière de changement climatique. Le resserrement des conditions monétaires visant à juguler l'inflation dans le sillage de la pandémie et du choc sur les prix de l'énergie a eu pour effet d'accroître les coûts de financement du logement. Les épisodes de confinement à répétition et l'extension des pratiques de télétravail ont sans doute modifié pour de bon les équilibres vie professionnelle-vie privée, alors que les efforts de protection de l'environnement rebattent les cartes sur les marchés du logement.

Le présent chapitre est consacré à la manière dont les politiques publiques peuvent permettre de répondre à ces enjeux. Il passe en revue les instruments que les responsables de l'action publique peuvent mobiliser pour arriver à fournir des logements abordables, assurer un fonctionnement efficace des marchés du logement et préserver l'environnement, aujourd'hui et à plus longue échéance, sachant que certaines options impliquent d'arbitrer entre ces différents objectifs. Ce chapitre s'inspire des analyses et recommandations formulées de manière plus détaillées dans le reste de l'ouvrage, notamment les instruments d'action publique destinés à décarboner le logement (chapitre 2), mobiliser les financements immobiliers pour non seulement rendre l'économie plus efficience et plus résiliente mais aussi financer la transition climatique (chapitre 3), et tirer parti de la nouvelle géographie du logement en train de se dessiner sous l'effet de la révolution numérique et de la demande d'aménités environnementales (chapitre 4).

Surveiller les conséquences des crises provoquées par la pandémie et l'explosion du coût de la vie sur l'accessibilité financière des logements

Les ménages à faible revenu, qui étaient déjà nombreux à devoir supporter une charge de loyers et de crédits hypothécaires trop élevée avant la pandémie, risquent de voir augmenter leurs difficultés de logement. Avant les crises liées à la pandémie et au coût de la vie, dans les pays de l'OCDE, en moyenne, plus d'un tiers des locataires à faible revenu sur trois sur le segment privé du marché locatif consacraient plus de 40 % de leur revenu disponible au seul poste du loyer, ce qui signifie qu ils étaient déjà considérés en situation de surcharge liée au coût du logement (Graphique 1.1, partie A). Parallèlement, les taux de surcharge chez les propriétaires à faible revenu ayant contracté un emprunt hypothécaire s'établissaient à 61 % au Costa Rica, 54 % en Nouvelle-Zélande et 49 % en Italie, avec des variations considérables entre les pays de l'OCDE (Graphique 1.1, partie A). La forte hausse des prix observée en 2022 dans les postes de dépenses liés au logement aggrave les tensions sur les budgets des ménages et va probablement intensifier encore les taux de surcharge financière (Graphique 1.1, partie B). Ces évolutions devraient être surveillées de près et évaluées au regard des récentes mesures (aides au revenu et subventions) prises par les pouvoirs publics dans les pays de l'OCDE[1].

---

[1] Voir « Coping with the cost of living crisis - Income support for working-age individuals and their families », (OCDE, 2022 [24]).

Graphique 1.1. Les tensions inflationnistes exacerbent le risque de surcharge financière liée au coût du logement pour de nombreux ménages

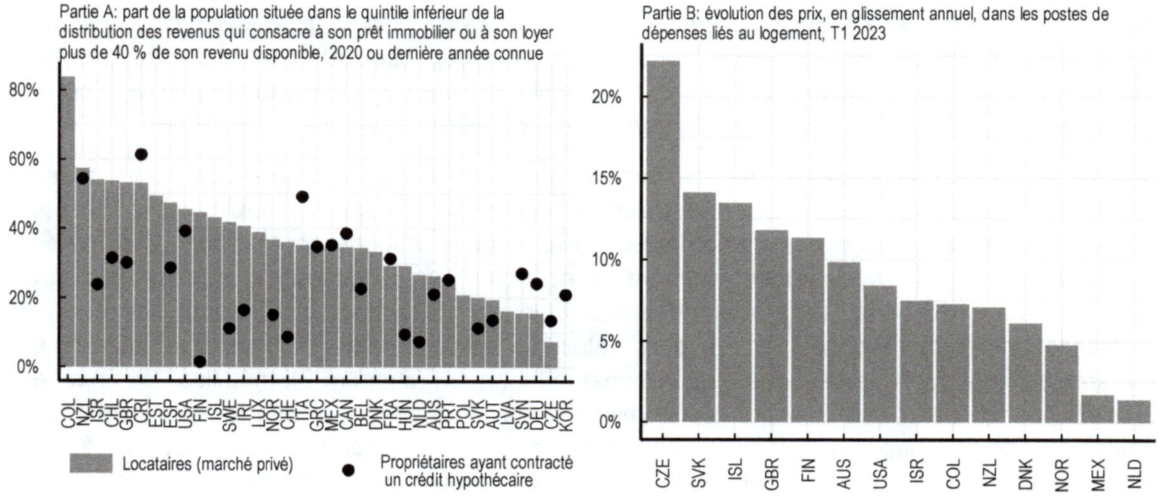

Note : Dans la partie B, les dépenses liées au logement comprennent i) les loyers effectifs et imputés, ii) les dépenses d'entretien et de réparation et iii) l'eau, l'électricité, le gaz et autres combustibles ainsi que les services divers, selon la nomenclature de la Classification des fonctions de consommation des ménages (COICOP). Le graphique a été établi à partir des données de 14 pays uniquement ; ont été exclus ceux pour lesquels il n'existe pas de données sur les loyers imputés aux propriétaires de logement. En revanche, les pays ne fournissant pas de données sur l'entretien et la réparation des logements (Mexique et Colombie) ont été pris en compte dans la partie B, parce que cette catégorie a un poids bien plus faible que les loyers imputés.
Source : bases de données de l'OCDE sur le logement abordable (partie A) et sur les prix à la consommation (partie B).

StatLink https://stat.link/5vwap9

La montée des taux d'intérêt, la hausse des coûts de construction et de main-d'œuvre, les prix élevés des logements et la levée des mesures temporaires de soutien adoptées pendant la pandémie de COVID-19 ont des répercussions sur l'accessibilité financière à court et à moyen terme (Graphique 1.2). Il existe un risque d'augmentation des expulsions et du nombre de sans-abri (Encadré 1.1.), dans la mesure où les aides temporaires au logement (par exemple les interdictions d'expulsion ou la suspension des remboursements de prêts hypothécaires) mises en œuvre au début de la pandémie sont maintenant progressivement supprimées. Les données récentes disponibles pour certains pays indiquent une baisse ou une stabilisation du taux d'expulsions de locataires par rapport aux chiffres pré-pandémie. Par exemple, les avis d'expulsion exécutés en Italie sont passés de 32 546 en 2015 à 9 537 en 2021, tandis qu'au Royaume-Uni (Angleterre), ils sont passés de 41 453 à 9 471. De toute façon, il a toujours été entendu que les interdictions d'expulsion et les dispositifs de suspension des remboursements de prêts immobiliers n'étaient que des mesures temporaires face à des problèmes de nature plus structurelle, puisqu'elles ne permettent pas de s'attaquer aux causes profondes de la vulnérabilité au coût du logement.

Graphique 1.2. Les aides temporaires liées à la pandémie sont progressivement supprimées dans de nombreux pays de l'OCDE

Moratoires sur les dettes et les charges et interdiction des expulsions dans les pays de l'OCDE

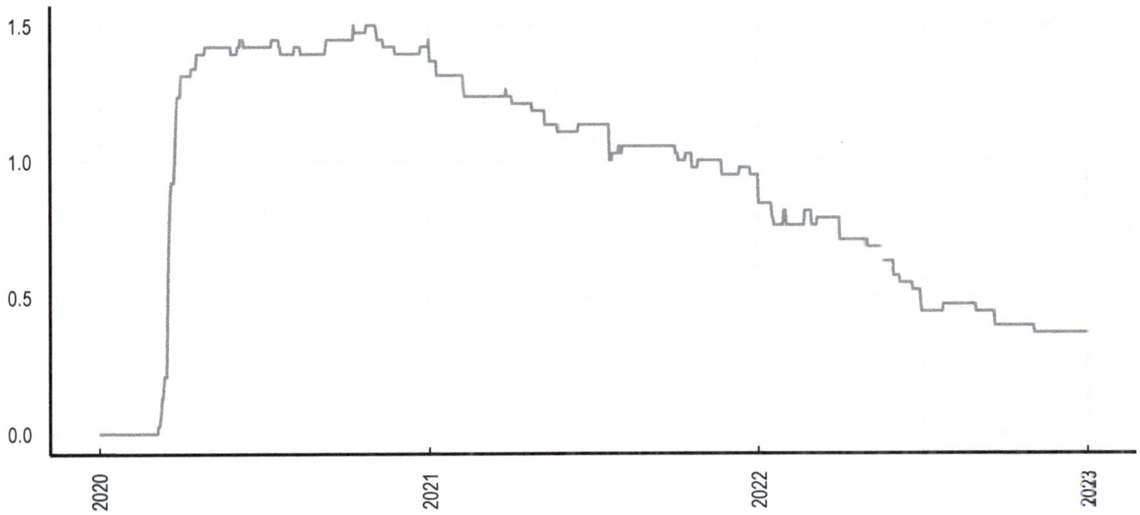

Note : La variable «moratoires sur les dettes/baux » indique si des mesures ont été prises par les pouvoirs publics pour geler les obligations financières des ménages (par exemple suspension des remboursements de prêts, non-interruption de services comme l'approvisionnement en eau) ou interdire les expulsions. Les chiffres ci-dessus correspondent à la moyenne des données des 38 pays de l'OCDE jusqu'au 1er janvier 2023. Pour chaque pays, le code suivant a été utilisé : 0 = aucune mesure prise, 1 = mesures limitées, portant uniquement sur un type de contrat, et 2 = moratoires plus larges.
Source : Calculs de l'OCDE à partir des données de Hale et al (2021[1]).

StatLink https://stat.link/xsv61w

Néanmoins, le contexte actuel rend plus difficile une réponse structurelle fondamentale qui permettrait de rendre le logement plus abordable, à savoir la construction de nouveaux logements sociaux et abordables, déjà insuffisante avant la pandémie. De fait, au cours des deux dernières décennies, l'investissement public dans la construction de logements a diminué en moyenne dans les pays de l'OCDE, notamment depuis le pic atteint en 2009 (Graphique 1.3). Le total de l'investissement public dans le logement et les équipements collectifs, vaste catégorie qui englobe à la fois les transferts de capitaux publics et l'investissement direct dans de nombreux domaines dont la construction de logements, l'aménagement local et l'approvisionnement en eau et l'éclairage public, a chuté de près de 30 % entre 2009 et 2020. Dans la seule construction de logements, l'investissement public total a été quasiment divisé par deux sur la même période.

Encadré 1.1. Mettre fin au sans-abrisme : aider les pouvoirs public à mieux mesurer le phénomène et à prendre des mesures plus appropriées

Avec la levée des mesures temporaires d'aide au logement (interdictions d'expulsion ou gel des loyers par exemple) mises en place au début de la pandémie dans les pays de l'OCDE (Graphique 1.2), on risque de voir augmenter le nombre de sans-abri et la précarité du logement. Alors qu'au début de la pandémie, les pouvoirs publics avaient réagi rapidement pour aider les populations sans logement, le retrait des mesures d'aide, conjugué à la crise du coût de la vie, met à rude épreuve de nombreux ménages économiquement vulnérables dans toute la zone OCDE.

Suivre l'évolution du nombre de sans-abri et prendre par anticipation des mesures visant à éviter le sans-abrisme et à aider les personnes sans abri à accéder à un logement stable devraient être une priorité pour les responsables de l'action publique dans les pays de l'OCDE. Même si l'on excepte les difficultés liées à la collecte de données pendant la pandémie, le sans-abrisme reste difficile à mesurer et à comparer entre les pays[2]. Parce qu'il existe de nombreuses façon de tomber dans le sans-abrisme et du fait de la diversité des expériences des sans-abri, allant d'un manque de logement temporaire ou transitoire à des épisodes plus chroniques ou répétés de sans-abrisme, les réponses des pouvoirs publics visant à prévenir ce phénomène et à favoriser l'accès à un logement stable doivent être adaptées aux besoins, préférences et situations individuels[3].

En s'appuyant sur ses données et ses analyses, l'OCDE s'attache à pallier les insuffisances en termes d'outils de mesure et à aider les pouvoirs publics à élaborer des solutions efficaces pour mettre fin au sans-abrisme. Concrètement, l'OCDE va élaborer : i) une cartographie de la base de données factuelles existantes et des méthodes actuelles de collecte de données sur le sans-abrisme ; ii) un cadre de suivi destiné à aider les pouvoirs publics à mieux mesurer et suivre le phénomène du sans-abrisme ; et une boîte à outils à l'intention des pouvoirs publics fournissant des orientations et des exemples de bonnes pratiques pour lutter contre le sans-abrisme et l'exclusion liée au logement dans les pays de l'OCDE et de l'UE.

Source : (OCDE, 2015[2] ; OCDE, 2020[3] ; OCDE, 2021[4] ; OCDE, 2022[5] ; Jarrett, 2021[6])

Graphique 1.3. L'investissement public dans le logement a chuté fortement depuis son pic de 2009

Investissement public total dans les logements et les équipements collectifs, OCDE-30, % du PIB

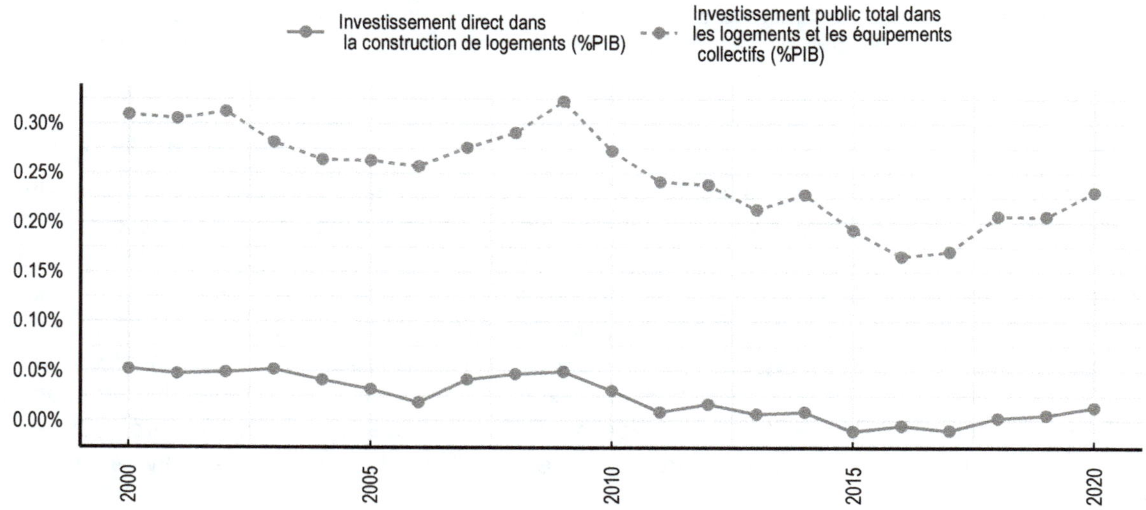

Note : L'investissement public total dans le logement et les équipements collectifs comprennent à la fois l'investissement direct et les transferts de capitaux publics. Le logement et les équipements collectifs recouvrent la construction de logement et d'équipement collectifs, l'alimentation en eau, l'éclairage public, la R-D dans le domaine du logement et d'équipements collectifs. L'aménagement du logement comprend l'acquisition de terrains pour la construction de nouveaux logements et l'amélioration ou l'entretien du parc de logements existant. La moyenne OCDE-30 correspond à la moyenne non pondérée des 30 pays de l'OCDE et exclut le Canada, la Colombie, la Corée, le Mexique, la Nouvelle-Zélande, la Turquie et les États-Unis.
Source : Calculs de l'OCDE à partir de la base de données de l'OCDE sur les comptes nationaux (ventilation des dépenses des administrations publiques par fonction, COFOG).

StatLink https://stat.link/g5q2hy

[2] Pour plus d'information sur les difficultés méthodologiques et les données disponibles, voir (OCDE, 2020[3] ; OCDE, 2021[4] ; OCDE, 2022[5]).

[3] Pour une présentation plus détaillée des options s'offrant aux pouvoirs publics, voir (OCDE, 2020[3] ; OCDE, 2015[2]).

Dans le contexte actuel, l'augmentation des coûts de la construction due au renchérissement des matières premières, des machines et de la main-d'œuvre, et l'émergence de normes d efficacité énergétique plus exigeantes (voir le chapitre 2) ainsi que la hausse des taux d'intérêt (voir ci-après) poussent à la hausse le coût des logements (Graphique 1.4). En conséquence, de nombreux projet ont été suspendus, notamment dans le logement social et abordable, lorsque la capacité des promoteurs à augmenter les loyers pour répercuter la hausse des coûts sur les locataires était limitée. En Allemagne, les municipalités et les représentants du secteur du bâtiment prévoient que 70 % des projets dans le logement social et abordable pourraient être compromis. Au Royaume-Uni, certains projets de logements abordables risquent de ne pas voir le jour, ou bien seront inférieurs à ce qui est prévu dans le cadre du programme britannique Affordable Homes Programme[4]. Ce renchérissement des coûts alimente également les crispations sur un marché locatif déjà tendu, ce qui pourrait faire encore augmenter les loyers des locataires vulnérables. Ainsi, au Royaume-Uni, les loyers privés ont connu en novembre 2022 la plus forte hausse annuelle en pourcentage jamais enregistrée depuis le début des relevés en janvier 2016.

Adopter une approche systémique à long terme de l'investissement dans le logement abordable et social pourrait aider à mieux gérer certains de ces risques et placer le secteur sur une base plus stable. Plusieurs pays de l'OCDE ont mis en place des fonds autorenouvelables dans le but de créer un mécanisme durable et à long terme permettant d'orienter l'investissement vers le logement social et abordable.

Graphique 1.4. Les coûts de la construction ont augmenté beaucoup plus vite que l'inflation

Coûts réels de la construction résidentielle, Index 2015 = 100

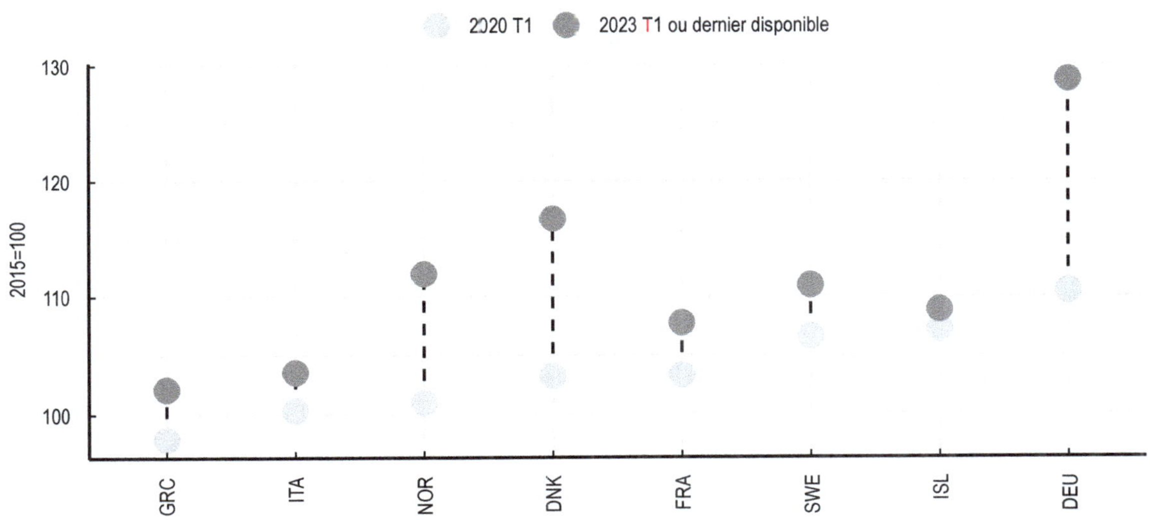

Note : Le coût de la construction résidentielle correspond à l'indice du coût de la construction de nouveaux bâtiments résidentiels, en monnaie nationale, corrigé de l'IPC.
Source : Base de données de l'OCDE des Principaux indicateurs économiques et calculs de l'OCDE.

StatLink https://stat.link/6cixqu

[4] Les données relatives aux exemples allemand et britannique sont tirées de (Tagesschau, 2022[21]) et (Ministère des communautés, du gouvernement local et du logement du Royaume-Uni, 2022[22]).

Encadré 1.2. Des fonds autorenouvelables pour investir dans le logement social et abordable

Pour stimuler l'investissement dans le logement, plusieurs pays de l'OCDE ont mis en place des fonds autorenouvables, ou des mécanismes plus complexes produisant le même effet, afin de financer la construction de logements locatifs sociaux et abordables. Ces fonds permettent d'acheminer une partie des loyers ou des remboursements de prêts vers de nouveaux projets de logements sociaux et abordables. Les principales caractéristiques de la mise en place et du fonctionnement d'un mécanisme de financement dédié varient considérablement d'un pays à l'autre, notamment en ce qui concerne le canevas institutionnel, les modalités de financement et les décisions en matière de gestion et de suivi (Tableau 1.1).

Tableau 1.1. Cadre de mise en place et de fonctionnement d'un fonds autorenouvelable permettant d'orienter l'investissement vers le logement social et abordable

	Canevas institutionnel	Modalités de financement	Gestion et suivi
Cadre	• Législation d'habilitation • Politique nationale du logement • Structure de l'approche de financement	*Environnement d'investissement :* • Règles d'urbanisme • Infrastructures • Taille du marché locatif existant	*Gestion des unités :* • Critères d'éligibilité • Critères d'affectation • Approche de la fixation des loyers • Entretien des unités • Financement des améliorations des bâtiments
Portée	• Nature des activités de logement financées • Couverture géographique des activités financées	*Sources de financement :* • Origine des fonds • Mécanismes de fonds autorenouvelables • Impact du dispositif de financement sur les finances publiques	
Outils	• Acteurs et expertise impliqués dans l'approche de financement	*Instruments de financement :* • Prêts à long terme • Incitations à investir dans le logement abordable	*Gestion du fonds :* • Gestion et contrôle du fonds • Obligations d'audit externe • Protection des locataires et gestion des plaintes

Canevas institutionnel

Parmi les questions institutionnelles figurent les décisions relatives à la structure, au fonctionnement et à la portée des activités du mécanisme de financement, ainsi que la législation d'habilitation, l'environnement de l'action publique et les différents acteurs impliqués.

- La *structure du mécanisme de financement* est très variable : par exemple, il peut être mis en place au sein d'une institution autonome dédiée (comme le Fonds national pour la construction au Danemark) ou passer par des institutions de financement existantes auxquelles sont attribuées des ressources supplémentaires (comme le Fonds pour l'accessibilité financière du logement en Lettonie) ; il peut s'agir d'une entité publique ou à but non lucratif, ou bien il peut ne pas avoir de statut formel du tout (comme c'est le cas en Autriche et aux Pays-Bas, où l'ensemble du système, dirigé par des associations de logement, fonctionne comme un fonds autorenouvelable).
- La *portée des activités* bénéficiant du mécanisme de financement peut aller de la construction de nouveaux logements locatifs et/ou occupés par leur propriétaire à la rénovation et/ou à la démolition de logements existants et/ou à l'investissement dans des infrastructures plus larges ou dans des améliorations au niveau d'un quartier.

- Les *acteurs impliqués* dans le mécanisme peuvent comprendre l'administration centrale, y compris des ministères ainsi que d'autres organismes publics ; des entités infranationales (régions, municipalités, bailleurs sociaux communaux) ; des promoteurs immobiliers (y compris des promoteurs sans but lucratif ou à but lucratif limité et coopératives de promotion immobilière) ; et des banques commerciales ainsi que des banques internationales de développement.

Modalités de financement

Sur le plan financier, il faut identifier les sources de financement potentielles à différentes étapes, les différents instruments de financement et l'environnement de l'investissement. Généralement, ces fonds sont constitués avec un apport de capitaux propres initial (généralement d'origine publique, mais pas forcément), souvent complété par des prêts concessionnels ou commerciaux et/ou des garanties publiques. Les mécanismes de financement utilisent une part des loyers versés (et, dans le cas de l'Autriche, une partie des profits des promoteurs) pour financer des opérations de construction, de rénovation et/ou d'acquisition de logements existants.

Exemples de pays de l'OCDE

Plusieurs pays de l'OCDE se sont dotés de tels mécanismes :

- *Danemark, Fonds national pour la construction* : il s'agit d'une institution de financement dédiée, autonome et autogérée, qui a été constituée par des associations de logement pour promouvoir l'autofinancement de la construction, de la rénovation et de l'amélioration de logements ainsi que des améliorations au niveau des quartiers. Le financement repose sur une partie des loyers versés et sur des contributions des organismes de logement aux prêts hypothécaires.
- *Autriche, modèle de logement abordable et social :* en Autriche, l'approche du financement repose sur des associations de logement à but lucratif limité qui gèrent des fonds autorenouvelables, sous la supervision et le pilotage des autorités fédérales et des collectivités régionales et municipales. Les projets pris en charge par les associations de logement à but lucratif limité ont généralement des sources de financement multiples, comme des contributions des locataires, des fonds propres d'organismes de logement et des prêts publics ou commerciaux.
- *République slovaque, Fonds d'État pour le développement du logement :* ce fonds, mis en place pour financer les priorités de logement définies par le gouvernement, est une entité indépendante supervisée par le ministère slovaque du Transport et de la Construction. À l'origine exclusivement financé sur le budget de l'État, le fonds reçoit actuellement un faible montant d'argent public et de financements des fonds structurels européens, auxquels s'ajoutent les remboursements des prêts qu'il accorde.
- *Lettonie, Fonds pour l'accessibilité financière du logement :* la Lettonie a mis en place un nouveau mécanisme de financement pour acheminer l'investissement dans le logement abordable, avec une mise de fonds initiale de la Facilité de l'UE pour la reprise et la résilience et la possibilité de trouver des ressources supplémentaires auprès de l'État et sous la forme de prêt commerciaux. Dans un premier temps, le fonds doit financer la construction de nouveaux logements locatifs abordables en dehors de la région de la capitale Riga, qui seront proposés en location à des loyers inférieurs à ceux du marché à des ménages remplissant les critères de seuil de revenu.
- *Slovénie, Fonds pour le logement de la République de Slovénie :* fonds dédié au logement mis en place pour financer et mettre en œuvre le Programme national pour le logement. Le Fonds pour le logement est un fonds de financement public et un fonds immobilier qui octroie des

prêts à long terme assortis de taux d'intérêt favorables à des entités publiques ou privées pour l'achat, l'entretien ou la rénovation de logements locatifs sans but lucratif ou occupés par leurs propriétaires. Le fonds investit également dans la construction et les terrains constructibles, et propose des aides aux catégories vulnérables pour la construction, le réaménagement et la rénovation de logements.

- *Pays-Bas, modèle de logement abordable et social* : les associations de logement ont accès à un fonds de garantie, le Fonds de garantie du logement social ou WSW. Ce système qui réunit des associations de logement fonctionne comme une sorte de « fonds autorenouvelable » et bénéficie de taux d'intérêt intéressants grâce à l'accord de coopération mutuelle conclu par le WSW qui prévoit de renflouer si nécessaire les associations de logement. De plus, l'État néerlandais et les municipalités sont les garants en dernier ressort des prêts accordés par les banques.

Source : (OCDE, 2020[7] ; OCDE, 2023[8] ; OCDE, 2023[9]).

Affronter la crise énergétique en jetant les bases nécessaires à l'émergence d'un logement bas carbone

La volatilité des coûts de l'énergie domestique est très importante

Les dépenses d'énergie des ménages ont augmenté fortement en raison du choc sur les prix des combustibles fossiles provoqué par le déclenchement de la guerre en Ukraine (Graphique 1.5). Dans certains pays, la sécheresse a en outre accentué les tensions à la hausse sur les prix de l'électricité. Dans les pays de l'OCDE, le chauffage et l'eau chaude représentent en moyenne 75 % de la consommation d'énergie domestique (chapitre 2).

Graphique 1.5. Les coûts de l'énergie domestique ont explosé, surtout en Europe

Prix de détail réels de l'énergie, Index 2010T1 = 100

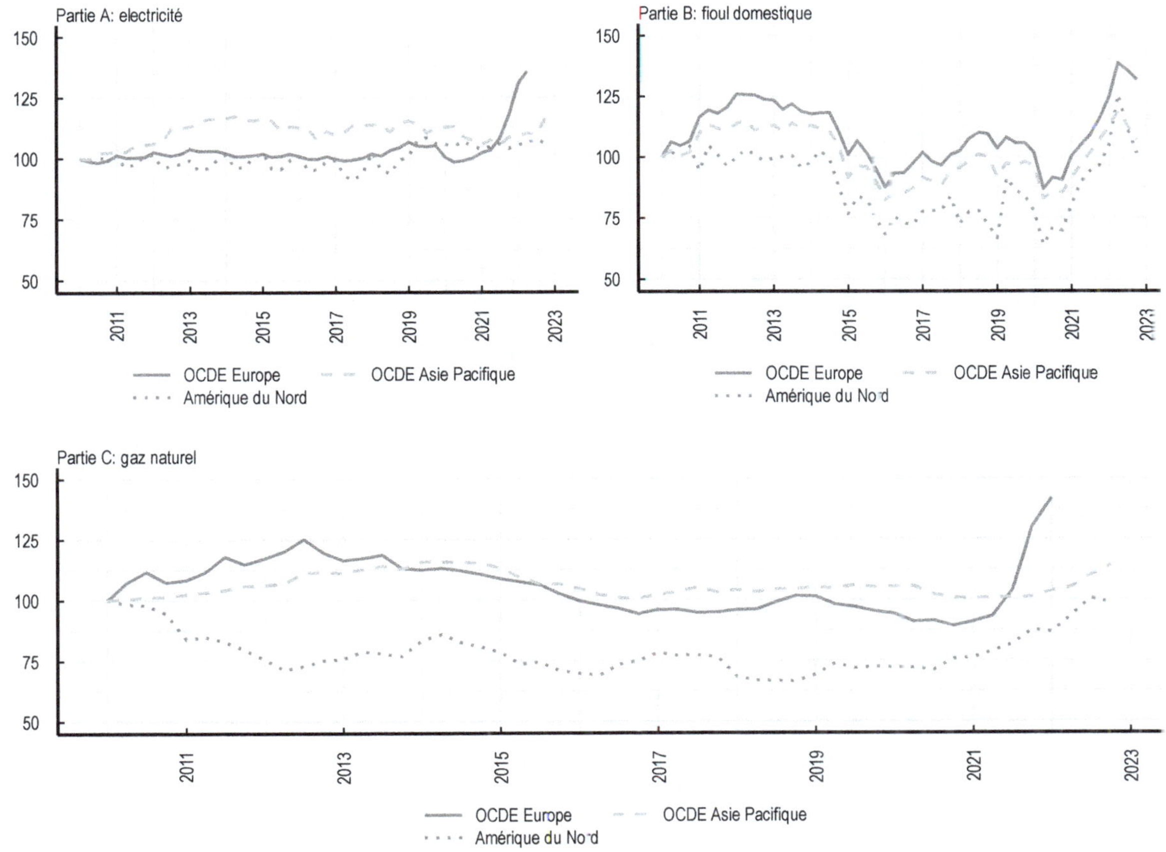

Note : Le prix de détail réel de l'énergie correspond aux sous-indices des produits énergétiques composant l'indice des prix à la consommation, corrigés de l'IPC. L'agrégat OCDE Asie + Océanie comprend l'Australie, la Corée, le Japon et la Nouvelle-Zélande, et l'agrégat Amérique du Nord le Canada et les États-Unis.
Source : Base de données de l'Agence internationale de l'énergie (AIE) sur les prix de l'énergie.

StatLink https://stat.link/tu4ypd

Le choc sur les prix de l'énergie pose des problèmes particulièrement aigus aux ménages à faible revenu et aux personnes vivant dans des logements mal isolés, sachant qu'en outre, ces difficultés ont tendance à se cumuler (Graphique 1.6). L'énergie domestique consommée par les ménages est destinée à satisfaire leurs besoins essentiels, si bien que face à de fortes hausses, il leur impossible de réagir en réduisant rapidement leur consommation. De ce fait, les familles à faible revenu en viennent à consacrer à l'énergie une proportion plus importante de leur revenu (Graphique 1.7), même si l'écart par rapport aux groupes à revenu élevé est relativement modeste dans plusieurs pays.

Graphique 1.6. La performance énergétique des logements varie en fonction du revenu des ménages, de la taille du logement et de son statut d'occupation

Exemple de la France, 2022

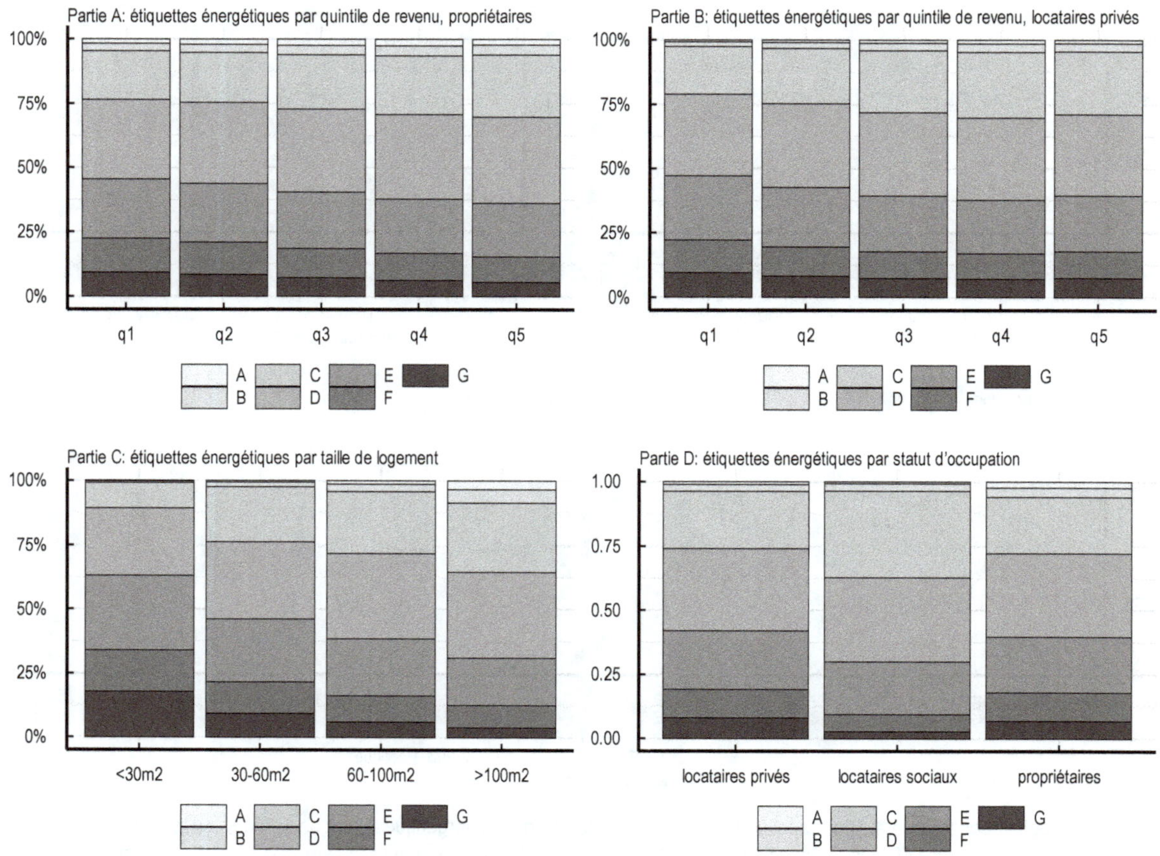

Note : Le parc de logements comprend la totalité des résidences principales de France métropolitaine au 1er janvier 2022. Les étiquettes énergétiques ont été estimées pour l'intégralité du parc de logements à partir des certificats de performance énergétiques recensés par l'Ademe entre décembre 2021 et mars 2022 et de données fiscales. Les catégories d'efficacité énergétique vont de la classe A (efficacité élevée) à la classe G (efficacité très faible).

Source : Observatoire national de la rénovation énergétique, France.

StatLink https://stat.link/gi0su9

Graphique 1.7. Les coûts de l'énergie domestique pèsent particulièrement lourd sur les ménages à faible revenu

Part des dépenses d'énergie liées au logement dans la consommation des ménages, par catégorie de revenu, 2020 ou dernière année connue

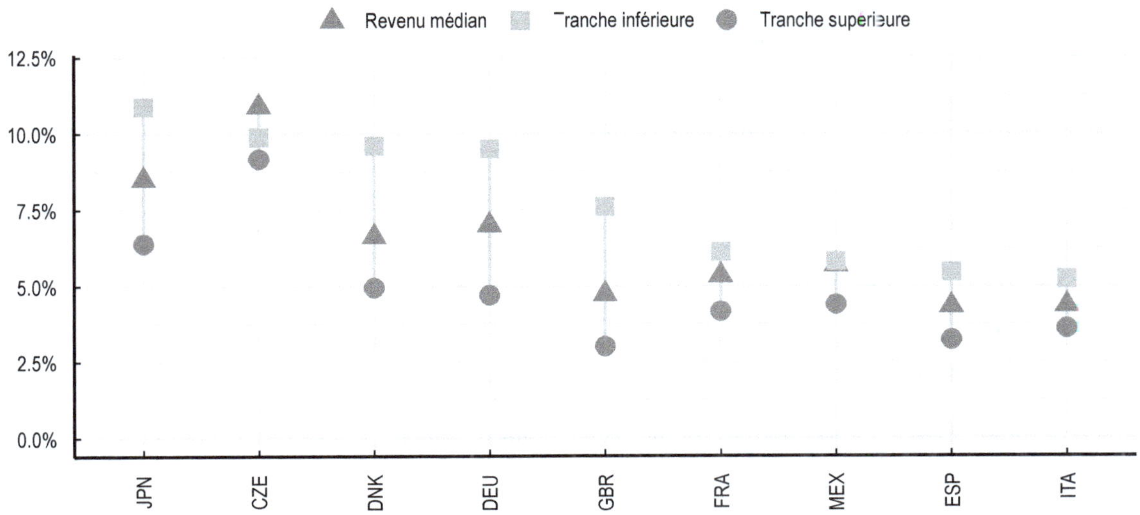

Note : La tranche supérieure (inférieure) de revenu correspond au cinquième (premier) quintile de la distribution des revenus aux États-Unis, en France, au Japon, au Mexique, en République tchèque et au Royaume-Uni. Pour l'Allemagne et l'Espagne, la tranche supérieure (inférieure) des revenus correspond à un revenu mensuel supérieur à 5 000 EUR (inférieur à 1 300 EUR en Allemagne et à 1 000 EUR en Espagne). Pour le Danemark, la tranche supérieure (inférieure) correspondant à un revenu annuel supérieur à 1 000 000 DNK (inférieur à 250 000 DNK).
Source : Causa, Soldani et Luu (2023[10]) et calculs de l'OCDE.

StatLink https://stat.link/sqrczh

La décarbonation du logement devient de plus en plus urgente

La forte hausse des prix des combustibles fossiles a mis en lumière la nécessité de décarboner le secteur du logement par une amélioration de l'efficacité énergétique des bâtiments et par des mesures favorisant la transition vers une utilisation accrue des combustibles verts pour la consommation directe ou indirecte d'énergie. Une meilleure isolation des logements et l'utilisation d'appareils économes en énergie permettent de réduire la consommation et d'atténuer l'impact des hausses des prix de l'énergie sur le budget des ménages. La consommation d'énergies plus vertes dans les bâtiments permet d'abaisser encore la dépendance du secteur aux combustibles fossiles. Augmenter l'efficacité énergétique des logements et recourir davantage à des sources d'énergie bas carbone permettrait aussi de rendre moins nécessaire l'adoption de mesures d'aide à court terme destinées à alléger la charge que les chocs sur les prix des combustibles fossiles fait peser sur les budgets des ménages (Tableau 1.2).

Tableau 1.2. Exemples de mesures d'allègement des coûts énergétiques à court terme, 2022-23

Pays	Nom	Description
France	Chèque-énergie	Des chèques-énergie supplémentaires d'un montant compris entre 100 et 200 EUR ont été attribués en 2022 aux 40 % de ménages les plus modestes, en plus des chèques-énergie octroyés depuis 2008 aux ménages les plus pauvres. Cette mesure s'inscrit en complément du bouclier tarifaire applicable en 2022-2023, qui a pour effet de plafonner les prix de détail de l'électricité et du gaz.
Allemagne	Plan d'aide énergie	Ce programme d'aide représentant un montant de 200 milliards EUR est destiné à aider les industries et les ménages à faire face à la crise énergétique. Un fonds constitué jusqu'en 2024 permettra de financer le plafonnement et le subventionnement des prix de l'énergie. À compter de mars 2023 et jusqu'à fin avril 2024, les ménages verront leur facture de gaz habituelle subventionnée à hauteur de 80 %. Ils acquitteront un prix fixe de 0.12 EUR par kilowattheure (kWh) pour un volume correspondant à 80 % de leur consommation de gaz de l'année précédente.

Pays-Bas	Plafonnement des prix de l'énergie	Entre le 1er janvier et le 31 décembre 2023, le prix de l'énergie sera plafonné pour tous les petits consommateurs (ménages, travailleurs indépendants, petites entreprises et associations). Le prix du m³ de gaz sera maintenu en dessous de 1.45 EUR à hauteur d'une consommation de 1 200 m³. L'électricité sera proposée au prix de 0.40 EUR par kWh pour une consommation maximale de 2 900 kWh. En 2022, les petits consommateurs ont bénéficié d'un rabais de 190 EUR sur leurs factures d'énergie de novembre et décembre.
Espagne	Plafonnement des prix du gaz	La gouvernement espagnol a plafonné les prix de gros du gaz afin d'abaisser la facture d'électricité des ménages, les prix du gaz naturel étant le principal déterminant du prix de l'électricité sur le marché espagnol. Le prix moyen de l'électricité devrait baisser fortement pour s'établir aux alentours de 130 EUR par mégawattheure (MWh) en 2023, contre 210 EUR au premier trimestre de 2022.
Royaume-Uni	Garantie des prix de l'énergie	Ce mécanisme vise à réduire le coût unitaire de l'électricité et du gaz de sorte que le prix payé par un ménage ayant une consommation d'énergie moyenne soit d'environ 2 500 GBP par an. Il est entré en vigueur le 1er octobre 2022 et doit durer au moins jusqu'en avril 2023. Grâce à lui, l'économie réalisée par un ménage moyen est estimée à 1 000 GBP par an. L'État remboursera aux fournisseurs d'énergie la totalité des montants correspond aux économies réalisées par les ménages.

Source : "Decarbonising buildings in cities in the Netherlands: a neighbourhood approach," *OECD Regional Development Papers*, No. 42 (OECD, 2023)

Plusieurs instruments sont disponibles pour placer les émissions du secteur du logement sur la trajectoire de la neutralité carbone

L'autre pilier de la décarbonation du logement, en plus d'une meilleure efficacité énergétique, réside dans l'abandon progressif de la consommation de combustibles fossiles par les ménages conjugué à la décarbonation de la production d'électricité. Les chaudières à gaz, à fioul et à charbon doivent céder progressivement la place à des appareils utilisant l'électricité et, dans une moindre mesure, la biomasse (comme le bois) et les énergies renouvelables (panneaux photovoltaïques installés sur les toits par exemple) (Graphique 1.8). L'électrification peut contribuer à la décarbonation du secteur du logement pour autant que la production d'électricité évolue vers des sources décarbonées : à cet égard, la réduction des émissions liées au logement dépend donc de la réussite des efforts de décarbonation de la production d'électricité.

Graphique 1.8. Efficacité énergétique et électrification sont les deux principaux piliers de la décarbonation du logement

Ventilation des réductions des émissions directes de CO_2 du secteur du bâtiment, au niveau mondial, dans le scénario de neutralité carbone de l'AIE

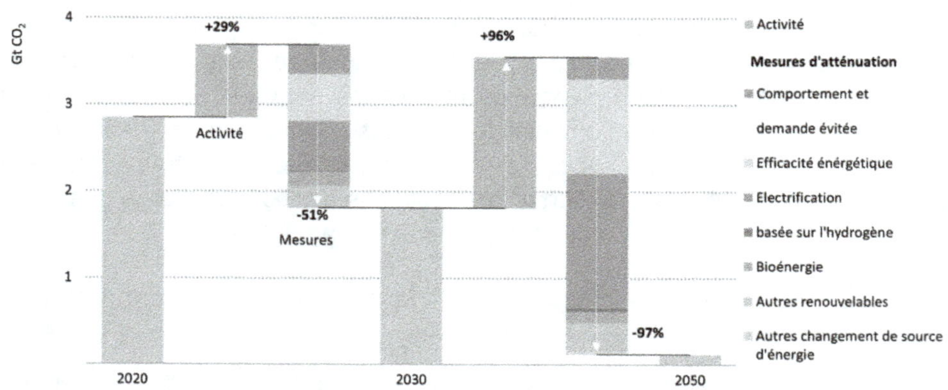

Note : Le scénario de neutralité carbone de l'AIE ne propose pas de ventilation au niveau de l'OCDE ou par pays. L'activité fait référence à la demande créée par l'accroissement de la population ainsi que par l'augmentation des niveaux de superficie et de revenu par habitant. Le comportement correspond à l'évolution de la demande résultant des décisions des consommateurs (modification des températures de chauffage ou de climatisation par exemple). La demande évitée fait référence aux changements découlant des évolutions technologiques comme les appareils intelligents.

Source : « Net Zero by 2050 – A Roadmap for the Global Energy Sector », (AIE, 2020[11]).

StatLink https://stat.link/er76yk

Les efforts de décarbonation du logement auraient en outre pour avantage de réduire les vulnérabilités par rapport aux fluctuations des prix des combustibles fossiles. Cela étant, leur objectif premier demeure de contribuer à la neutralité des émissions de gaz à effet de serre d'ici à 2050, conformément aux objectifs convenus en matière de changement climatique. Le logement est en effet un élément clé de la réussite des stratégies d'atténuation du changement climatique, car ce secteur est responsable de plus d'un quart du CO_2 émis en moyenne dans les pays de l'OCDE. Au cours des deux dernières décennies, les émissions liées au logement ont diminué de 17 % en moyenne dans les pays de l'OCDE, mais une réduction beaucoup plus rapide, allant bien au-delà de ce que les politiques actuellement annoncées devraient permettre d'atteindre, sera nécessaire pour parvenir à la neutralité carbone à l'horizon 2050.

Comme exposé dans le chapitre 2, pour être efficaces, les trains de mesures de décarbonation des bâtiments doivent comporter une tarification des émissions liées au logement et s'accompagner de mesures complémentaires destinées à tenir compte des spécificités du secteur qui rendent la tarification à elle seule insuffisante. La tarification constitue un outil puissant pour créer des incitations à éviter les émissions, dans le secteur du logement comme dans d'autres (D'Arcangelo et al., 2022[12]). Des taxes sur les combustibles fossiles utilisés dans les logements ou des mécanismes d'échange de droits d'émission constituent, s'ils sont correctement calibrés, un moyen efficace de tarifier les émissions résidentielles (Tableau 1.3). Dans les pays où la fiscalité indirecte est déjà élevée, cette tarification ne doit pas forcément prendre la forme de taxes supplémentaires, mais peut nécessiter de revoir les taux afin de mieux les ajuster en fonction des émissions de CO_2 et d'autres polluants.

La tarification des émissions directes des logements doit aller de pair avec une tarification efficace des émissions issues de la production d'électricité. Cette combinaison est importante pour trois raisons : d'abord, elle crée des incitations à remplacer les combustibles fossiles par l'électricité dans les logements ; ensuite, elle vise à garantir que l'électricité domestique provient de sources à faible teneur en carbone ; et enfin, elle crée des incitations appropriées à économiser l'énergie et à investir dans la rénovation énergétique.

La tarification du carbone doit cependant être complétée par d'autres mesures. En effet, les incitations divergent selon les différents statuts d'occupation des logements. Il est important de signaler que les propriétaires seront peu incités à investir dans l'électrification et l'isolation si les économies réalisées sur les factures d'énergie bénéficient finalement aux locataires, et s'il ne leur est pas possible de répercuter sur les loyers les coûts de cette rénovation. Les locataires ne sont pas tellement incités à investir non plus, parce que les contrats de location sont souvent trop courts pour que l'abaissement des factures d'énergie futures puisse compenser des investissements initiaux souvent conséquents. De fait, la période nécessaire à la rentabilisation d'investissements dans la rénovation énergétique d'un logement est généralement longue, notamment pour les travaux d'isolation (chapitre 2). Dans les copropriétés, des problèmes de coordination épineux peuvent aussi se poser entre les propriétaires. Pour toutes ces raisons, le secteur du logement réagit plus faiblement à l'évolution de la tarification du carbone que d'autres secteurs comme les transports, l'industrie ou la production d'électricité.

Dans ce contexte, les pouvoirs publics peuvent, en complément de la tarification du carbone, prendre diverses mesures pouvant aller d'une réglementation environnementale à des subventions ou aides financières (Tableau 1.3). La réglementation est un instrument adapté lorsqu'il s'agit de supprimer progressivement les chaudières à combustibles fossiles, d'imposer des normes de neutralité carbone dans la construction des logements ou de mettre en place une certification de la performance énergétique des bâtiments. Il importe tout particulièrement d'imposer le certificat de performance énergétique à tous les bâtiments, non seulement aux nouveaux, car les nouvelles constructions représentent moins de 1.5 % du parc dans les pays de l'OCDE, ce qui rend nécessaire la rénovation énergétique des logements existants (Graphique 1.9). Le durcissement de la réglementation dans ce domaine suscite souvent des résistances, qu'il est possible de surmonter en assortissant les obligations d'aides financières sous la forme de subventions (chapitre 2). Le calendrier de mise en œuvre progressive des obligations de neutralité carbone doit tenir compte du rythme auquel le secteur de la rénovation peut se développer et en même temps acquérir les compétences nécessaires, ainsi que de la disponibilité des matières premières nécessaires. Un autre élément à prendre en compte dans la calendrier des obligations de rénovation énergétique consiste à éviter de provoquer une forte dépréciation de la valeur des actifs immobilier, qui pourrait faire peser des risques sur la stabilité financière.

Tableau 1.3. Principales mesures de décarbonation du secteur de logements

	Avantages	Limites
Tarification du carbone :	Crée des incitations à réduire les émissions Nécessaire pour que la plupart des autres mesures soient pleinement efficaces	Insuffisante en soi en raison des spécificités du logement comme la divergence des incitations entre propriétaires et locataires, la méconnaissance fréquente du mécanisme et le manque d'informations sur l'efficacité énergétique et les questions de financement
- Taxe carbone	Relativement simple à gérer Génère des recettes	Aggrave la pauvreté énergétique, surtout à court terme Effet régressif sur l'échelle de distribution des revenus avant utilisation des recettes
- Droits échangeables	Faciles à gérer s'ils sont échangés en amont Génèrent des recettes en cas d'enchères	Aggravent la pauvreté énergétique, surtout à court terme Effet régressif avant utilisation des recettes Créent des gains exceptionnels en cas de clause de sauvegarde
Réglementation du carbone :	Permet directement des gains d'efficacité carbone	Effets directs pouvant être partiellement annulés par une augmentation de la demande (« effet rebond »)
- Interdiction des chaudières à combustibles fossiles	Incite à l'électrification	Nécessite de décarboner la production d'électricité Peut être impopulaire
- Obligation d'étiquetage de la performance énergétique des bâtiments	Garantit que la performance énergétique est connue	Adoption lente si elle n'est appliquée qu'au moment des transactions (ventes ou nouveaux baux) Impopulaire si obligatoire en dehors des transactions
- Normes de construction compatibles avec la neutralité carbone	Garantissent que les logements neufs sont conformes à l'objectif de neutralité carbone	Vont faire augmenter les coûts de construction Insuffisantes en soi si le parc ne se renouvelle que lentement
- Obligations de rénovation des logements existants conformément à l'objectif de neutralité carbone	Permettent des progrès très rapides	Très impopulaires sauf si elles s'accompagnent de subventions importantes Nécessitent un secteur de la rénovation énergétique suffisamment développé Peuvent avoir un coût élevé par rapport aux options de décarbonation offertes dans d'autres secteurs
Subventions :	Aident à financer les opérations qui ne seront rentables qu'à longue échéance	Peuvent avoir un effet rebond sauf si elles s'accompagnent d'une tarification du carbone
- À la rénovation ou au déploiement de technologies existantes	Aident à couvrir le coût initial des rénovations Sont très populaires	Peuvent coûter très cher à l'État Peuvent être inefficaces si leur coût par tonne d'émissions de CO_2 évitée est élevé
- À la recherche-développement	Très utiles, surtout sur le segment de la recherche fondamentale	Nécessitent une tarification du carbone pour que les technologies deviennent attractives sur le marché
Réglementation immobilière :		
- Possibilité de répartir la facture des travaux d'économies d'énergie entre les propriétaires et les locataires	Rapproche les incitations des locataires et des propriétaires à améliorer l'efficacité énergétique	Nécessite de modifier les modalités de révision des loyers, ce qui est une source de complexités administratives et d'opposition potentielle
- Abaissement du seuil de votes nécessaires pour approuver des	Évite les blocages susceptibles d'empêcher des améliorations de l'efficacité énergétique	Opposition possible de la part des propriétaires ayant des liquidités insuffisantes

travaux de rénovation énergétique dans les copropriétés		
Politique financière		
- Imposer la transparence et la comparabilité des labels verts attribués à des bâtiments et à des produits financiers adossés à des actifs immobiliers	Aide à la montée en puissance du financement vert de l'immobilier Permet le développement, sur le marché, d'un segment du financement de la rénovation Permet aux prêteurs de prendre en compte la qualité de crédit associée aux logements à haute efficacité énergétique	Néant

Note : Ce tableau récapitule les principaux avantages et limites des différentes mesures. On trouvera des informations plus détaillées sur la tarification, la réglementation et les subventions dans le chapitre 2 et sur les politiques de financement dans le chapitre 3.
Source : OCDE

Graphique 1.9. Dans les pays de l'OCDE, une grande partie du parc immobilier a plus de 50 ans

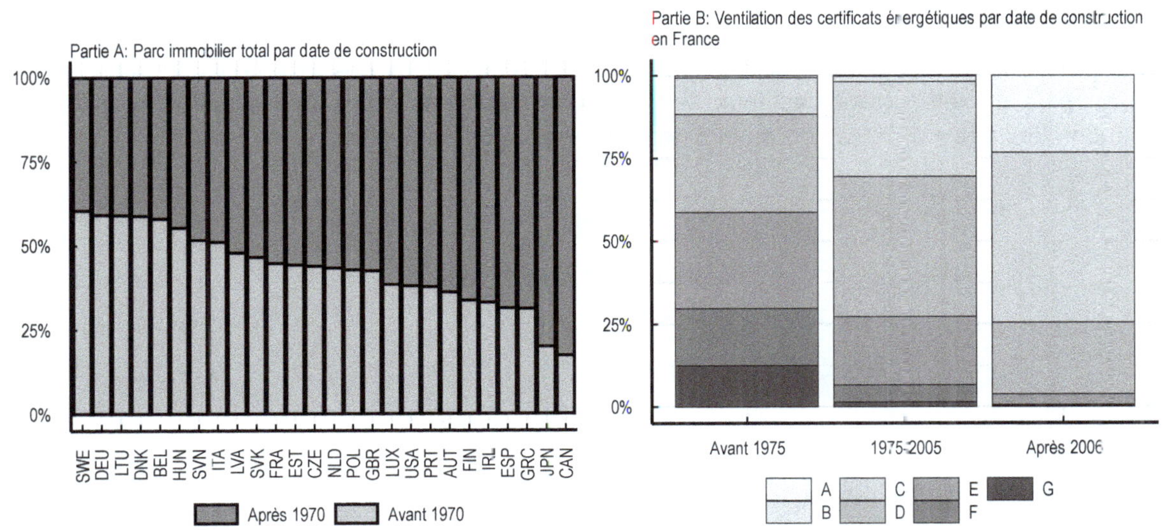

Note : Partie A : année de recueil des données : UE 2014 (Autriche 2009), Canada 2018, Japon 2008 et États-Unis 2019.
Partie B : le parc de logements comprend la totalité des résidences principales au 1er janvier 2022 en France métropolitaine. Les étiquettes énergétiques ont été estimées pour l'intégralité du parc de logements à partir des certificats de performance énergétiques recensés par l'Ademe entre décembre 2021 et mars 2022 et de données fiscales. Les catégories d'efficacité énergétique vont de la classe A (efficacité élevée) à la classe G (efficacité très faible).
Source : Partie A: bases de données de l'UE sur les bâtiments, du Canada sur la consommation d'énergie du Canada et de l'association nationale des bâtisseurs de logements des États-Unis, et calculs de l'OCDE. Partie B : observatoire national de la rénovation énergétique, France.

StatLink https://stat.link/8k3fuz

Les marchés financiers peuvent contribuer fortement à la décarbonation du logement

Il est possible de faire davantage appel aux marchés financiers pour accélérer la décarbonation du logement. Les intermédiaires financiers peuvent jouer un rôle important en aidant à lisser le coût des investissements dans la rénovation énergétique des logements, qui ne deviennent souvent rentables qu'au bout d'une période très longue. Cependant, les financements de la rénovation énergétique sont insuffisants, surtout si on les compare aux prêts à la consommation ou aux prêts hypothécaires. Pourtant, des données empiriques montrent qu'investir dans l'amélioration de efficacité énergétique permet d'accroître la valeur des logements et de réduire les factures énergétiques futures des propriétaires, augmentant ainsi la capacité de remboursement des prêts par les emprunteurs, ce qui devrait se traduire par une baisse des coûts de l'emprunt.

Pour progresser dans ce domaine, il est indispensable d'améliorer la transparence et la comparabilité de l'étiquetage énergétique des produits financiers adossés à des actifs immobiliers (Tableau 1.3 et chapitre 3). La fragmentation et l'opacité de ce marché empêchent les prêteurs et les marchés sur lesquels ils se financent de refléter le risque plus faible associé aux prêts consentis pour la rénovation énergétique des logements. L'expansion du marché des produits de financement de logements écologiques nécessite une certification de la performance énergétique de tous les bâtiments (et pas seulement de ceux destinés à la vente ou à la location) qui soit à la fois fiable et internationalement comparable, avec une transparence suffisante des produits financiers, prêts et instruments de placement associés.

Préserver la résilience face au retournement du cycle du logement

La situation sur le marché du logement a évolué. Pour les acquéreurs, après une période prolongée de faiblesse des taux d'intérêt, les taux nominaux ont augmenté dans les pays de l'OCDE (Graphique 1.10), dans un contexte où les autorités monétaires sont aux prises avec une inflation élevée. Même si le revenu des ménages s'ajuste en partie à l'inflation, la hausse des taux d'intérêt nominaux réduit leur capacité à assurer le service de leur dette hypothécaire pour un niveau de prix des logements donné. Du côté de l'offre, en plus du relèvement des taux, les fortes hausses des coûts des matières premières, des équipements et de la main-d'œuvre rendent les projets plus onéreux (Graphique 1.4).

Graphique 1.10. Les taux d'intérêt ont fortement augmenté

Principaux taux d'intérêt directeurs

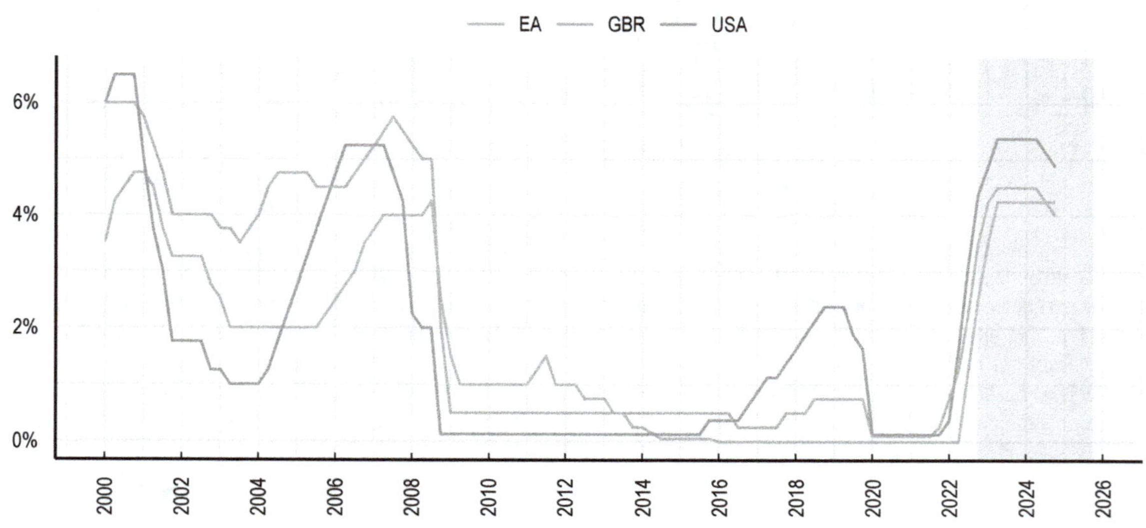

Note : La zone grisée correspond aux projections à la fin de 2022.
Source : Perspectives économiques de l'OCDE, édition de novembre 2022.

StatLink https://stat.link/rd3yia

Du fait de ces évolutions, les marchés du logement se trouvent en situation de retournement de la conjoncture dans de nombreux pays. Les prix réels des logements, aujourd'hui élevés après une longue période pendant laquelle ils ont connu de fortes hausses, ont commencé depuis peu à fléchir dans plusieurs pays de l'OCDE (Graphique 1.11). Un retournement du cycle du logement pourrait mettre à l'épreuve la stabilité financière en réduisant la capacité des ménages et des promoteurs à assurer le service de leur dette, entraînant une dégradation de la valeur et de la qualité de crédit des prêts et autres actifs financiers liés au logement. Dans de nombreux pays de l'OCDE, la dette hypothécaire se situe à des niveaux plus élevés qu'au début de la crise financière mondiale, même par rapport aux revenus (Graphique 1.13). Dans ce contexte, les autorités monétaires et prudentielles s'intéressent de plus près aux marchés du logement (Graphique 1.12).

Graphique 1.11. Les prix réels des logements ont augmenté, mais pourraient avoir atteint un pic dans de nombreux pays

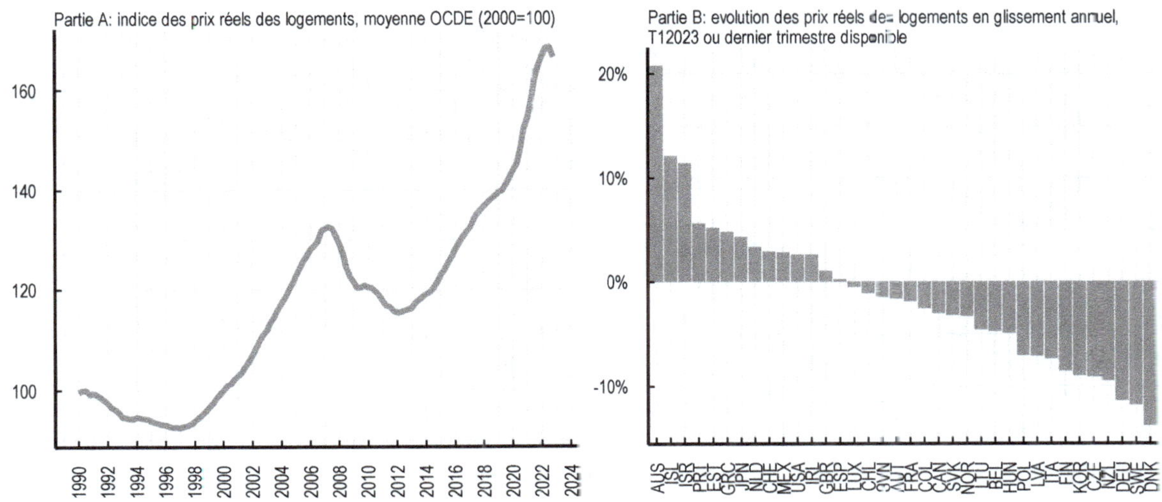

Note : Prix nominaux des logements corrigés du déflateur de la consommation privée, données tirées des statistiques de comptabilité nationale.
Source : Indicateurs analytiques de l'OCDE sur les prix des logements.

StatLink https://stat.link/8f47uo

Graphique 1.12. Les banquiers centraux portent une attention renouvelée aux prix des logements

Fréquence à laquelle les banquiers centraux mentionnent les « prix des logements » dans leurs discours, moyenne mobile sur un an, pour 10 000 mots

Note : L'axe des ordonnées indique la fréquence à laquelle l'expression « prix des logements » apparaît dans les discours officiels des banquiers centraux.
Source : BRI, base de données rassemblant les discours des banquiers centraux ; et calculs de l'OCDE.

StatLink https://stat.link/py0vqc

Graphique 1.13. La dette des ménages a augmenté dans de nombreux pays

Dette des ménages en % du PIB, 2021 ou dernière année connue, et 2008

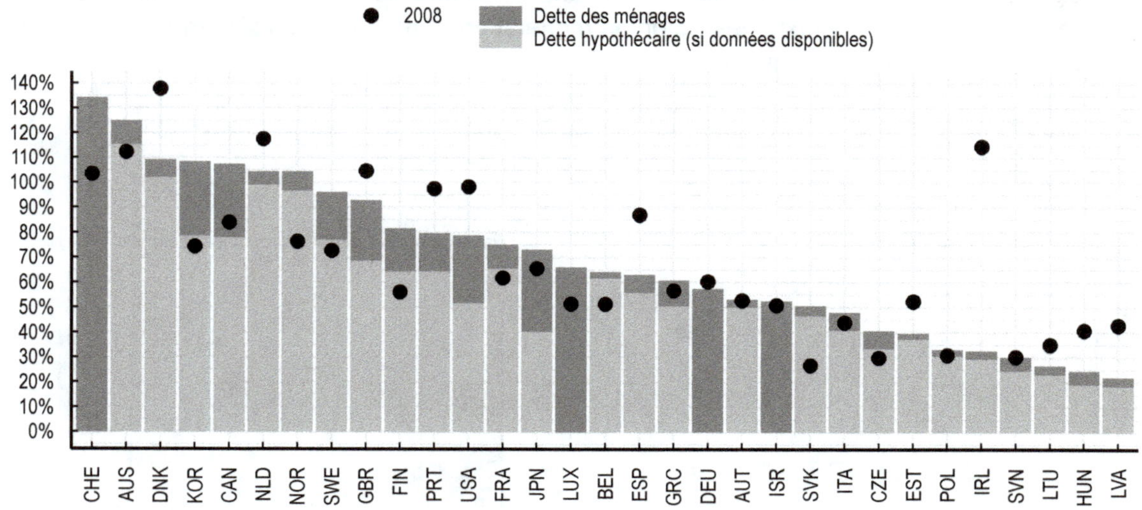

Note : Les données se rapportent à 2020 pour l'Autriche, la Bulgarie, la Corée, la Croatie, l'Estonie, la Finlande, la France, l'Irlande, Israël, l'Italie, le Japon, la Lettonie, la Lituanie, le Luxembourg et la République slovaque. Données de 2019 pour la Grèce.
Source : Base de données analytiques de l'OCDEs.

StatLink https://stat.link/q7myfc

Un resserrement des conditions monétaires se répercute plus rapidement sur les coûts des emprunts immobiliers lorsque les prêts sont assortis de taux d'intérêt variables. Dans plusieurs pays de l'OCDE, la majorité des prêts en cours ou nouveaux sont des prêts à taux variables (Graphique 1.14). Les tensions liées à la hausse des coûts d'emprunt sont particulièrement fortes sur les emprunteurs à faible revenu ayant contracté des prêts hypothécaires à taux variable. Dans des pays comme le Royaume-Uni et la Suède, la plupart des prêts hypothécaires en cours sont consentis à taux fixe pendant les cinq premières années, et les emprunteurs peuvent voir les taux augmenter au moment du renouvellement de leur prêt[5].

[5] The UK Office for National Statistics (2023).

Graphique 1.14. Dans plusieurs pays, la proportion de prêts hypothécaires à taux variable est importante

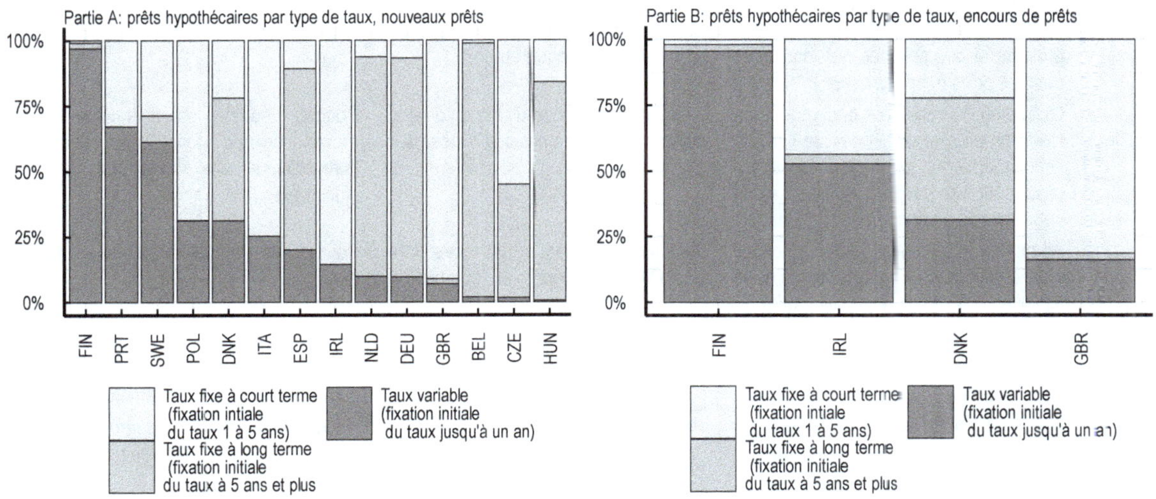

Note : Les données relatives aux prêts hypothécaires à taux variable se rapportent au montant brut des prêts. Dans la partie A, les données relatives aux nouveaux prêts concernent le T2 2022. Dans la partie B, les données relatives aux prêts en cours sont les dernières données disponibles (T2 2022), sauf pour l'Irlande (T1 2022).
Source : Fédération hypothécaire européenne.

StatLink https://stat.link/hzj5da

Comme expliqué plus en détail dans le chapitre 3, les pays de l'OCDE ont déployé un large éventail de mesures macroprudentielles pour préserver la stabilité financière face aux tensions s'exerçant sur le marché du logement. En ce qui concerne les mesures axées sur les emprunteurs, les autorités ont été nombreuses à imposer des limites sur les montants qu'il est possible d'emprunter au regard de la valeur des biens (quotités de financement, plafonnement des quotités de financement), des ratios service de la dette/revenu (DSTI) et/ou ou des ratios dette/revenu (DTI). Du côté des prêteurs, les autorités ont, parmi d'autres mesures, commencé à exiger des banques qu'elles détiennent davantage de fonds propres en proportion de leurs concours hypothécaires, qu'elles constituent si besoin des volants de fonds propres contracycliques supplémentaires et qu'elles fassent mieux apparaître dans leurs bilans leurs engagements hypothécaires vis-à-vis d'autres acteurs du marché. Des mesures structurelles, par exemple des réformes de l'impôt sur le revenu des personnes physiques ayant pour effet de supprimer progressivement les allègements au titre des intérêts hypothécaires accordés aux propriétaires, contribuent également à rendre le financement du logement plus efficace et plus stable (Tableau 1.4).

Tableau 1.4. Exemples d'instruments de financement du logement à la disposition des pouvoirs publics

	Avantages	Limites
Supprimer progressivement l'allègement fiscal relatif aux intérêts d'emprunt pour les propriétaires	Évite d'encourager une accumulation excessive de créances hypothécaires Atténue les tensions à la hausse sur les prix des logements Génère des recettes fiscales substantielles	Peut restreindre l'accès à la propriété avant que les prix ne s'ajustent suite à la réforme Accroît la charge fiscale globale, sauf si la mesure s'accompagne d'autres modifications fiscales
Politique macroprudentielle :		
Axée sur les prêteurs		
- Exigences de fonds propres	Renforcent la résilience des	Pourraient limiter l'accès au financement

- Plafonds d'endettement	intermédiaires financiers face aux prêts non performants Atténuent les tensions à la hausse sur les prix des logements	du logement
- Mise en œuvre d'une approche fondée sur les risques de la réglementation des prêteurs et des services non bancaires pour les prêts hypothécaires	Réduit le risque de contagion par les acteurs non bancaires du marché du financement du logement	Pourrait limiter l'accès au financement du logement
- Obligation de constituer des volants de fonds propres et exigences de liquidité supplémentaires pour les fonds de placement immobilier et les fonds communs de placement	Améliore la capacité d'absorption des pertes ou des pénuries de financement	Pourrait réduire les financements en provenance de fonds de placement immobilier et des fonds communs de placement
- Adaptation des exigences supplémentaires de fonds propres et de liquidités à la situation conjoncturelle	Réduit l'amplification financière des fluctuations du marché du logement	Pourrait être difficile à calibrer en temps réel
Axée sur les emprunteurs		
- Plafonnement des prêts en fonction de la valeur du bien	Limite le recours excessif à l'emprunt	Rend le financement du logement sensible au cycle des prix des logements
- Plafonnement du service de la dette par rapport aux revenus de l'emprunteur	Réduit le surendettement immobilier	Rend le financement du logement sensible aux variations des taux d'intérêt
- Plafonnement des emprunts en fonction des revenus de l'emprunteur	Évite le recours excessif à l'emprunt, même dans un contexte de faiblesse des taux d'intérêt	

Note : Ce tableau récapitule les principaux avantages et limites des différentes mesures. Pour plus de détails, se reporter au chapitre 3.
Source : OCDE.

L'expérience des pays de l'OCDE montre que ces mesures permettent efficacement d'améliorer la résilience financière et économique[6]. Bien que sensible, la hausse des prix réels des logements avant 2022 n'était pas aussi forte que celle observée avant la crise financière mondiale (Graphique 1.15). À l'échelle mondiale, les banques disposent de liquidités abondantes grâce auxquelles elles pourraient éventuellement faire face à des scénarios défavorables[7]. De nombreux pays ont imposé des volants de sécurité contracycliques (chapitre 3). De ce fait, on peut penser que les responsables de l'action publique disposent des outils nécessaires pour faire face aux risques susceptibles de se faire jour sur les marchés du logement et empêcher que la baisse des prix des logements n'ait plus généralement des effets de rétroaction négatifs sur les marchés financiers.

[6] Voir OCDE (2021[4]), chapitre 3.

[7] Cette évaluation est tirée du rapport du FMI (2022[25]).

Graphique 1.15. Les prix réels des logements ont fortement augmenté avant 2022, mais globalement pas autant qu'avant 2007

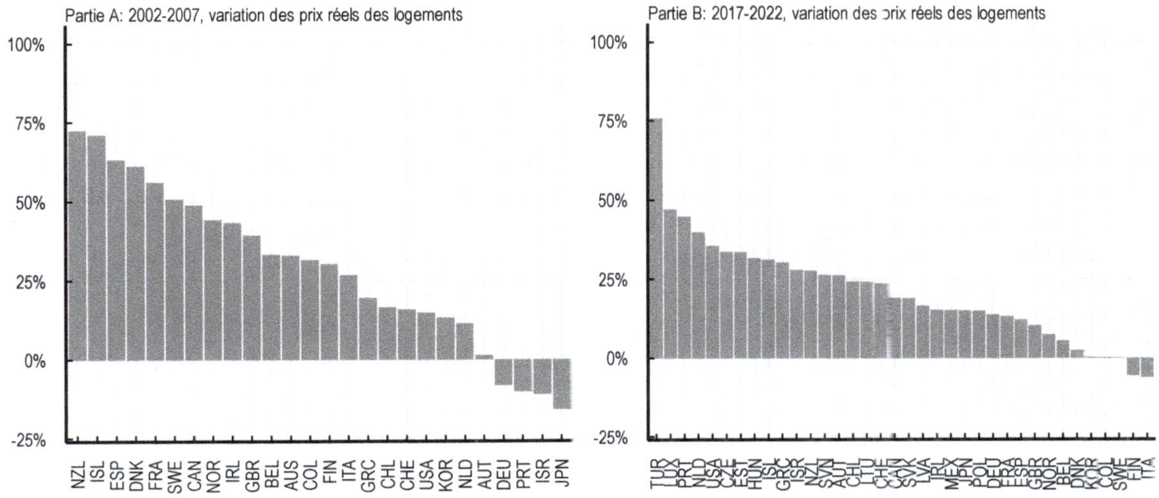

Note : Les prix réels des logements ont été obtenus en calculant des indices nominaux corrigés du déflateur de la consommation privée.
Source : Base de données analytiques de l'OCDE.

StatLink https://stat.link/ganotl

La révolution numérique a été l'un des principaux moteurs de l'expansion rapide des services de financement du logement, dont certains nécessitent une vigilance réglementaire particulière dans le contexte actuel. Les établissements de crédit hypothécaire et gestionnaires de prêts hypothécaires n'appartenant pas au secteur bancaire, dont le nombre s'est accru considérablement au cours de la dernière décennie (chapitre 3), doivent faire l'objet d'une surveillance pour s'assurer que leurs activités ne débouchent pas sur des niveaux de liquidités injustifiés et des transformation des échéances qui pourraient représenter des risques systémiques. Il existe également un risque de contagion si les fonds communs de placement immobilier (FCPI), qui font face à d'importantes sorties de fonds, réagissent en suspendant les remboursements. Pour atténuer ce risque, l'une des options les plus sûres serait de leur imposer des volants de fonds propres et de renforcer les exigences de liquidité.

Faciliter la refonte du marché du logement sur fond d'essor du télétravail et de montée des préoccupations environnementales

Le numérique est en train de rebattre les cartes des choix de localisation des logements, en raison de l'essor du télétravail rendu possible par la généralisation de l'internet à haut débit et les progrès de la téléconférence (OCDE, 2021[13]). Cette tendance s'est accélérée pendant la pandémie (Graphique 1.16), et on voit se multiplier les signes que le télétravail partiel est en train de devenir la norme dans de nombreux secteurs. Les enquêtes et les offres d'emploi montrent en effet que le télétravail est appelé à rester beaucoup plus répandu qu'avant la pandémie de COVID-19[8].

[8] Voir (Adrjan et al., 2021[14] ; Barrero, Bloom et Davis, 2021[18] ; Aksoy et al., 2022[19]).

Graphique 1.16. Le télétravail fait désormais partie du paysage

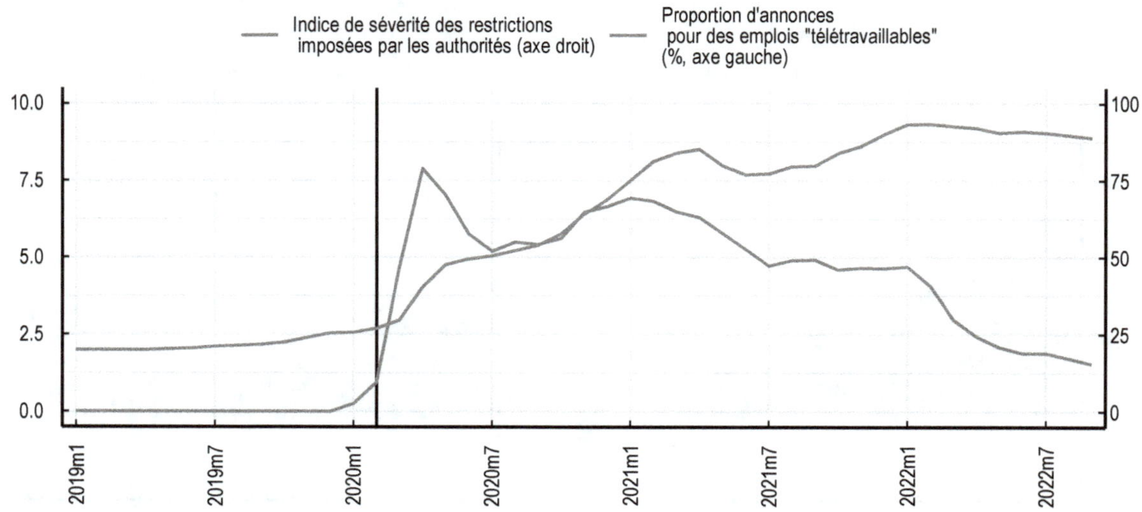

Note : La sévérité des restrictions a été mesurée à l'aide de l'outil de suivi de l'action publique en réponse au COVID-19 élaboré par l'Université d'Oxford (*Oxford COVID-19 Government Response Tracker*) (Hale et al., 2021[1]). Graphique établi à partir de données relatives à l'emploi s'appuyant sur des informations sous droits d'auteur contenues sur le site d'offres d'emploi « Indeed » pour 20 pays ; voir la source pour plus de détails méthodologiques.
Source : « Will it stay or will it go? Analysing developments in telework during COVID-19 using online job postings data » (Adrjan et al., 2021[14]).

StatLink https://stat.link/v3kt87

En conséquence, la demande de logements est en pleine évolution, surtout dans les grandes régions métropolitaines (Graphique 1.17). Cela explique que les données empiriques laissent entrevoir un changement du « gradient des prix des logements », avec une baisse des prix qui devient moins marquée à mesure que l'on s'éloigne des centres urbains (Graphique 1.18). En d'autres termes, les différences de prix entre les centres-villes et les banlieues se réduisent dans un bon nombre de grandes zones métropolitaines depuis 2019, alors qu'elles se creusaient avant la pandémie (chapitre 4). Ce phénomène est d'autant plus fréquent que le recours au télétravail est répandu.

Graphique 1.17. Les prix des logements augmentent plus rapidement autour des grandes villes que dans leurs centres où il sont plus élevés

Prix moyen des logements au mètre carré, par code postal

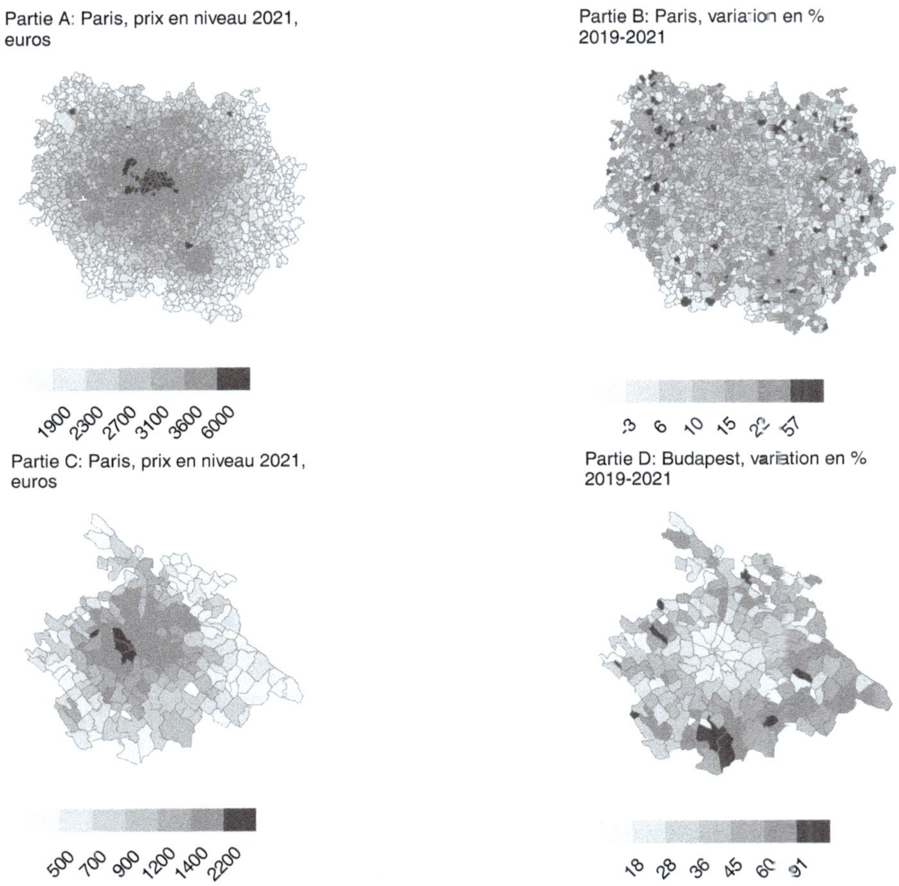

Source : Données ouvertes françaises (DVF) ; Office central de statistiques de Hongrie (Hungarian Central Statistics Office) ; et calculs de l'OCDE (voir le chapitre 4).

StatLink https://stat.link/l7ysag

Graphique 1.18. Les tensions sur les prix sont généralement plus fortes dans les banlieues que dans les centres-villes

Moyenne de villes monocentriques de plus de 1.5 millions d'habitants dans 16 pays de l'OCDE

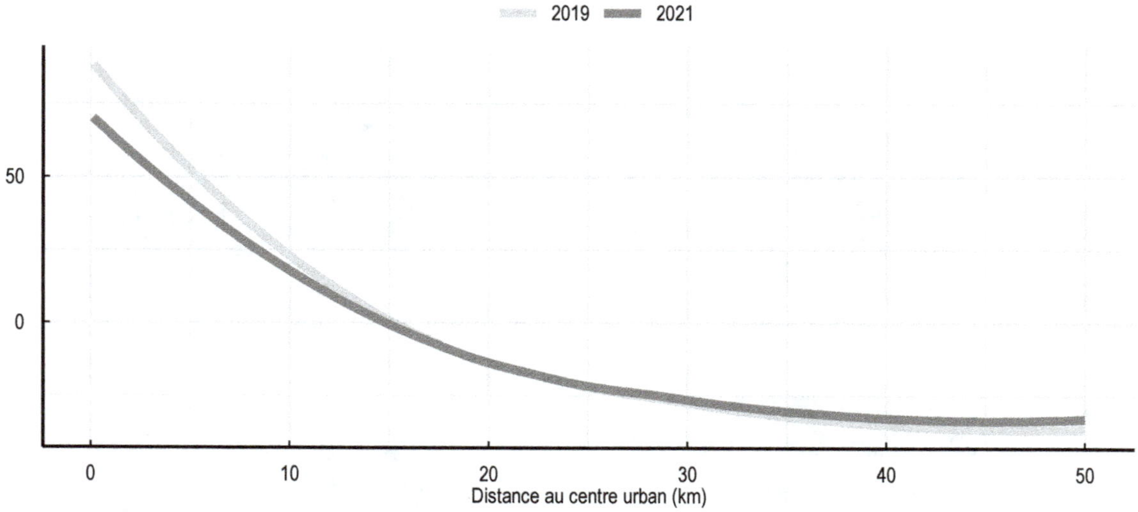

Note : Le graphique montre l'écart des prix des logements par rapport au prix moyen des logements pondéré par la population de la zone urbaine fonctionnelle (ZUF) en fonction de la distance par rapport au centre urbain concerné, ramené à la moyenne des zones situées dans des villes monocentriques de plus de 1.5 million d'habitants.
Source : «Urban House Price Gradients in the Post-COVID-19 Era » (Ziemann et al., 2023[15]).

StatLink https://stat.link/0mxeil

La nouvelle géographie de la demande de logements place les responsables publics devant de nouveaux défis (Tableau 1.5), à commencer par la nécessité de libérer l'offre dans les zones où la demande augmente rapidement, de manière à éviter des tensions sur les prix qui compromettraient encore plus l'accessibilité financière, mais sans entraîner d'étalement urbain ou exacerber des problèmes environnementaux[9]. Il s'agit notamment de reconsidérer régulièrement les limites urbaines, de corriger la fragmentation entre les différents niveaux d'administration dans la gouvernance des responsabilités d'aménagement du territoire, et de repenser les systèmes de transport urbain. Il est également impératif que les politiques du logement ne contiennent aucune mesure susceptible de décourager l'offre de logements neufs, comme une réglementation trop restrictive des loyers. Privilégier des impôts immobiliers périodiques plutôt que des prélèvement sur les transactions peut faciliter la mobilité résidentielle, idéalement avec une modulation des taux d'imposition permettant de taxer plus lourdement les terrains que le bâti de façon à favoriser un développement compact.

Pour profiter des avantages de la révolution du télétravail et éviter l'apparition de nouvelles inégalités, les pouvoirs publics doivent garantir un accès généralisé aux services numériques. Il faut pour commencer mettre en place une infrastructure numérique sûre et efficace couvrant aussi bien les zones reculées que les zones urbaines denses. La mise au point de solutions d'administration numérique peut rendre l'accès aux services publics plus inclusifs. Enfin, il est indispensable de combler le déficit de compétences numériques en proposant des solutions adaptées d'apprentissage et de formation tout au long de la vie aux enfants, aux étudiants et aux apprentis ainsi qu'aux parents et aux personnes âgées.

[9] Il s'agit de l'un des principaux thèmes traités dans l'édition originale du rapport *Pierre par pierre : Bâtir de meilleures politiques du logement* (OCDE, 2021[4])

Tableau 1.5. Exemples de mesures permettant de favoriser un large partage des avantages de la nouvelle géographie du logement et d'une amélioration des aménités environnementales en milieu urbain

	Avantages	Limites
Assouplir les règles d'urbanisme conformément aux stratégies urbaines, notamment en assouplissant les restrictions relatives à la hauteur des bâtiments dans les zones de haute qualité environnementale et, plus généralement, en autorisant une certaine densification dans les zones où la demande est en hausse	Permet de débloquer la demande ; freine la hausse des prix des logements Réduit les risques d'étalement urbain et de congestion routière Élargit l'accès aux aménités environnementales	Vulnérabilité aux difficultés de politique économique
Rééquilibrer et assouplir la réglementation régissant les relations entre les propriétaires et les locataires	Facilite la mobilité résidentielle et professionnelle	Risque de créer des vulnérabilités chez les locataires occupants ayant de faibles revenus en cas de rééquilibrage insuffisant
Privilégier des impôts immobiliers périodiques plutôt que des prélèvements sur les transactions	Facilite la mobilité résidentielle et professionnelle	Pourrait nécessiter des mesures compensatoires pour éviter de causer des difficultés aux ménages ayant un patrimoine immobilier mais de faibles revenus
Garantir un accès généralisé à l'internet à haut débit	Permet le télétravail	Peut entraîner des coûts budgétaires importants, en particulier dans les zones peu peuplées
Garantir l'accès à une formation numérique tout au long de la vie	Réduit les fractures numériques	Coûts supportés par les employeurs et/ou l'État
Lors de la conception des interventions sur l'environnement, en évaluer systématiquement les conséquences en termes de redistribution	Permet une meilleure prise en compte de l'objectif de partage des bénéfices des améliorations	Les effets en termes de redistribution peuvent être difficiles à estimer ex ante et à mesurer ex post
Fournir des logements sociaux et abordables dans les zones bénéficiant le plus des améliorations des aménités environnementales	Rend plus inclusif l'accès à une haute qualité environnementale	Implique des coûts budgétaires Vulnérabilité à d'éventuelle difficultés de politique économique
Mettre en place des mécanismes permettant de prendre en compte la valeur foncière	Atténue les conséquences en termes de redistribution Facilite l'investissement dans les infrastructures et les aménités	Peut être juridiquement et administrativement complexe

Note : Ce tableau récapitule les principaux avantages et limites des différentes mesures. Pour plus de détails, se reporter au chapitre 4.
Source : OCDE.

L'évolution de la demande de logements met également en lumière le rôle de l'accès à des espaces verts et à des aménités environnementales comme la propreté de l'air et de l'eau ou la baisse des niveaux sonores dans les zones urbaines, ainsi que les possibles conséquences des politiques environnementales urbaines en termes de redistribution. La perspective d'habiter un lieu situé dans un environnement de qualité rend certains emplacements plus attrayants pour les résidents, ce qui fait souvent monter les prix des logements et en compromet l'accessibilité financière pour les ménages à revenu faible ou intermédiaire. De ce fait, des politiques environnementales visant à améliorer les aménités urbaines et à réduire la pollution peuvent avoir des conséquences négatives en termes de distribution (chapitre 4). L'amélioration de l'offre d'aménités environnementales peut avoir un effet d'éviction par les prix des ménages à faible revenu, qui s'exerce de manière immédiate sur les locataires et acheteurs potentiels, tandis que les locataires à faible revenu déjà en place peuvent finir par devoir quitter les lieux si les loyers deviennent trop chers pour eux.

Des mesures complémentaires peuvent être prises pour atténuer ces effets secondaires négatifs de façon à garantir que les ménages à faible revenu pourront se permettre de vivre dans des zones recherchées présentant une haute qualité environnementale (Tableau 1.5). L'offre de logements sociaux abordables dans les zones les mieux pourvues en aménités de très bonne qualité est un instrument d'action important dont disposent les pouvoirs publics. Une telle offre peut être financée grâce à des mécanismes permettant de capter une part de la valeur générée par les améliorations environnementales, même s'il existe à ce jour peu d'exemples d'une telle utilisation (chapitre 4). La politique de l'environnement peut elle aussi avoir des conséquences sur le plan de la redistribution, comme le montre l'effet négatif, sur le prix des logements, du déploiement d'éoliennes (Graphique 1.19). Ces exemples montrent bien à quel point il est important de concilier les objectifs environnementaux et les objectifs sociaux, y compris par des mesures de redistribution, afin que les politiques de décarbonation soient mieux acceptées.

Graphique 1.19. Les efforts de décarbonation peuvent avoir des effets négatifs sur les prix des logements

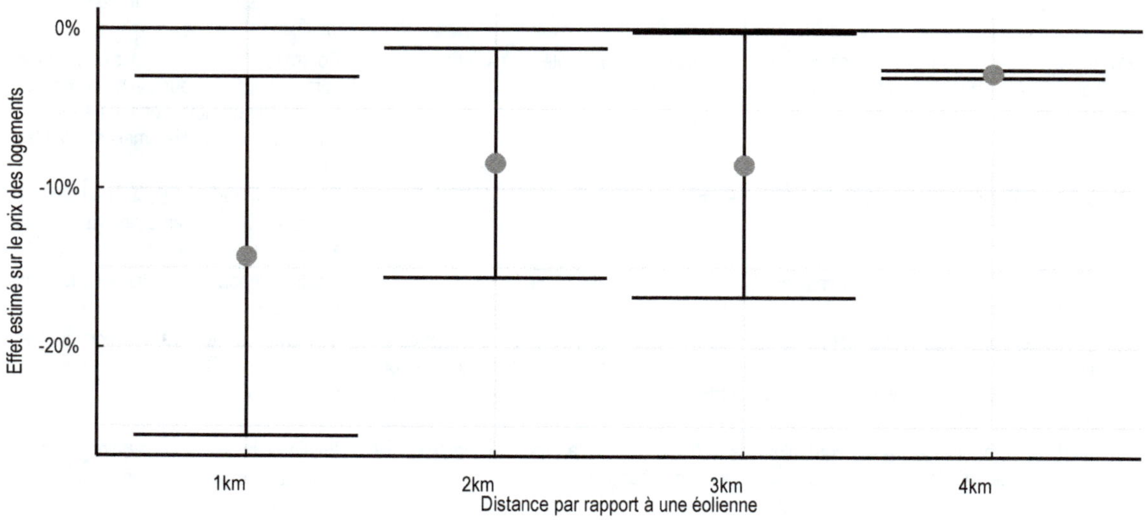

Note : L'intervalle correspond à la fourchette des estimations présentées dans les enquêtes étudiées par la source. Les points représentent les estimations de la médiane.
Source : « Provision of urban environmental amenities: A policy toolkit for inclusiveness », (Farrow et al., 2022[16]).

StatLink https://stat.link/mwakoe

Bibliographie

Adrjan, P. et al. (2021), « Will it stay or will it go? Analysing developments in telework during COVID-19 using online job postings data », *OECD Productivity Working Papers*, n° 30, Éditions OCDE, Paris, https://doi.org/10.1787/aed3816e-en. [14]

Ahrend, R. et al. (2022), « Changes in the geography housing demand after the onset of COVID-19: First results from large metropolitan areas in 13 OECD countries », *Documents de travail du Département des affaires économiques de l'OCDE*, n° 1713, Éditions OCDE, Paris, https://doi.org/10.1787/9a99131f-en. [20]

AIE (2020), « Net Zero by 2050 - A Roadmap for the Global Energy Sector », https://www.iea.org/reports/net-zero-by-2050 (consulté le 10 mai 2022). [11]

Aksoy, C. et al. (2022), *« Working from Home Around the World »*, pp. 38-41. [19]

Barrero, J., N. Bloom et S. Davis (2021), *Why Working from Home Will Stick*, NBER, http://www.nber.org/papers/w28731. [18]

Causa, O., E. Soldani et N. Luu (2023), « A cost-of-living squeeze? Distributional implications of rising inflation », *Documents de travail du Département des affaires économiques de l'OCDE*. [10]

D'Arcangelo, F. et al. (2022), « A framework to decarbonise the economy », *OECD Economic Policy Papers*, n° 31, Éditions OCDE, Paris, https://doi.org/10.1787/4e4d973d-en. [12]

Farrow, K. et al. (2022), « Provision of urban environmental amenities: A policy toolkit for inclusiveness », *Documents de travail de l'OCDE sur l'environnement*, n° 204, Éditions OCDE, Paris, https://doi.org/10.1787/0866d566-en. [16]

FMI (2022), *« Global Financial Stability Report - Navigating the High Inflation Environment », octobre*, https://www.imf.org/en/Publications/GFSR/Issues/2022/10/11/global-financial-stability-report-october-2022. [25]

Hale, T. et al. (2021), « A global panel database of pandemic policies (Oxford COVID-19 Government Response Tracker) », *Nature Human Behaviour*, vol. 5/4, pp. 529-538, https://doi.org/10.1038/s41562-021-01079-8. [1]

Jarrett, P. (2021), « Improving the well-being of Canadians », *Documents de travail du Département des affaires économiques de l'OCDE*, n° 1669, Éditions OCDE, Paris, https://doi.org/10.1787/6ab6b718-en. [6]

Ministère des communautés, du gouvernement local et du logement du Royaume-Uni (2022), *Scoping Report for the Evaluation of the Affordable Homes Programme 2021-2026*, https://assets.publishing.service.gov.uk/government/uploads/system/uploads/attachment_data/file/1096533/Scoping_Report_for_the_Evaluation_of_the_Affordable_Homes_Programme_2021-26_FINAL.pdf. [22]

OCDE (2023), *Affordable Housing Review of Lithuania*. [9]

OCDE (2023), *Inflation (IPC)*, https://doi.org/10.1787/29ad7eaf-fr (consulté le 22 février 2023). [23]

OCDE (2023), *Road Map for a Revolving Fund Scheme in Latvia*. [8]

OCDE (2022), *Base de données sur le logement abordable - OCDE*, http://www.oecd.org/fr/social/base-de-donnees-logement-abordable.htm. [5]

OCDE (2021), « Le télétravail pendant la pandémie de COVID-19 : tendances et perspectives », *Les réponses de l'OCDE face au coronavirus (COVID-19)*, Éditions OCDE, Paris, https://doi.org/10.1787/e76db9dd-fr. [13]

OCDE (2021), *Pierre par pierre : Bâtir de meilleures politiques du logement*, Éditions OCDE, Paris, https://doi.org/10.1787/78520651-fr. [4]

OCDE (2020), *Améliorer les données et les politiques pour lutter contre le sans-abrisme dans les pays de l'OCDE Synthèse sur le logement abordable*, Éditions OCDE, Paris, https://read.oecd-ilibrary.org/view/?ref=1060_1060495-ubqngxpwn9&title=sans-abrisme-synthese-2020http://oe.cd/homelessness-2020 (consulté le 16 mars 2020). [3]

OCDE (2020), *Policy Actions for Affordable Housing in Latvia*, Éditions OCDE. [7]

OCDE (2015), *Integrating Social Services for Vulnerable Groups - Bridging Sectors for Better Service Delivery.*, Éditions OCDE, https://doi.org/10.1787/9789264233775-en (consulté le 11 décembre 2017). [2]

OCDE (2022), *Faire face à la crise du coût de la vie : aides au revenu des individus en âge de travailler et leur famille*, http://Note de synthèse de l'OCDE - Faire face à la crise du coût de la vie : aides au revenu des individus en âge de travailler et leur famille. [24]

Office national de statistique du Royaume-Uni (2023), *https://www.ons.gov.uk/peoplepopulationandcommunity/housing/articles/howincreasesinhousingcostsimpacthouseholds/2023-01-09.* [17]

Tagesschau (2022), *Sozialer Wohnungsbau droht einzubrechen*, https://www.tagesschau.de/wirtschaft/kommunen-sozialwohnungsbau-101.html (consulté le 6 December 2022). [21]

Ziemann, V. et al. (2023), *Urban House Price Gradients in the Post-COVID-19 Era*, OECD Publishing, p. No. 1756. [15]

2 Décarboner le logement

Le logement est à l'origine de plus d'un quart des émissions de CO_2 dans les pays de l'OCDE. Même si les émissions qu'il engendre tendent à diminuer, les objectifs convenus pour parvenir à la neutralité carbone à l'horizon 2050 ne pourront pas être atteints sans un changement radical. Les énergies fossiles utilisées dans les logements doivent être remplacées par des sources d'énergie non émettrices de CO_2. En parallèle, la production d'électricité devra être décarbonée. Il faudra également améliorer l'efficacité énergétique des bâtiments, neufs comme existants, en associant réglementation, mesures incitatives et soutien financier. Ce chapitre porte sur la décarbonation du secteur du logement et examine les mesures envisageables pour accélérer la transition vers la neutralité carbone.

Principaux enseignements

Le logement est à l'origine de plus d'un quart des émissions de CO_2 dans les pays de l'OCDE et occupe de ce fait une place centrale dans les efforts déployés pour décarboner l'économie. La situation est en cours d'amélioration, les émissions dues au logement ayant diminué de 17 % en moyenne ces 20 dernières années dans la zone OCDE. Un changement radical reste néanmoins nécessaire. En effet, les mesures dont la mise en œuvre est d'ores et déjà effective ou programmée de manière certaine ne permettraient d'obtenir qu'un sixième de la diminution des émissions nécessaire pour parvenir à la neutralité carbone à l'horizon 2050.

Les solutions envisageables pour accélérer le processus sont notamment les suivantes :

- Les stratégies de décarbonation doivent garantir une tarification du carbone cohérente entre les sources, entre les secteurs et au fil du temps. La tarification du carbone – par exemple une taxation bien calibrée des énergies fossiles utilisées dans les logements et les systèmes d'échange de droits d'émission – est un moyen à la fois efficace et rentable de créer des mécanismes incitatifs de nature à favoriser la réduction des émissions. Elle constitue une stratégie centrale à l'appui des changements à grande échelle qui sont nécessaires, en particulier pour éviter le « rebond » des émissions qui peut se produire à la suite d'autres mesures lorsqu'elles ne sont pas assorties d'une tarification du carbone. Or, le prix effectif du carbone est actuellement bas dans la majorité des pays et diffère d'un secteur à l'autre. Moins de la moitié des pays de l'OCDE appliquent une taxe carbone explicite aux émissions directes des bâtiments, et les droits d'accise sont souvent incohérents par rapport au contenu en carbone des combustibles et carburants.
- Diverses imperfections du marché propres au secteur du logement imposent d'aller au-delà de la seule tarification du carbone et d'adopter un ensemble coordonné de mesures. À titre d'exemple, propriétaires et locataires n'ont pas le même intérêt à investir pour améliorer l'efficacité énergétique du logement. Modifier les règles de fixation des loyers de telle manière que les économies d'énergie induites par les investissements dans la rénovation énergétique profitent aux deux parties est un moyen d'accroître la motivation à rénover.
- La réglementation joue un rôle important en complément de la tarification du carbone. Il conviendrait d'étendre la certification de performance énergétique à l'ensemble des immeubles au lieu de la limiter aux logements à vendre et à louer. Une information fiable sensibiliserait la population aux avantages qui découlent de l'amélioration de l'habitat. De même, il faudrait durcir encore les normes d'efficacité énergétique applicables aux appareils et aux bâtiments neufs pour assurer leur cohérence avec l'objectif de neutralité carbone.
- Il est possible de recourir à des mécanismes compensatoires pour compenser les effets négatifs des mesures sur les publics vulnérables, étant entendu que ces mécanismes ne devront pas supprimer l'effet incitatif en termes de réduction des émissions de gaz à effet de serre – il peut par exemple être envisagé de subordonner ces transferts au revenu ou au patrimoine du ménage et d'éviter de les lier à l'utilisation d'énergie.
- L'aide publique à l'amélioration de l'efficacité énergétique devrait cibler en priorité la rénovation des logements les plus énergivores. Les subventions devraient être versées en fonction des gains d'efficacité énergétique réels ; elles devraient en outre être plafonnées et soumises à condition de ressources, de même que tenir compte des capacités budgétaires. Il faudrait par ailleurs supprimer les subventions aux chaudières utilisant l'énergie fossile qui n'ont pas été supprimées.
- Le secteur du logement social pourrait montrer la voie. Appliquer des normes environnementales exigeantes à la construction des logements sociaux neufs et à la rénovation du parc existant

contribuerait directement à la décarbonation, réduirait le risque de pauvreté énergétique des locataires et aiderait à renforcer les capacités dans le secteur de la rénovation.

- Dans beaucoup de pays, les politiques du logement et de l'environnement sont très décentralisées. Des réformes et des ressources sont nécessaires pour assurer la cohérence des mécanismes incitatifs et des programmes entre les différents niveaux d'administration. Il doit y avoir une bonne articulation entre les règles, ressources et moyens financiers au niveau local et les objectifs de décarbonation nationaux.

Suivre la trajectoire des émissions et la réalisation des objectifs

En 2020, le secteur résidentiel a été à l'origine de plus d'un quart de la quantité totale de CO_2 émise dans les pays de l'OCDE. Ces émissions sont produites par le chauffage des locaux et de l'eau, le refroidissement, la ventilation, l'éclairage et l'utilisation d'appareils et d'équipements branchés au réseau électrique. À cela s'ajoute que la construction des logements est également fortement émettrice en raison de la place du béton et de l'acier dans les techniques de construction actuelles. Un changement radical est indispensable pour que l'objectif de neutralité carbone à l'horizon 2050 qui a été convenu puisse être atteint. En plus de concevoir des stratégies de décarbonation, les pouvoirs publics doivent aller bien au-delà de considérations environnementales et agir sur de multiples leviers – économique et social, innovation, fiscalité et dépenses publiques, gouvernance – pour impulser une réelle transformation.

Ce chapitre décrit les mesures qui peuvent être envisagées pour décarboner le secteur du logement et se concentre sur les aspects qui concernent spécifiquement le logement. À noter qu'il n'aborde pas deux aspects liés à la décarbonation, en l'occurrence les questions soulevées par le choc qui a frappé le marché de l'énergie en Europe en 2022 (abordé dans le chapitre 1) et la finance verte (abordée dans le chapitre 3). De même, ce chapitre laisse de côté les émissions liées à la mobilité et les politiques urbaines qui ont pour objet de regrouper les zones résidentielles, commerciales et industrielles afin de limiter les déplacements entre domicile et lieu de travail.

Le logement est à l'origine d'une part importante des émissions dans les pays de l'OCDE

Le secteur résidentiel est responsable de près d'un quart des émissions de CO_2 enregistrées dans les pays de l'OCDE (Graphique 2.1). Les émissions varient considérablement d'un pays à l'autre, en fonction, principalement, du revenu, du climat, du bouquet énergétique et de l'efficacité énergétique des bâtiments (Graphique 2.2). Plusieurs pays à revenu élevé dont les besoins de chauffage sont importants – comme les pays nordiques – ont néanmoins réussi à ce que leur secteur résidentiel ait une faible empreinte carbone, principalement à travers une électrification de la consommation d'énergie couplée avec une production d'électricité non émettrice de carbone.

Graphique 2.1. Le logement représente une part importante du total des émissions de CO_2

Décomposition sectorielle des émissions de CO_2 et de la consommation d'énergie dans la zone OCDE, 2020

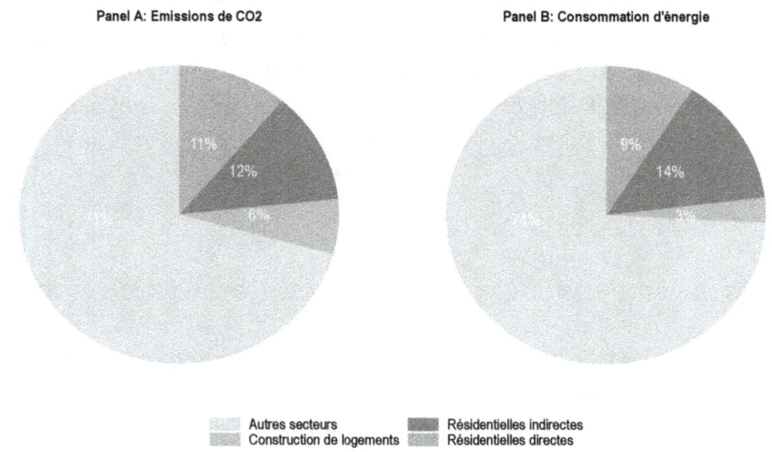

Note : Les données ne sont pas disponibles pour quatre pays de l'OCDE (Colombie, Costa Rica, Islande et Israël). Les données se rapportent à 2019 pour 12 pays de l'OCDE (Argentine, Autriche, Canada, Danemark, Espagne, Estonie, Grèce, Lituanie, Pays-Bas, Pologne, Slovaquie et Suède). Le libellé « construction de bâtiments » renvoie aux émissions directes et indirectes (ou incorporées) du secteur correspondant au code 41 de la CITI. Le secteur résidentiel englobe toutes les activités consommant de l'énergie dans les appartements et les maisons – chauffage des locaux et eau chaude, refroidissement, ventilation, éclairage, utilisation d'appareils et autres équipements branchés au réseau électrique. La décomposition entre émissions directes et indirectes repose sur la part de la consommation d'énergie résidentielle finale provenant de l'électricité et du chauffage urbain. Les émissions indirectes sont calculées comme suit : consommation d'énergie $*(p_e+p_{dh})*EF$ où p_e= proportion d'énergie produite par l'électricité, p_{dh}=proportion d'énergie produite par le chauffage urbain, et EF= le facteur d'émission de l'électricité et du chauffage urbain.

Source : Bases de données l'AIE sur l'efficacité énergétique (AIE, 2021[1]) et les facteurs d'émission (AIE, 2021[2]) et calculs de l'OCDE.

StatLink https://stat.link/js9wbn

Graphique 2.2. Plusieurs pays émettent peu de CO_2 malgré un important besoin énergétique des logements

Total des émissions de CO_2 et de la consommation d'énergie du secteur résidentiel, 2020

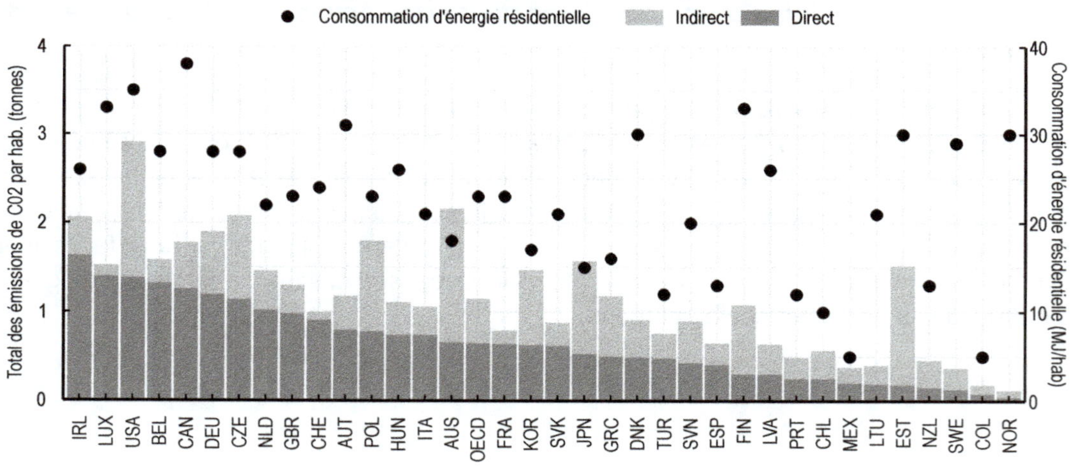

Note : La consommation d'énergie est mesurée sur l'échelle de droite. Les émissions de CO_2 directes et indirectes sont mesurées sur l'échelle de gauche. La décomposition entre émissions directes et indirectes repose sur la part de la consommation d'énergie résidentielle finale provenant de l'électricité et du chauffage urbain. Les émissions indirectes sont calculées comme suit : consommation d'énergie $*(p_e+p_{dh})*EF$ où p_e= proportion d'énergie produite par l'électricité, p_{dh}=proportion d'énergie produite par le chauffage urbain, et EF= le coefficient d'émission de l'électricité et du chauffage urbain.

Source : Bases de données l'AIE sur l'efficacité énergétique (AIE, 2021[1]) et les facteurs d'émission (AIE, 2021[2]) et calculs de l'OCDE.

StatLink https://stat.link/bc3efm

Dans la zone OCDE, 75 % de la consommation d'énergie directe du secteur du logement correspondent au chauffage des locaux et de l'eau ou au refroidissement, et environ 12 % au fonctionnement des appareils électriques. En conséquence, l'essentiel de la réduction des émissions résidentielles directes devra provenir de gains d'efficacité énergétique au niveau du chauffage et du refroidissement. Une gestion adaptée des fluides thermiques utilisés dans les pompes à chaleur et les systèmes de refroidissement sera nécessaire pour que des gaz à effet de serre autres que le CO_2 ne s'échappent pas dans l'atmosphère pendant la durée de vie de ces équipements, voire après.

En 2020, environ 25 % de l'énergie finale fournie au secteur résidentiel provenaient encore de systèmes à gaz individuels, 10 % de la combustion de pétrole, 3 % de la combustion de charbon et 15 % de la combustion de biomasse et de déchets. La biomasse est renouvelable et ne contribue pas au changement climatique, mais elle peut constituer une importante source de pollution de l'air local. Quelque 40 % des besoins en énergie du secteur résidentiel étaient couverts par la production d'électricité (30 %) et le chauffage urbain (10 %), qui ne produisent pas d'émissions directes. Les différences entre pays sont considérables (Graphique 2.3).

Quelques pays, comme les États-Unis, la République tchèque ou l'Allemagne cumulent une consommation d'énergie par habitant élevée et une forte dépendance à l'égard des énergies fossiles, ce qui se traduit par des émissions par habitant élevées. À l'inverse, les pays nordiques affichent des émissions faibles malgré une forte consommation d'énergie par habitant. D'autres pays, comme l'Australie, le Japon et la Corée, ont des émissions relativement élevées malgré une consommation d'énergie par habitant relativement faible. C'est le contenu en carbone des sources d'énergie utilisées qui fait la différence. La charbon est la source d'énergie qui contient le plus de carbone, suivi par le pétrole et le gaz.

En Norvège et en Nouvelle-Zélande, le secteur résidentiel, où l'électricité représente la principale source d'énergie (environ 70 % de la consommation), n'émet pas de carbone, ce qui s'explique principalement par l'importance de l'électricité hydraulique. Pour essentielle qu'elle soit, l'électrification n'est pas synonyme de faible empreinte carbone. Ainsi, l'Australie, la Corée et les États-Unis, où la majeure partie de l'électricité est produite à partie de sources fossiles, se caractérisent par une très forte intensité carbone malgré un degré d'électrification élevé (Graphique 2.3). Si l'électrification du secteur résidentiel est capitale, elle implique de décarboner en parallèle la production d'électricité. Exception faite de l'Estonie, les pays où la part du chauffage urbain dans la consommation d'énergie est forte affichent une faible intensité carbone, ce qui montre que la technique permet de produire de la chaleur à partir de sources d'énergie renouvelables.

Graphique 2.3. L'intensité carbone dépend du niveau des émissions directes et du bouquet énergétique

Part dans la consommation totale d'énergie, 2020 ou dernière année disponible

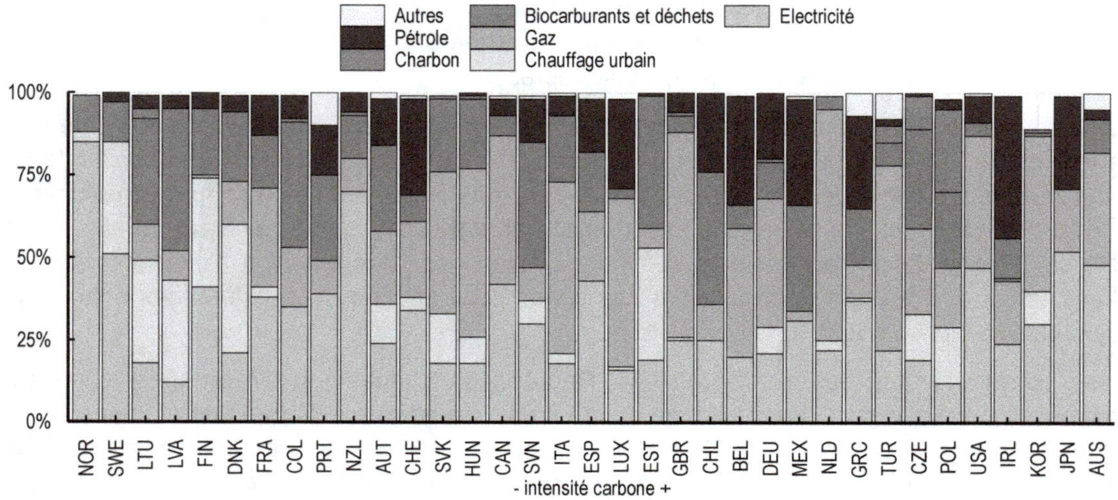

Note : Les données se rapportent à 2019 pour 12 pays (Autriche, Canada, Chile, Colombie, Danemark, Espagne, Grèce, Lettonie, Lituanie, Norvège, Pays-Bas et Slovénie). Les pays sont classés par ordre croissant en fonction de leur intensité carbone (émissions par unité d'énergie consommée).

Source : Base de données de l'AIE sur l'efficacité énergétique (AIE, 2021[1]) et calculs de l'OCDE.

StatLink https://stat.link/9faqn7

Où et comment les émissions sont-elles en baisse ?

Dans la zone OCDE, les émissions liées au logement ont diminué de 17 % entre 2000 et 2020, quand bien même la population et le nombre de logements ont augmenté (Graphique 2.4). L'efficacité énergétique des logements et appareils s'est améliorée, et beaucoup de pays ont réussi à amorcer une diminution du contenu en carbone de l'énergie fournie. À l'inverse, dans les pays non membres de l'OCDE, le total des émissions de CO_2 imputables aux bâtiments a considérablement augmenté (AIE, 2021[3]) sous l'effet d'une forte croissance économique, d'une urbanisation rapide et de progrès limités en matière de réduction de l'intensité carbone, le charbon et autres énergies fossiles continuant d'occuper une place centrale dans le bouquet énergétique de nombreuses économies émergentes, notamment des plus grands pays non membres de l'OCDE (Huo et al., 2021[4]).

Pour ce qui est de la diminution modérée observée à l'échelle de la zone OCDE ces 20 dernières années, les chiffres moyens dissimulent de fortes disparités entre pays. Alors que les émissions ont reculé de plus de 50 % en Estonie, en Lituanie, en Suède et au Danemark, elles ont progressé de plus de 50 % au Chili, en Colombie et en Türkiye (Graphique 2.4, partie D). Le Danemark est le pays où le secteur résidentiel a connu la décarbonation la plus forte (Graphique 2.4, partie D). Il doit ce résultat à une baisse radicale de l'intensité carbone, elle-même liée à une transition du charbon et du gaz naturel vers des systèmes de production de chaleur non émetteurs de carbone, reposant sur la production d'électricité à partir de sources renouvelables telles que l'énergie éolienne. Par ailleurs, le Danemark, qui a été précurseur en ce qui concerne la création de réseaux de chauffage urbain alimentés au gaz à la fin des années 1990, a récemment converti ces réseaux pour un coût relativement faible de telle manière qu'ils puissent utiliser la biomasse et les déchets comme sources d'énergie primaires. A contrario, le Chili est le pays où les émissions résidentielles sont les plus élevées, principalement à cause d'une hausse de l'intensité carbone, elle-même imputable à une grande utilisation du pétrole, du gaz naturel et du charbon par les ménages. De surcroît, environ un quart des ménages continuent de faire brûler du bois ou de la biomasse

(Graphique 2.3). De même, les émissions indirectes sont en hausse en raison de l'expansion rapide des centrales thermiques au charbon. Outre le Chili, l'Australie, la Colombie, le Japon, la Corée et la Türkiye sont également des pays de l'OCDE qui ont vu les émissions du secteur résidentiel progresser entre 2000 et 2020.

En moyenne dans la zone OCDE, la consommation d'énergie par habitant et l'intensité carbone – émissions de CO_2 par unité d'énergie – ont diminué. Ce recul moyen dissimule toutefois des hausses plus ou moins fortes dans quasiment la moitié des pays. En revanche, la diminution de l'intensité carbone, qui dépend de la quantité de CO_2 contenue dans les sources d'énergie utilisées, a été plus homogène.

Graphique 2.4. Les facteurs qui expliquent la réduction passée des émissions provenant du secteur du logement sont très variables d'une région à l'autre

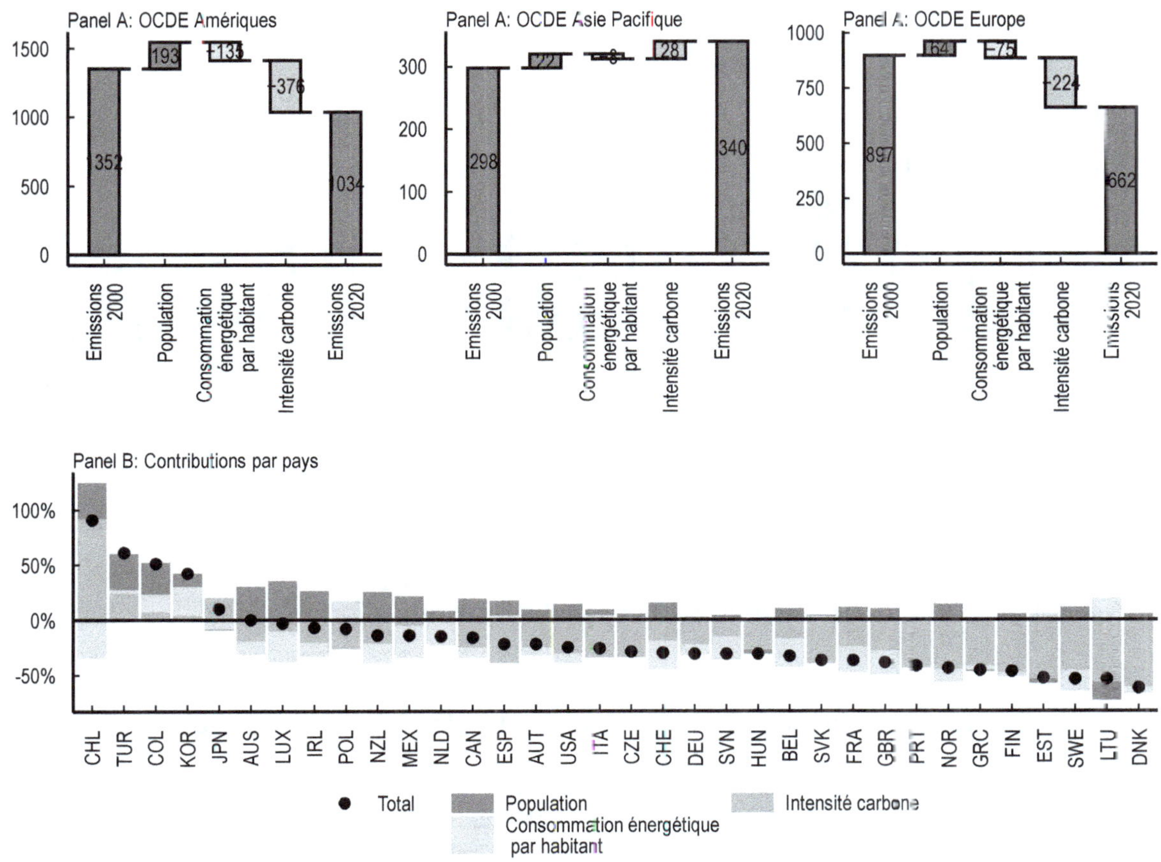

Note : Les points noirs représentent la variation totale des émissions entre 2000 et 2020. L'intensité carbone correspond aux émissions de CO_2 par unité d'énergie consommée. Les données ne sont pas disponibles pour trois pays de l'OCDE (Costa Rica, Islande et Israël). Les données se rapportent à 2019 pour huit pays (Autriche, Canada, Colombie, Danemark, Espagne, Estonie, Lituanie et Pays-Bas).

La méthode de décomposition utilisée est la méthode de décomposition LDMI dans sa forme additive proposée par Ang (2015[5]) et utilisée dans un contexte similaire par (D'Arcangelo et al., 2022[6]).

Source : Energy Efficiency Indicators (AIE, 2021[1]),World Energy Outlook 2021 (AIE, 2021[7]) et calculs de l'OCDE.

StatLink https://stat.link/zmajwd

La consommation directe de charbon – source d'énergie qui contient le plus de carbone – a très peu reculé ces dernières années dans la majorité des pays parce que le charbon avait dans une large mesure été banni progressivement avant 2000 (Graphique 2.5). La consommation de pétrole, qui arrive en deuxième position en termes d'intensité carbone, a reculé dans tous les pays (sauf en Irlande), dans certains cas ce manière sensible, au profit de sources d'énergie plus pauvres en carbone. Dans certains cas, la suppression progressive des chaudières à fioul est le résultat de politiques publiques. Quelques pays, par exemple l'Autriche, la Finlande, la France et l'Espagne, ont principalement remplacé les produits dérivés du pétrole par des sources d'énergie contenant moins de carbone ou n'en contenant pas (électricité et chauffage urbain). En Belgique, en République tchèque, au Danemark, en Italie, en Slovaquie et au Royaume-Uni, le remplacement a surtout été permis par une plus grande utilisation des biocarburants et de la combustion des déchets. Le Canada, le Luxembourg, la Corée et la Türkiye ont délaissé le pétrole au profit du gaz, ce qui réduit à la marge l'intensité carbone mais pérennise la dépendance aux énergies fossiles et a entraîné une forte hausse des factures d'énergie des ménages après l'invasion de l'Ukraine par la Russie et la diminution des livraisons de gaz russe à l'Europe.

Graphique 2.5. L'évolution du bouquet énergétique résidentiel a été très variable selon les pays

Évolution de la consommation d'énergie résidentielle par habitant (GJ), 2000-2020

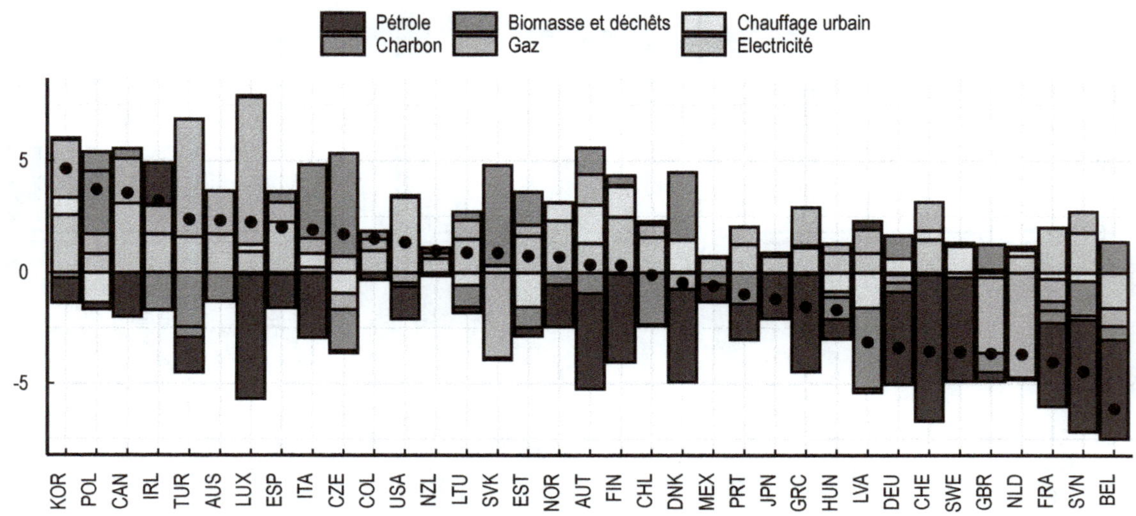

Note : Les points noirs représentent la variation totale de la consommation d'énergie par habitant.
Source : Base de données de l'AIE sur l'efficacité énergétique (AIE, 2021[1]) et calculs de l'OCDE.

StatLink https://stat.link/fdjzqu

La neutralité carbone passe par l'adoption de stratégies et de réformes

La majorité des pays de l'OCDE se sont engagés à parvenir à la neutralité carbone à l'horizon 2050, et quelques pays se sont engagés à atteindre cet objectif plus tôt. Les plans climatiques nationaux diffèrent pour ce qui est de la précision des mesures propres à certains secteurs, comme le logement, et des exigences imposées aux entités infranationales (voir dernière section), aux ménages et aux entreprises. Seize pays de l'OCDE ont défini des objectifs climatiques et engagements spécifiques pour ce secteur.

L'objectif de neutralité carbone à l'horizon 2050 contenu dans le plan national du Japon en est un exemple : les engagements portent sur l'amélioration de l'isolation, une production d'électricité peu émettrice et une réduction de la consommation d'énergie de 20 % dans le secteur résidentiel et de 50 % dans le secteur commercial (Ministère de l'Économie,, 2020[8]). L'Allemagne a également défini des objectifs sectoriels dans son plan d'action climatique. Pour les bâtiments, une feuille de route ambitionne de parvenir à une quasi-neutralité du parc immobilier et fixe pour objectif de réduire les émissions de deux tiers à l'horizon 2030 par rapport à 1990. Pour atteindre cet objectif, l'Allemagne a notamment instauré des normes zéro émission pour les bâtiments neufs et des mesures pour que le parc existant soit largement rénové (BMUB, 2016[9]).

La définition d'objectifs et de stratégies pour le secteur du logement est importante parce qu'elle fournit des orientations pour la mise au point des plans de déploiement et pour que des comptes puissent être rendus. Il faudrait cependant définir le rythme de réduction des émissions dans ce secteur en tenant compte des efforts déployés dans d'autres et d'éventuelles différences entre secteurs en ce qui concerne le coût relatif de la réduction des émissions par tonne de carbone. Une cadence se traduisant par un coût plus élevé que dans d'autres secteurs serait peu rentable et impliquerait des réductions des émissions de gaz à effet de serre plus faibles que ce qui pourrait être obtenu au même coût si les coûts marginaux étaient homogènes (Blanchard et Tirole, 2021[10]).

La feuille de route établie par l'AIE pour parvenir à la neutralité carbone à l'horizon 2050 (AIE, 2020[11]) propose des scénarios qui tracent une trajectoire normative pour atteindre les cibles fixées dans l'Accord de Paris. À politiques inchangées, les émissions de CO_2 du secteur des bâtiments ne diminueraient que de 14.5 % entre 2020 et 2050 à l'échelle mondiale en supposant que la consommation d'énergie augmente de 24.1 % (Graphique 2.6). En revanche, dans le scénario « net zéro » (NZE), la consommation d'énergie diminue de 32 % et les émissions de CO_2 de 95.8 % à l'horizon 2050. Même les politiques annoncées mais non encore mises en œuvre ne réduiraient les émissions que moins de la moitié en 2050 par rapport à 2020, ce qui est révélateur du fossé qui sépare les engagements actuels des pouvoirs publics de ce qui serait nécessaire pour atteindre la neutralité en 2050.

Graphique 2.6. Les scénarios mondiaux de l'AIE pour 2050 mettent en évidence l'ampleur des changements requis

Secteur du bâtiment

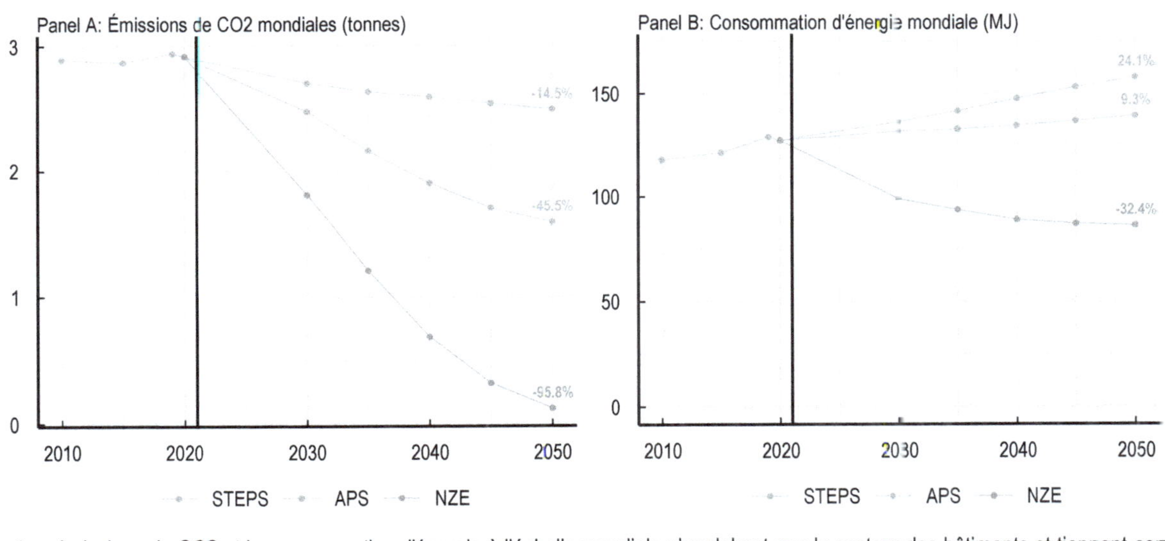

Note : Les émissions de CO2 et la consommation d'énergie à l'échelle mondiale n'englobent que le secteur des bâtiments et tiennent compte des bâtiments résidentiels et commerciaux. Le scénario des politiques annoncées (STEPS) estime la consommation d'énergie et les émissions compte tenu des politiques dont la mise en œuvre est effective ou programmée de manière certaine. Il évalue secteur par secteur les différents engagements des pouvoirs publics. Certaines politiques annoncées mais ayant peu de chances d'être appliquées selon le calendrier prévu ne sont pas prises en compte. Le scénario « promesses annoncées » (APS) est une variante du précédent mais repose sur l'hypothèse que toutes les mesures promises seront adoptées. Dans les pays qui ne se sont pas encore engagés à parvenir à la neutralité carbone, on suppose que les politiques sont les mêmes que dans le scénario STEPS. Le scénario NZE trace une voie que le secteur mondial des bâtiments pourrait emprunter pour atteindre la neutralité carbone en 2050. Les variables ne sont disponibles qu'au niveau mondial. L'AIE ne fournit pas de données ventilées par région ou pays pour le scénario NZE.
Source : World Energy Outlook 2021 (AIE, 2021[7]) et calculs de l'OCDE.

StatLink https://stat.link/yhkc01

En dehors de l'électrification et de la décarbonation de l'électricité produite, environ 40 % de la baisse des émissions devraient provenir d'une diminution de la consommation d'énergie (Graphique 2.7). Ce recul de la consommation est la résultante d'une meilleure qualité environnementale des bâtiments neufs, de la rénovation des bâtiments existants et d'une meilleure efficacité énergétique des appareils, ainsi que, dans une moindre mesure, de changements de comportement – températures intérieures plus chaudes en été et plus fraiches en hiver (AIE, 2020[11]).

L'AIE souligne que pour éliminer la quasi-totalité des émissions dues aux bâtiments à l'horizon 2050, il faudra réduire radicalement l'intensité carbone en remplaçant massivement la combustion d'énergie fossile par l'utilisation d'électricité non émettrice de carbone et d'équipements produisant des énergies renouvelables (ex. : panneaux solaires sur toiture) (Graphique 2.8). Dans le scénario NZE, la combustion de pétrole et de gaz dans les logements disparaît progressivement à l'horizon 2050, soit une situation diamétralement opposée à la situation actuelle, puisque si les politiques sont inchangées, les énergies fossiles continueront de représenter environ 40 % de l'approvisionnement en énergie des bâtiments résidentiels en 2050.

Graphique 2.7. La décarbonation du logement passe par une électrification massive et d'importants gains d'efficacité

Réduction des émissions directes de CO_2 à l'échelle mondiale permise par des mesures d'atténuation visant les logements, scénario NZE de l'AIE

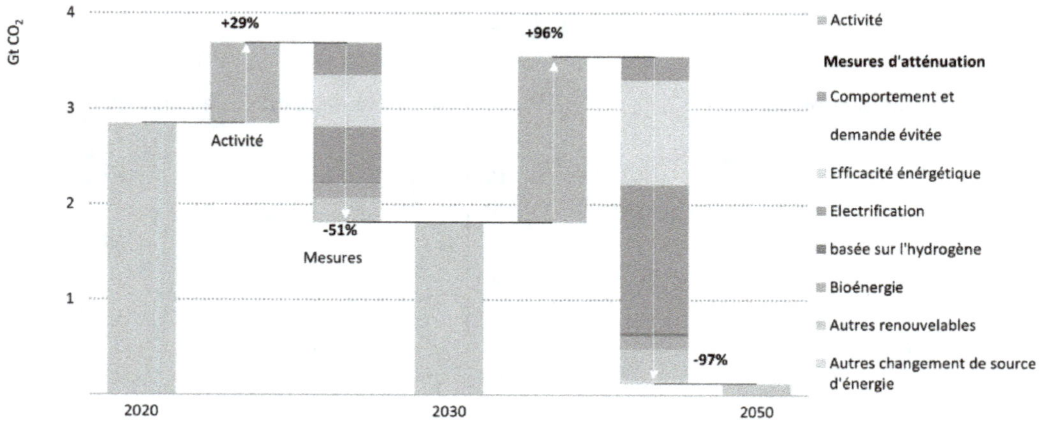

Note : On ne dispose pas de données ventilées par pays ou région pour le scénario NZE de l'AIE. L'activité correspond à la variation de la demande d'approvisionnement en énergie liée à la croissance de la population, de la surface des logements et du revenu par habitant. Le comportement correspond à la variation due à des décisions des consommateurs (ex. : modification des températures de chauffage). La demande évitée correspond à la variation due aux progrès technologiques (ex. : numérisation).
Source : « Net Zero by 2050 – A Roadmap for the Global Energy Sector », (AIE, 2020[11]).

StatLink https://stat.link/j7kt1a

Graphique 2.8. Le bouquet énergétique sera dominé par l'électricité, complétée par les équipements produisant des énergies renouvelables installés dans les logements

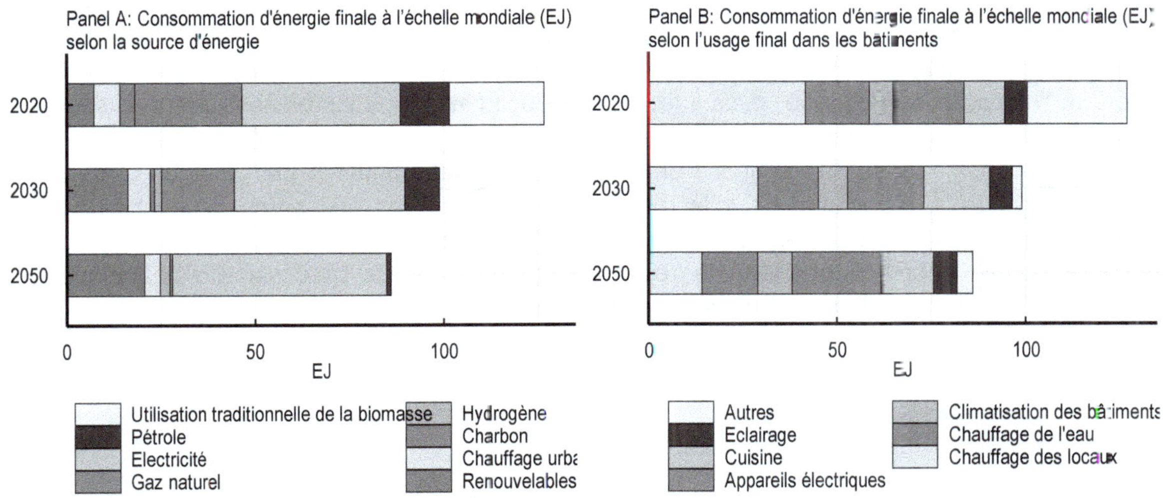

Note : On ne dispose pas de données ventilées par pays ou région pour le scénario NZE de l'AIE. La rubrique « autres » englobe la désalinisation et l'utilisation traditionnelle de biomasse solide, qui ne sont pas associées à un usage final spécifique.
Source : « Net Zero by 2050 – A Roadmap for the Global Energy Sector », (AIE, 2020[11]).

StatLink https://stat.link/dmkhlg

Tenir compte des particularités du logement et des spécificités locales dans les stratégies de décarbonation

Les efforts déployés pour décarboner le logement se heurtent à des biais comportementaux. Ainsi, il est fréquent que les occupants d'un logement surestiment l'efficacité de l'isolation de leur logement, ce qui les dissuade d'investir dans la rénovation énergétique. Ce phénomène est accentué par divers autres biais du côté de la demande, par exemple une vision court-termiste ou des décalages temporels, qui exercent le même effet dissuasif. Même lorsque des campagnes d'information sont menées pour sensibiliser la population à l'importance de ces investissements, les subventions proposées pour financer ces investissements restent peu utilisées, ce qui laisse penser que des coûts non monétaires et l'inattention rationnelle constituent des obstacles majeurs à l'amélioration de l'habitat.

Autre frein à la rénovation énergétique : le décalage entre les intérêts des différents acteurs du marché du logement. Ainsi, les propriétaires n'ont guère intérêt à investir si les effets positifs d'une meilleure efficacité énergétique profitent aux locataires, à travers une amélioration du confort du logement et une diminution des factures énergétiques, alors que le coût de l'investissement ne peut pas être répercuté sur le loyer en raison des règles applicables aux contrats de location. Quant aux locataires, ils ne sont pas tentés d'investir si le coût de l'investissement n'est pas au moins partagé avec le propriétaire ou si le bail de location est de trop courte durée pour qu'ils amortissent leur investissement dans l'amélioration de l'habitat[1]. Les intérêts des parties peuvent également diverger dans le cas de logements collectifs, par exemple d'immeubles en copropriété, dont ceux construits et financés par des organismes de logement (Encadré 2.1.).

[1] Allcott et Greenstone, Gerarden *et al.* et de Mello examinent les données relatives à ce problème et constatent que les propriétaires occupants sont beaucoup plus sensibles que les locataires aux solutions permettant de réaliser des économies d'énergie.

Les pouvoirs publics peuvent prendre des mesures pour remédier à certains de ces problèmes. À titre d'illustration, les campagnes d'information sont de bons outils pour sensibiliser aux caractéristiques thermiques des bâtiments, à l'efficacité énergétique et au processus de rénovation, y compris à l'accompagnement administratif et aux solutions de financement disponibles. Plusieurs autorités infranationales ont mis en œuvre ce type de campagnes, même si leur capacité à faire évoluer les comportements est difficile à évaluer. L'étiquetage énergétique est un autre moyen de sensibiliser à la question de l'efficacité énergétique, mais il faut qu'il s'applique à tous les biens plutôt que seulement à ceux qui sont à vendre ou à louer comme c'est le cas dans la plupart des pays. Une plus grande souplesse de la réglementation relative aux relations entre propriétaires et locataires peut être un bon moyen de partager le coût de la rénovation de telle manière que les intérêts des parties convergent. Un parc immobilier social reposant sur des règles et normes exigeantes en matière d'efficacité énergétique présente le double intérêt d'apporter une réponse à la question de l'accessibilité financière tout en réduisant la consommation d'énergie dans le secteur résidentiel.

Encadré 2.1. Copropriété, organismes de logement et décisions en matière de réduction des émissions de CO_2

La structure du marché du logement varie considérablement selon les pays, les régions et les villes. À Paris par exemple, 95 % des immeubles sont en copropriété, et aux Pays-Bas, les organismes de logement gèrent 30 % du parc immobilier résidentiel. Dans le cas de la copropriété, un syndic est en principe chargé d'entretenir et de réparer les parties communes, le bâti et les installations collectives, ainsi que de coordonner les décisions des copropriétaires en matière d'amélioration de l'efficacité énergétique. Si l'entretien et les réparations sont normalement financées à partir d'un fonds constitué à cette fin, d'autres décisions supposent que les copropriétaires votent sur une proposition d'investissement formulée par le syndic.

Dans le cas des Pays-Bas, par exemple, il faut que la proposition recueille 70 % des voix. Il faut ensuite trouver le financement alors que le loyer est plafonné (Van Oorschot, Hofman et Halman, 2016[12]). Les autorités nationales et locales ont cependant mis en place des subventions pour financer la rénovation des logements, y compris en faveur des locataires contraints de déménager (de Feijter, van Vliet et Chen, 2019[13]).

Dès règles strictes sont également applicables en matière de vote et de financement dans beaucoup d'autres pays (Tableau 2.1.). Certains pays ont récemment assoupli les règles de vote : la Belgique a ramené des trois quarts des voix aux deux tiers des voix la majorité requise, tandis que l'Autriche est passée d'une majorité des deux tiers à une majorité simple ou à une majorité des deux tiers représentant au moins un tiers des copropriétaires. Abaisser le seuil de majorité peut ne pas suffire à réduire les obstacles à la rénovation des immeubles en copropriété. En ce qui concerne les prêts consentis pour financer la rénovation, la banque peut avoir à exiger un pourcentage d'accords élevé (éventuellement plus que ce qui est fixé dans le pays).

Tableau 2.1. Règles de majorité applicables à l'approbation de travaux de rénovation dans les immeubles en copropriété

	Entretien	Rénovation	Participation au vote
Australie	Majorité simple	Majorité simple	L'ensemble des membres du conseil syndical
Autriche	Majorité simple	Majorité simple ou majorité des deux tiers d'un tiers des copropriétaires	Les copropriétaires
Belgique	Non précisé	Parties communes : majorité	Non précisé, le nombre de voix

		des deux tiers Travaux obligatoires pour respecter des normes : majorité simple Autres travaux : majorité des quatre cinquièmes	dépend de la valeur des quote-parts
Finlande	Aucune règle de majorité	Majorité simple	Ensemble des copropriétaires
Allemagne	Majorité simple	Majorité des trois quarts	Non précisé
Pays-Bas	Majorité égale à 70 % des voix	Majorité égale à 70 % des voix	Ensemble des locataires
Pologne	Aucune règle de majorité	Unanimité ou majorité (selon la copropriété)	Ensemble des copropriétaires, le nombre de voix dépend de la valeur des quote-parts
Portugal	Aucune règle de majorité	Majorite des deux tiers	Non précise
Roumanie	Non précisé	Majorité des deux tiers	Non précise
Espagne	Majorité simple	Majorité simple	Membres présents à l'assemblée générale
États-Unis	Diffère selon les copropriétés	Diffère selon les copropriétés	Diffère selon les copropriétés
Chine	Non précisé	Majorité des deux tiers	Non précisé

Note : La majorité simple correspond à la moitié des voix plus une.
Source : Commission européenne et Joint Research Center (2018[14]), de Feijter, van Vliet et Chen (2019[13]), Matschoss et al. (2013[15]).

L'Allemagne a adopté une approche innovante pour surmonter le problème lié au décalage entre les intérêts des parties. En 2021, elle a introduit une taxe carbone sur le chauffage des bâtiments. En 2022, le gouvernement a annoncé que cette taxe serait due pour partie par les propriétaires et pour partie par les locataires selon les performances du bâtiment en termes d'émissions. Lorsque le logement est peu émetteur, c'est le locataire qui supporte la majeure partie de la taxe tandis que lorsque le logement est fortement émetteur, la taxe incombe principalement au propriétaire. Cette mesure allège le poids de la taxe carbone qui pèse sur les locataires et encourage les propriétaires à réaliser des investissements pour améliorer les performances énergétiques du logement qu'ils possèdent tout en incitant aussi les locataires à réduire leur empreinte carbone. Pour que la mesure porte ses fruits, il est important que les propriétaires ne puissent pas répercuter le coût plus élevé de la taxe sur leurs locataires (par exemple en augmentant le loyer) s'ils ne font pas les investissements nécessaires (OCDE, 2022[16]).

Tarifier explicitement les coûts sociaux au moyen de taxes carbone et de système d'échange de droits d'émission

La tarification du carbone est un outil très efficace dans une optique de réduction des émissions. Pourtant, en moyenne, les tarifs effectifs du carbone sont bas dans le secteur du logement dans les pays de l'OCDE (Graphique 2.9). Dans la majorité de ces pays, la tarification des émissions liées au logement passe par l'imposition de taxes sur les combustibles fossiles, certaines étant dites « taxes carbone » puisque leur taux est explicitement lié à la teneur en carbone des combustibles concernés. En revanche, les échanges de quotas d'émission sont rares (Encadré 2.2.).

Encadré 2.2. Les tarifs effectifs du carbone sont bas dans la majorité des pays

À l'heure actuelle, plusieurs pays prélèvent une taxe carbone et presque tous les pays perçoivent des droits d'accise sur les combustibles fossiles. Le système d'échange de quotas d'émission de l'Union européenne (UE) couvre principalement les usines de grande taille exploitées dans les secteurs industriels et la production d'électricité. Toutefois, l'Autriche et l'Allemagne ont décidé d'étendre le système d'échange de quotas d'émission au chauffage des bâtiments à partir de 2026 (D'Arcangelo et al., 2022[6])[2], et l'UE étudie actuellement l'ajout des bâtiments dans son système à compter de 2026 également.

Les tarifs effectifs du carbone (TEC) nets les plus élevés appliqués aux bâtiments sont constatés en Israël, aux Pays-Bas et dans les pays nordiques. Seuls quelques pays ont atteint à ce jour un TEC net supérieur à 60 EUR, montant équivalent à une estimation moyenne des coûts actuels du carbone (OCDE, 2021[17]). Dans de nombreux pays, dont l'Australie, les États-Unis et plusieurs pays d'Europe de l'Est, les tarifs effectifs du carbone sont encore équivalents à zéro ou proches de zéro. En revanche, la tarification du carbone est plus répandue dans le secteur de la production d'électricité, notamment en Europe. Cela a pour effet de relever les prix de l'électricité et de freiner l'électrification des bâtiments.

Graphique 2.9. Les tarifs du carbone sont bas et couvrent une part limitée des émissions liées au logement dans de nombreux pays

Tarifs effectifs du carbone nets (EUR/tCO_2), 2021

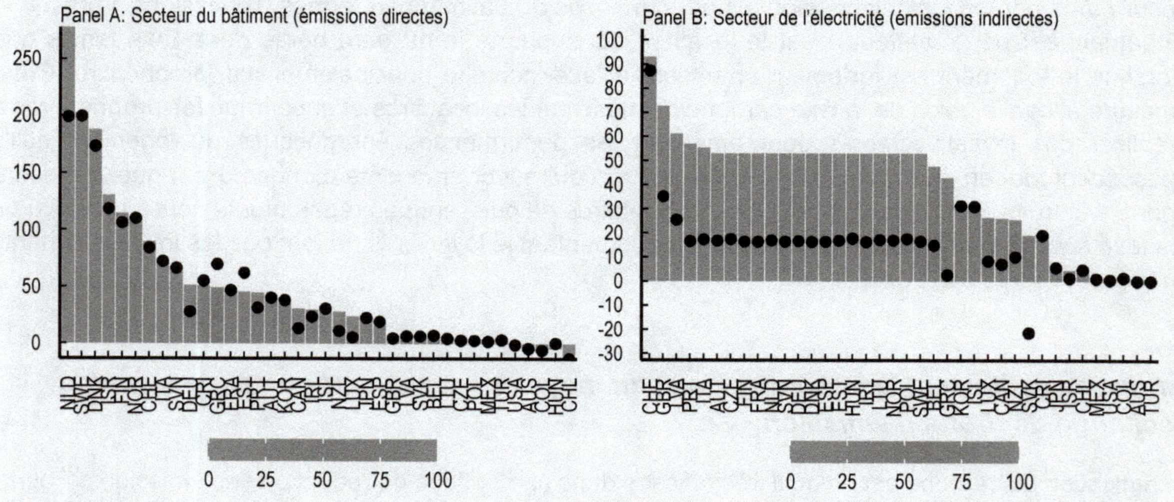

Note : Le tarif effectif du carbone net est composé des prix des échanges de droits d'émission, des taxes carbone et des droits d'accise sur les produits énergétiques, moins les subventions aux énergies fossiles. La hauteur des barres reflète les tarifs effectifs du carbone nets constatés en 2021, tandis que les points noirs marquent les tarifs de 2018. La couleur des barres indique la part des émissions couvertes en 2021. Le secteur de l'électricité correspond à la production d'électricité et les tarifs effectifs du carbone n'intègrent pas les droits d'accise sur l'électricité.

Source : « Tarification des émissions de gaz à effet de serre » (OCDE, 2022[18])

StatLink https://stat.link/4ed2s3

[2] Les échanges de quotas d'émission interviendront entre fournisseurs de combustibles (excluant les ménages). L'Allemagne a instauré en 2021 une taxe carbone.

Exception faite des tarifs effectifs bas dans de nombreux pays, les droits d'accise dominent dans le secteur du bâtiment, devant les taxes carbone et les prix des échanges de droits d'émission (Graphique 2.10). Les droits d'accise, initialement mis en place à des fins de prélèvement fiscal, sont souvent en décalage avec la teneur en carbone des sources d'énergie. L'assiette des droits d'accise devrait être repensée de manière à tenir compte de la teneur en carbone des combustibles, ce qui améliorerait les incitations à la réduction des émissions pour un montant donné de recettes fiscales. Par ailleurs, avant la crise énergétique, seuls quelques pays membres de l'OCDE avaient mis en place des subventions aux énergies fossiles, dispositif qui n'était significatif que dans le secteur du bâtiment en Grèce. Depuis le début de la crise énergétique, les subventions se sont généralisées, tout particulièrement en Europe : l'un des défis majeurs en termes de politique publique consistera à les retirer au fur et à mesure du retour à un niveau normal des prix de l'énergie.

Les tarifs effectifs du carbone ne prennent pas en compte les droits d'accise sur l'électricité dont s'acquittent les utilisateurs finaux. Ces impôts faussent la tarification des produits énergétiques. Pour commencer, comme précisé ci-dessus, les droits d'accise sont mal ciblés puisqu'ils ne sont pas alignés sur la teneur en carbone des produits énergétiques utilisés pour la production d'électricité. Ensuite, l'électricité est déjà taxée au stade de la production au travers des systèmes d'échange de droits d'émission, des taxes carbone explicites et des droits d'accise sur les produits énergétiques utilisés pour la production d'électricité (Graphique 2.10). Cet impôt supplémentaire au stade de la consommation rend l'électricité plus onéreuse que le gaz naturel pour le consommateur final dans certains pays, notamment en Allemagne et au Royaume-Uni. Cela freine le déploiement des pompes à chaleur, puisqu'elles nécessitent une alimentation électrique (Conseil allemand des experts économiques (2019[19]). Au Royaume-Uni, les taxes et les prélèvements sur l'électricité, équivalents à un prix de 70 à 80 GBP par tonne de CO_2, sont en partie financés par des tarifs d'achat et d'autres mesures publiques de soutien en faveur des produits liés aux énergies renouvelables. En revanche, les combustibles fossiles utilisés pour le chauffage sont pratiquement exempts de taxes (OCDE (2022[20]). Une réduction de l'écart entre les tarifs de l'électricité et ceux du gaz naturel accélérerait l'adoption des pompes à chaleur dans les nouvelles constructions et favoriserait leur déploiement dans les bâtiments existants (AIE, 2021[21]).

Graphique 2.10. Les tarifs effectifs du carbone sont loin d'être semblables dans les différents secteurs et pays

Tarifs effectifs du carbone estimés, EUR par tonne de CO_2, 2021

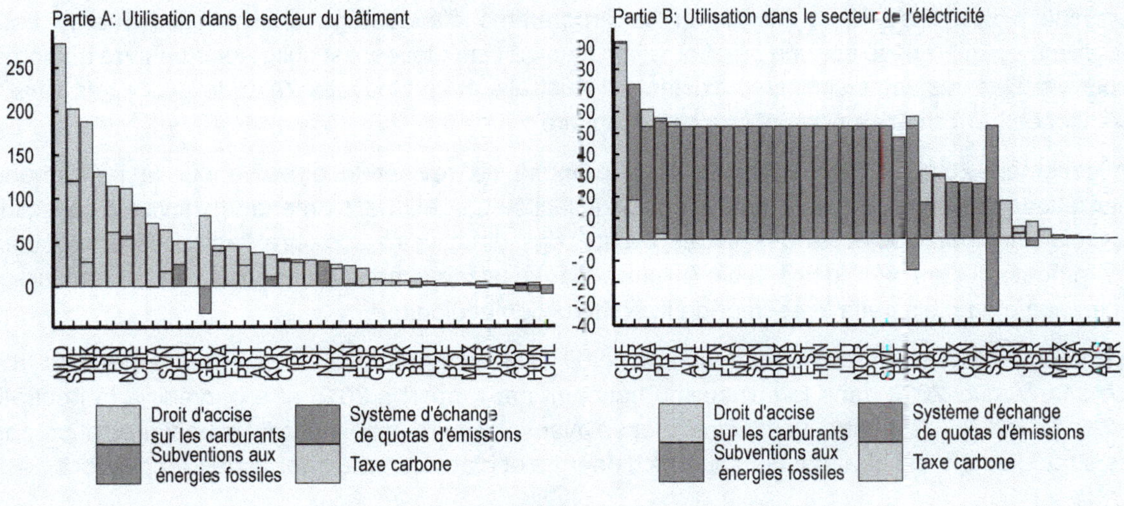

Source : « Tarification des émissions de gaz à effet de serre » (OCDE, 2022[18]) et calculs de l'OCDE.

StatLink https://stat.link/jo5msk

Une tarification directe du carbone peut avoir un effet limité sur les émissions dans le secteur du logement. Tout d'abord, si certains secteurs réagissent très vivement aux signaux de prix, ce n'est pas le cas de celui du logement, principalement parce qu'il est plus difficile de réduire les émissions directes liées au charbon, au pétrole et au gaz utilisés pour le chauffage et le refroidissement. Ensuite, la longueur des cycles de rénovation dans le secteur du logement, mais aussi l'inadéquation des mesures incitatives et les biais comportementaux évoqués plus haut, se traduisent par un sous-investissement dans les projets de rénovation énergétique de la part des ménages[3].

Le rôle des normes, des réglementations et de la certification dans le domaine de l'environnement

Les signaux de prix peuvent être renforcés ou complétés par d'autres interventions publiques, à l'image de l'étiquetage/la certification de la performance énergétique, ou encore des normes et réglementations.

L'étiquetage et la certification facilitent la comparaison de la performance énergétique des biens immobiliers et des appareils. Cela permet ainsi de déterminer les prix de façon à récompenser l'investissement dans l'amélioration et l'entretien des caractéristiques thermiques des bâtiments, ainsi que l'achat d'appareils économes en énergie. Pour être efficaces, l'étiquetage et la certification doivent être appliqués à l'ensemble des biens immobiliers, et pas uniquement aux nouvelles constructions ou aux biens proposés à la vente ou à la location, comme dans la majorité des pays où le système est en place. La certification deviendra obligatoire en France pour les logements collectifs et la révision de la directive sur la performance énergétique des bâtiments étendra cette obligation aux bâtiments existants pour lesquels sont entrepris des travaux de rénovation importants dans l'ensemble des pays de l'Union européenne (Encadré 2.3.).

Encadré 2.3. La directive du Parlement européen et du Conseil sur la performance énergétique des bâtiments

Au sein de l'Union européenne, le certificat de performance énergétique ne concerne que les bâtiments neufs et ceux qui sont proposés à la vente ou à la location. Une classification à l'aide de lettres de couleur, de A à G, est utilisée, la lettre A étant synonyme de grande efficacité et la lettre G de grande inefficacité. Le programme d'étiquetage ENERGY-STAR est le principal système de certification aux États-Unis. Au Japon, le Programme d'étiquetage énergétique (Energy Label Programme), qui repose sur une notation allant jusqu'à cinq étoiles, est obligatoire pour de nombreux appareils. Des systèmes similaires existent en Australie et en Nouvelle-Zélande. Aux États-Unis, le certificat de performance énergétique est volontaire.

En décembre 2021, l'Union européenne a proposé de réviser la directive sur la performance énergétique des bâtiments et la directive sur l'efficacité énergétique. L'amendement vise à consolider les trois principaux objectifs des textes initiaux des directives : accroître l'efficacité énergétique, notamment pour les ménages à faible revenu ; réduire la consommation énergétique ; et encourager la création d'emplois dans le secteur de la construction écologique.

La directive établit un cadre commun assorti d'objectifs visant à réduire les émissions d'au moins 60 % d'ici 2030 dans le secteur du bâtiment par rapport à 2015 et à parvenir à la neutralité carbone d'ici 2050. En outre, la directive met en avant plusieurs échéances intermédiaires et propose des stratégies afin de changer les sources d'énergie et d'accélérer le rythme des rénovations.

---

[3] En Allemagne, par exemple, les toits sont remplacés tous les 50 ans. De la même façon, seulement deux pour cent des systèmes de chauffage sont remplacés chaque année (Conseil allemand des experts économiques, 2019[19]).

Pour la transition vers les énergies renouvelables, trois objectifs sont définis. Dans le secteur du bâtiment, les énergies renouvelables devraient représenter 49 % de la consommation énergétique d'ici 2030. L'utilisation des énergies renouvelables pour le chauffage et le refroidissement devrait augmenter de 1.1 point de pourcentage par an. Pour le chauffage et le refroidissement urbains, cette hausse devrait être de 2.1 points de pourcentage par an. En complément, la suppression progressive des combustibles fossiles devrait être achevée d'ici 2040 au plus tard. Cette suppression progressive devra s'appuyer sur une clause d'extinction des incitations financières à l'utilisation de combustibles fossiles dans les bâtiments, de sorte qu'à compter de 2027, il n'existe plus aucune mesure incitant à l'installation de chaudières alimentées par ces combustibles.

Concernant la rénovation des bâtiments inefficaces sur le plan énergétique, la directive fixe pour objectif de rénover au moins 3 % de la surface de plancher totale de l'ensemble des bâtiments publics chaque année. Pour le secteur privé, les programmes de rénovation cibleront les bâtiments les plus inefficaces avec pour objectif de faire passer les 15 % les moins performants du parc bâti de la classe G à la classe F d'ici 2030 (et au moins à la classe E d'ici 2033).

Le suivi des biens les moins performants sera garanti par l'extension des certificats obligatoires de performance énergétique – avec un renforcement de leur fiabilité et de leur qualité ainsi que de l'utilisation des outils numériques –, à tous les bâtiments publics, tous les bâtiments proposés à la vente ou à la location et tous les bâtiments pour lesquels sont entrepris des travaux de rénovation importants. Un passeport de rénovation des bâtiments sera instauré, en complément de l'introduction d'une obligation juridique qui imposera de tenir compte en priorité de l'efficacité énergétique lors de la planification et des décisions d'investissement.

La couverture des normes minimales de performance énergétique (NMPE) applicables aux appareils, tels que les dispositifs d'éclairage, les réfrigérateurs et les climatiseurs, est presque complète dans les pays de l'OCDE (AIE, 2021[22]). Mais au-delà de la couverture, la rigueur des NMPE a également son importance. Au sein de l'Union européenne, par exemple, les nouveaux réfrigérateurs doivent aujourd'hui être 75 % plus efficaces qu'il y a dix ans, tandis que les étiquetages comparatifs ont été réajustés en 2021 afin d'aider les consommateurs à mieux repérer les produits les plus économes. Les progrès restent toutefois limités dans certains domaines. Par exemple, dans de nombreux pays, les politiques relatives à l'éclairage n'ont pas encore abouti à la suppression des lampes halogènes, dont l'efficacité n'est supérieure que de 5 % à celle des ampoules incandescentes.

Les normes d'efficacité énergétique sont importantes dans le cas des bâtiments neufs en raison de leur longue durée de vie. Des réglementations énergétiques obligatoires pour les bâtiments sont en place dans la majorité des pays membres de l'OCDE, bien qu'elles soient volontaires dans certains états américains et dans certaines provinces canadiennes. En revanche, plusieurs états américains sont dotés de réglementations plus strictes que le texte national. Dans de nombreux pays, les réglementations se sont durcies au fil du temps. Les normes inscrites dans les codes de construction n'ayant pas évolué depuis des décennies, elles doivent être alignées sur les objectifs climatiques à long terme. En Europe, la directive sur la performance énergétique des bâtiments a pour ambition d'aboutir à la construction de logements à émissions presque nulles à compter de 2030 (Encadré 2.3.). Des données empiriques laissent à penser que l'étiquetage/la certification oriente en effet la détermination des prix, un meilleur classement entraînant une majoration des prix de vente et des loyers. Il en va de même avec les normes (Encadré 2.4.).

Encadré 2.4. Effets de l'étiquetage/la certification et des normes sur la détermination des prix

Certaines études révèlent d'importantes corrélations positives entre l'étiquetage/la certification et les prix des maisons, tandis que d'autres avancent qu'une maîtrise adéquate des autres caractéristiques d'un bien permet de gommer cet effet, sauf dans le cas des constructions de très haute qualité (Marmolejo-Duarte et Chen, 2022[23]).

Aux États-Unis, des données factuelles montrent que les maisons à énergie nulle sont plus de 10 % plus onéreuses que les maisons classiques, mais seulement 5 % plus onéreuses une fois les incitations financières fédérales et des États prises en compte. Les maisons à énergie nulle permettent de réaliser des économies sur les dépenses de chauffage et d'obtenir un prix plus élevé à la revente (Zero Energy Project, 2022[24]).

En revanche, les normes en matière d'isolation des bâtiments induisent des économies de coûts bien moindres s'agissant de la climatisation puisque, même dans le cas de maisons bien isolées, de nombreux ménages ouvrent parfois leurs fenêtres pendant les jours où il fait chaud, annulant les bénéfices de l'isolation (Davis, Martinez et Taboada, 2020[25]). En outre, la rigueur de la norme relative aux logements à émissions presque nulles rendra les maisons neuves moins abordables. En 2021, les exigences en matière d'énergie primaire applicables aux maisons individuelles variaient dans un rapport de six selon les pays de l'Union européenne (BPIE, 2022[26]). (BPIE, 2022[26]).

Encourager la décarbonation à l'aide de subventions et d'allègements fiscaux

Il est également possible de relever le prix relatif du carbone par la mise en place de subventions et d'incitations fiscales. Ces interventions peuvent accélérer le déploiement des nouvelles technologies en levant les obstacles liés aux coûts initiaux puisqu'elles comblent directement un besoin de financement immédiat. Toutefois, le financement de ces régimes de subvention nécessite de collecter des recettes fiscales supplémentaires dans d'autres pans de l'économie, soit aujourd'hui, soit dans le futur en cas d'emprunt. On recense des arguments en faveur du recours à l'endettement pour le financement des subventions à la décarbonation, et d'autres contre : d'un côté, les réductions des émissions bénéficieront aux générations futures qui devront rembourser cette dette ; de l'autre, la vitesse à laquelle les émissions doivent aujourd'hui être réduites résulte de l'insuffisance des actions menées par les générations passées et actuelles. Par ailleurs, avec les subventions à la décarbonation, il est difficile de déterminer le seuil d'émissions de référence par rapport auquel les réductions seront mesurées. Il importe donc d'évaluer de façon rigoureuse avec quelle efficacité les subventions permettent de réduire les émissions et d'éviter les risques de distorsion de l'évolution du marché et les coûts de distorsion.

Bertoldi et al. (2021[27]) proposent une vue d'ensemble des régimes existants en Europe[4]. Certains régimes de subvention et leurs caractéristiques sont résumés dans le Tableau 2.2. En Allemagne, par exemple, les subventions ne peuvent être obtenues qu'après la consultation d'experts indépendants. Dans tous les régimes présentés dans le Tableau 2.2, les subventions financent en partie l'installation de nouveaux équipements, jusqu'à concurrence d'un seuil plafond. Les incitations fiscales pour la rénovation sont en général plafonnées selon un pourcentage défini des coûts, jusqu'à un montant plafond, et elles peuvent

[4] Bertoldi et al. (2021[27]) analysent aussi d'autres régimes permettant de réduire les factures d'énergie et les émissions. Par exemple, les entreprises de services collectifs peuvent proposer des programmes offrant aux propriétaires des rabais ou des incitations à investir dans des travaux d'amélioration de l'efficacité énergétique, les investissements engagés par les sociétés de services collectifs peuvent être répercutés sur les charges, ou on peut aussi imposer aux entreprises du secteur énergétique des obligations en matière d'efficacité énergétique ou conclure des contrats de performance énergétique avec les entreprises de services énergétiques.

prendre la forme d'une déduction fiscale ou d'un crédit d'impôt (OCDE, 2021[17]). Le programme le plus généreux est probablement le régime italien Superbonus 110 (110 % de crédit d'impôt pour les améliorations qui relèvent le niveau d'efficacité énergétique d'un logement d'au moins deux catégories). Les principales critiques formulées à l'égard de ce régime sont le manque d'éléments probants concernant les gains réels en matière d'efficacité énergétique, et le risque de tolérance à l'égard de la surfacturation pratiquée par les entreprises de construction du fait que les propriétaires des biens ne supportent pas les coûts de l'intervention (Brugnara et Ricciardi, 2021[28]). En 2023, le programme a été prolongé d'un an, mais avec un abaissement de la prise en charge à 90 % des coûts et, dorénavant, des critères de revenu puisque seuls les ménages ayant des revenus annuels inférieurs à 15 000 EUR sont éligibles.

Tableau 2.2. Caractéristiques de certains régimes de subventions

	Allemagne	France	Royaume-Uni	Italie
Nom	« Deutschland macht's effizient », « Construction et rénovation économes en énergie » de KfW	« MaPrimeRénov », aujourd'hui intégré à « FranceRénov »	« Green Deal »	« Superbonus »
Que couvrent les subventions ?				
- Conseils dans le domaine énergétique	Oui	Oui	Non	Non
- Améliorations de l'efficacité énergétique	Oui	Oui	Oui	Oui
- Énergies renouvelables	Oui	Oui	Oui	Non
- Autres	s.o.	s.o.	s.o.	Améliorations parasismiques
Performance énergétique et maîtrise de l'énergie	Ex ante et ex post	Ex ante et ex post	Ex ante	Ex ante et ex post
Subventions proposées	Prêts, subventions et allègements fiscaux	Prêts, primes et taux d'imposition réduit	Subventions	Déduction fiscale
Taux de subvention	Jusqu'à 25 000 € pour l'amélioration du système de chauffage ; Jusqu'à 120 000 € pour la rénovation complète d'une maison	1 000 € pour l'amélioration du système de chauffage ; Jusqu'à 8 000 € pour l'installation d'énergie solaire thermique ; 20 000 € comme montant maximal de base (isolation, chauffage, travaux généraux) ; 30 000 € pour des travaux de rénovation étendus	5 000 £ comme montant de base par ménage 10 000 £ pour les ménages à faible revenu	110 % de la base d'imposition des coûts de rénovation
Le taux de subvention dépend-il de l'amélioration de l'efficacité énergétique ?	Oui	Oui	Non	Oui
Le taux de subvention dépend-il du revenu ?	Non	Oui	Oui	Non
Hausse de loyer potentielle après rénovation	8 %	s.o.	s.o.	s.o.

Note : Le Royaume-Uni a plafonné à 3 500 £ la participation des propriétaires au financement des rénovations énergétiques dans les biens loués, laissant à la charge des locataires ou des autorités publiques la part restante des coûts. Les chèques octroyés au titre du « Pacte vert » du Royaume-Uni couvrent jusqu'à ⅔ des coûts, quels que soient les travaux d'amélioration entrepris.
Source : (Ministère de l'Économie et de la Protection du climat (Allemagne), 2022[29] ; Ministère de l'Économie, et des Finances et de la Relance de la France, 2022[30] ; Gouvernement du Royaume-Uni, 2022[31] ; Brugnara et Ricciardi, 2021[28]).

Les études d'ingénierie aboutissent souvent à une évaluation de l'efficacité des subventions sur la réduction des émissions qui est supérieure à celle des analyses économiques ex post. C'est le cas en France (Blaise et Glachant, 2019[32]) et aux États-Unis (Allcott et Greenstone, 2012[33] ; Gerarden, Newell et Stavins, 2017[34]), où le programme d'aide à la réhabilitation thermique (Weatherisation Assistance Program) propose des aides fédérales accordées sous conditions de revenu aux ménages les plus modestes. Cela signifie que les subventions peuvent avoir un coût élevé une fois ramenées à la tonne de CO_2 évitée. L'effet de rebond (une meilleure isolation induit une hausse de la température intérieure, annulant une partie des économies) ou encore le fait que certains investissements, dans le triple vitrage des fenêtres par exemple, n'ont qu'un effet limité sur les émissions, viennent expliquer ce phénomène (Allcott et Greenstone, 2012[33] ; Gerarden, Newell et Stavins, 2017[34] ; Levinson, 2016[35]). Les subventions risquent également de servir au financement de travaux de rénovation qui auraient de toute façon été entrepris : selon des estimations empiriques, ces coûts de distorsion se situeraient entre 40 et 85 % (Nauleau, 2014[36]).

Afin de gagner en efficacité, les régimes de subvention et les incitations fiscales devraient cibler les gains d'efficacité énergétique qui peuvent être obtenus au moyen de travaux de rénovation. C'est le cas en Allemagne, où les règles ont été durcies pour les logements neufs à partir de mi-2022 et où les chaudières à gaz ne bénéficieront plus de subventions, et plus récemment en France (MaPrimeRénov). En outre, les projets de rénovation devraient faire l'objet d'une évaluation ex ante par des experts indépendants en performance énergétique, ainsi que d'une évaluation ex post (2020[37])). Une évaluation indépendante fait prendre conscience des avantages d'une meilleure performance énergétique et renforce la confiance à l'égard de l'exactitude des conseils formulés. En France, le Haut Conseil pour le Climat (2020[37]) a également suggéré que la rénovation des logements les moins performants (F et G), induisant les gains d'efficacité énergétique sont les plus importants, devrait être obligatoire. Le Parlement français a récemment décidé que les appartements français relevant de la catégorie G (la moins performante) ne pourraient plus être proposés à la location à partir de 2023 et que les exigences en matière de performance énergétique imposées aux propriétaires seraient de nouveau durcies.

Pour finir, plusieurs pays proposent toujours des subventions ou des incitations fiscales à l'installation d'équipements fonctionnant au moyen de combustibles fossiles, comme les chaudières à gaz. Au sein de l'Union européenne, par exemple, ces chaudières étaient toujours subventionnées par 19 des 27 pays membres en 2021 (Vikkelsø, 2021[38]). Les ruptures d'approvisionnement provoquées par la guerre d'agression menée par la Russie contre l'Ukraine ont déclenché l'arrêt progressif de ces incitations dans plusieurs pays. Ainsi, en avril 2022, la République tchèque et la Slovaquie, pays où le gaz représente environ 30 % de la consommation énergétique dans le secteur résidentiel (Graphique 2.3), ont décidé de mettre fin aux subventions à l'installation des chaudières à gaz, pour soutenir désormais l'installation de pompes à chaleur et de panneaux solaires.

Arbitrages et interactions entre les politiques publiques

Le déploiement d'instruments d'action multiples risque d'envoyer des signaux incohérents et contradictoires. La grande diversité des instruments d'action est une source potentielle de complexité et d'inefficacité. Par exemple, les subventions à l'appui du développement de l'électricité solaire et éolienne en Europe pèsent lourd sur les caisses publiques, mais elles n'auront aucun effet sur les émissions, pour le moins à court terme, puisque le secteur de l'électricité est soumis au système d'échange de quotas d'émission de gaz à effet de serre (SEQE) de l'Union européenne (UE). Ces subventions ont pour effet de réduire simultanément la demande d'aides émanant du secteur de l'électricité et le prix des émissions. Cela génère mécaniquement une augmentation équivalente des émissions par les autres secteurs soumis au SEQE (principe des vases communicants). Autrement dit, les subventions à l'énergie solaire et éolienne profitent en partie au moins aux secteurs du ciment et de l'acier (Blanchard et Tirole, 2021[10] ; Conseil allemand des experts économiques, 2019[19]).

La taxation de l'électricité est un autre exemple. De nombreux pays perçoivent des droits d'accise sur l'électricité, en partie pour financer l'installation d'équipements d'énergie solaire et de turbines éoliennes. S'ils encouragent l'installation de panneaux solaires, les droits d'accise sont en général peu alignés sur la teneur en carbone du combustible utilisé pour produire l'électricité. En outre, ils augmentent le prix de l'électricité pour le consommateur final, ce qui freine l'installation des pompes à chaleur fonctionnant à l'électricité.

En revanche, les stratégies de décarbonation du secteur du logement peuvent tirer parti des complémentarités des différentes mesures. Par exemple, les normes d'efficacité énergétiques sont plus efficaces lorsqu'elles sont combinées avec des signaux de prix. Sans tarification adéquate, une amélioration de l'efficacité énergétique est susceptible de provoquer une augmentation de la consommation d'énergie, le fameux « effet rebond ». Certains cas ont démontré qu'en l'absence d'évolution des prix de l'énergie le renforcement des normes d'isolation a induit une baisse de la consommation énergétique inférieure aux prévisions (Levinson, 2016[35]). Enfin, on observe également des interactions entre les politiques publiques à tous les niveaux de l'administration, interactions étudiées dans la dernière section.

Déployer des politiques complémentaires

Déterminer les technologies clés permettant de parvenir à la neutralité carbone

Le chauffage des locaux et la production d'eau chaude sanitaire représentent 75 % de la consommation résidentielle d'énergie. Grâce à des codes de la construction plus stricts et à une meilleure performance énergétique, de nombreux pays ont pu réduire la consommation d'énergie. Toutefois, une part considérable de la consommation liée au chauffage dépend des énergies fossiles, du fait de l'utilisation de chaudières fonctionnant au fuel et au gaz naturel, à l'exception de la Nouvelle-Zélande et tout particulièrement de la Norvège, qui ont bien avancé dans l'électrification des systèmes de chauffage (Graphique 2.3).

Chauffage urbain

Au niveau des systèmes de chauffage urbain, les possibilités de décarbonation des bâtiments sont importantes puisqu'il est possible d'y intégrer différentes combinaisons de sources d'énergie propre (Encadré 2.5.). Dans le scénario ZEN (réduction à zéro des émissions nettes d'ici à 2050), la part des sources d'énergie renouvelables et de l'électricité décarbonée dans la production mondiale liée au chauffage urbain progresse pour passer de 8 % en 2020 à 35 % d'ici 2030, évolution qui permet à elle seule de réduire d'un tiers les émissions directes de CO_2 des bâtiments liées au chauffage (AIE, 2021[39]). Les pompes à chaleur électriques, dans l'hypothèse d'une production d'électricité à faible intensité de carbone, contribuent aussi à réduire l'empreinte carbone des biens immobiliers d'habitation. En 2020, les pompes à chaleur répondaient à seulement 7 % des besoins en chauffage. Selon le scénario ZEN, le nombre mondial de pompes à chaleur installées va augmenter de 233 % en 10 ans, passant de 180 millions en 2020 à 600 missions d'ici 2030 (AIE, 2021[21]).

Encadré 2.5. Un second souffle pour le chauffage urbain

Les systèmes de chauffage et de refroidissement urbains sont de puissants outils à l'appui de la décarbonation des bâtiments. Les réseaux modernes, dont les températures de fonctionnement sont faibles, peuvent intégrer jusqu'à 100 % de sources d'énergie renouvelables pour l'approvisionnement de bâtiments économes en énergie. Les systèmes de chauffage et de refroidissement urbains jouent un rôle particulièrement important dans les zones à forte densité démographique où des solutions décentralisées ne permettraient pas une intégration directe des sources d'énergie propre disponibles ou un fonctionnement efficace, par exemple, en raison des contraintes d'espace ou d'infrastructures (AIE, 2021[39]).

De nombreux bâtiments et sites industriels reposent sur ces systèmes urbains, à l'image des vastes réseaux urbains de Beijing, Séoul, Milan et Stockholm, ou de réseaux de plus petite envergure, tels que les campus universitaires ou les complexes médicaux (AIE, 2021[39]). Le centre-ville de Stockholm est doté de l'un des plus grands systèmes de chauffage et de refroidissement urbains d'Europe, avec un réseau de distribution de 3 000 km. Près de 90 % des bâtiments de la ville sont reliés au réseau de chauffage urbain, qui utilise différentes sources d'énergie innovantes, comme la récupération de la chaleur résiduelle et des eaux usées.

La technologie du chauffage urbain, exploitée depuis la fin des années 1870, a évolué au fil du temps, donnant lieu à une amélioration de l'efficacité énergétique, une baisse des températures de fonctionnement, une amélioration du stockage et une intégration plus simple des sources d'énergie renouvelables, telles que la chaleur géothermique ou la biomasse. Ces solutions font du chauffage urbain un atout très intéressant des stratégies de décarbonation. Non seulement il réduit le coût des investissements initiaux lors du passage à des sources d'énergie nouvelles et décarbonées, mais il contribue aussi à intensifier le recours à la production d'énergie renouvelable et à abaisser les coûts de la réduction des émissions de CO_2.

Une cinquième génération de technologies, permettant des échanges entre le système central et les utilisateurs finaux avec des boucles de récupération de chaleur, est en cours de développement. L'interaction avec les pompes à chaleur individuelles est au cœur de ces améliorations, les pompes à chaleur étant alors utilisées comme surpresseurs pour s'adapter à la demande et tirer parti des nouvelles sources d'énergie afin d'alimenter ces réseaux. Par exemple, depuis 2019, aux Pays-Bas, une mine de charbon fermée, située à proximité, est utilisée dans le cadre du projet Mijnwater Heerlend comme solution de stockage de la chaleur et de refroidissement avant redistribution au travers d'un réseau à basse température (10 °C-30 °C). Cette nouvelle façon d'envisager le chauffage urbain permettrait d'exploiter au mieux les sources de chaleur locales, telles que les puits géothermiques, les barrages, les aquifères et même les centres de données.

Panneaux photovoltaïques en toiture

La production d'énergie solaire photovoltaïque est en train de s'imposer comme la source d'énergie renouvelable la moins onéreuse, dans presque toutes les régions. Toutefois, la réglementation et les obstacles relevant de l'économie politique freinent souvent l'installation d'équipements photovoltaïques sur les toits. Des efforts constants devront être déployés pour garantir la multiplication par sept des capacités d'énergie solaire photovoltaïque entre 2020 et 2030, conformément au scénario ZEN. À l'heure actuelle, le marché des toitures représente seulement moins de la moitié des capacités mondiales de production d'énergie solaire photovoltaïque (AIE, 2022[40]).

La consommation d'énergie pour le refroidissement des locaux augmente rapidement avec la hausse des niveaux de vie, notamment dans les régions où la croissance démographique est forte. En 2020, environ deux milliards de climatiseurs ont été déployés dans le monde, représentant près de 16 % de la consommation électrique finale du secteur du bâtiment (AIE, 2021[41]). Le scénario ZEN table sur une hausse de 50 % de l'efficacité énergétique des appareils de climatisation.

Réglementations énergétiques pour les bâtiments

La majorité des pays sont aujourd'hui encore dépourvus de réglementations énergétiques relatives aux bâtiments (AIE, 2021[42]). Le scénario ZEN appelle à un déploiement dans le monde entier d'exigences de ce type d'ici 2030, en comptant sur une accélération des initiatives de rénovation pour porter la part des bâtiments prêts pour la neutralité carbone à environ 20 % d'ici 2030 (Tableau 2.3).

Appareils

La part des appareils et des équipements électroniques dans la consommation énergétique finale des ménages a augmenté partout dans le monde, avec des écarts notables selon les régions. Si dans les économies de marché émergentes la part des appareils dans la consommation énergétique a fortement augmenté, la tendance inverse a été observée dans les économies plus avancées, grâce à l'efficacité accrue des réfrigérateurs, des machines à laver ou encore des lave-vaisselles (AIE, 2021[43]). Le scénario ZEN mise sur un déploiement mondial des technologies de pointe actuelles de sorte que l'amélioration de l'efficacité énergétique compense les prévisions d'augmentation du nombre d'appareils utilisés.

Ampoules

En 2010, les ampoules incandescentes constituaient toujours la norme en matière d'éclairage, même si leur efficacité énergétique était déjà très loin derrière celle des LED qui venaient d'arriver sur le marché. Depuis lors, l'efficacité énergétique de ces dernières n'a cessé de s'améliorer et cette technologie a bénéficié d'un déploiement massif grâce aux prix devenus plus abordables (AIE, 2021[44]). Le succès des LED est l'exemple parfait de la façon dont l'expansion de technologies économes en énergie peut réduire leur prix et préparer le terrain pour le remplacement des technologies à forte intensité de carbone. De ce fait, l'intensité énergétique de l'éclairage par logement a chuté de plus de 30 % en moyenne de 2010 à 2019 dans les pays de l'OCDE.

Bâtiments intelligents

Les bâtiments intelligents, qui exploitent les possibilités offertes par la transformation numérique avec la connectivité des appareils et l'automatisation de la demande d'électricité, constituent le socle des futures structures résidentielles prêtes pour la neutralité carbone. Pour que les bâtiments soient « prêts pour la neutralité carbone »[5], le scénario ZEN impose d'atteindre un rythme d'environ 2.5 %par an en matière d'amélioration énergétique d'ici 2030 dans les économies avancées, et de 2 % par an d'ici 2030 dans les économies de marché émergentes.

Réseaux intelligents

L'électrification combinée à la production d'énergie zéro carbone est l'un des leviers majeurs de la décarbonation dans le secteur du logement. Néanmoins, certaines des sources d'énergie émettant le moins de carbone sont intermittentes et non dispatchables, ce qui soulève certains défis. Les systèmes de réseaux intelligents peuvent aider, mais les investissements devront être multipliés par trois sur la période 2020-2030, sachant qu'ils représentent environ 40 % de l'ensemble des investissements nécessaires dans le scénario ZEN.

---

[5] Un bâtiment prêt pour la neutralité carbone est très économe en énergie ; soit il utilise directement des sources d'énergie renouvelables, soit il s'appuie sur un approvisionnement en énergie qui sera entièrement décarboné d'ici 2050, comme l'électricité ou le chauffage urbain.

Tableau 2.3. Étapes majeures sur le chemin de la neutralité carbone pour le secteur de la construction

	2020	2030	2050
Bâtiments Part des bâtiments existants rénovés et prêts pour la neutralité carbone	<1 %	20 %	>85 %
Part des nouvelles constructions de bâtiments prêts pour la neutralité carbone	5 %	100 %	100 %
Chauffage et refroidissement			
Stock de pompes à chaleur (en millions d'unités)	180	600	1 800
Logements utilisant l'énergie solaire thermique (en millions)	250	400	1 200
Demande énergétique évitée grâce au changement de comportement dans le secteur du logement	s.o.	12 %	14 %
Appareils et éclairage Appareils : consommation d'énergie par unité (indice 2020=100)	100	75	60
Éclairage : part des LED dans les ventes	50 %	100 %	100 %
Accès à l'énergie			
Population ayant accès à l'électricité (en milliards de personnes)	7.0	8.5	9.7
Population ayant accès à des modes de cuisson propres (en milliards de personnes)	5.1	8.5	9.7
Infrastructures énergétiques des bâtiments			
Production décentralisée d'énergie solaire photovoltaïque (en TWh)	320	2 200	7 500
Bornes de recharge pour véhicules électriques (en millions d'unités)	270	1 400	3 500

Source : *Net Zero by 2050 – A Roadmap for the Global Energy Sector*, (AIE, 2020[11]).

Soutenir l'innovation dans les technologies propres

Si en 2030 les réductions d'émissions reposeront essentiellement sur les technologies disponibles, les technologies actuellement en développement serviront à près de la moitié des réductions d'émissions nécessaires en 2050 d'après le scénario ZEN (Graphique 2.11

). Les efforts déployés en matière de décarbonation, conjugués à la hausse de la demande énergétique, notamment au niveau des bâtiments, exigent inévitablement des investissements continus dans les technologies innovantes afin de réaligner les niveaux des émissions de CO_2 liées au secteur du bâtiment sur les objectifs de neutralité carbone. Pourtant, après une forte augmentation entre 2000 et 2013 des dépôts de brevet pour les innovations dans le domaine de l'énergie à faible teneur en carbone, couvrant les technologies d'utilisation finale du secteur du bâtiment, plus récemment, le nombre de dépôts a diminué (AIE, 2021[45]). Les coûts de réduction des émissions de gaz à effet de serre (GES) sont toujours trop élevés pour nombre de technologies, notamment pour celles qui sont encore au stade de la démonstration ou du développement de prototype.

Graphique 2.11. Les innovations liées aux technologies propres jouent un rôle critique dans la décarbonation des bâtiments

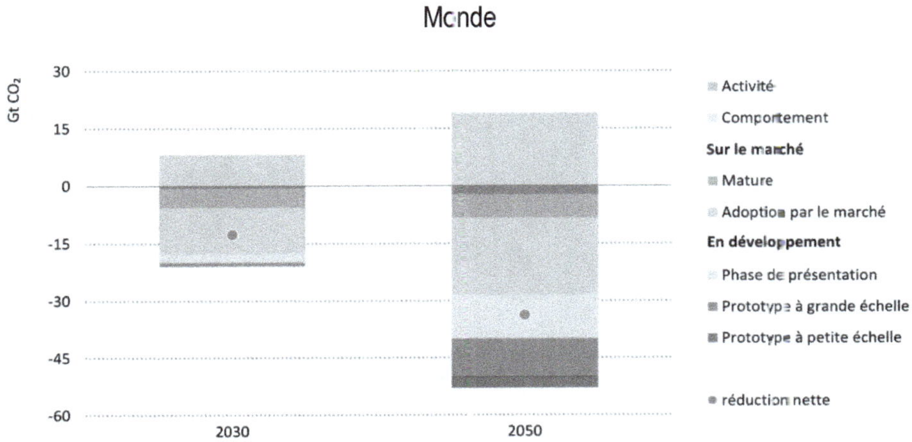

Source : *Net-zero by 2050 – A roadmap for the global energy sector* (AIE, 2020[11]).

StatLink https://stat.link/liz9w1

Grâce aux investissements de R&D axés sur les technologies décarbonées, destinées au secteur de la construction, non seulement ces technologies sont disponibles, mais elles affichent également un meilleur rapport coût-efficacité. La création d'indicateurs de mesure normalisés des coûts monétaires par tonne de CO_2 évitée, dans le cadre du déploiement des technologies de substitution, est un élément de référence important pour le calibrage et l'évaluation des politiques publiques à l'appui de la réduction des émissions de gaz à effet de serre (Blanchard et Tirole, 2021[10]). Si les estimations des coûts de réduction des émissions de GES sont entourées d'une très forte incertitude, certaines indiquent que la diminution des émissions directes du secteur de la construction est coûteuse (Graphique 2.12).

L'innovation joue elle aussi un rôle important dans l'optique de diminuer les coûts de réduction des émissions de GES liée à la décarbonation des bâtiments. D'après les évaluations ces coûts sont élevés dans ce secteur en raison du besoin d'électrification et de l'installation d'équipements permettant d'améliorer l'utilisation, la consommation et le stockage d'énergie (Graphique 2.13). Les émissions indirectes liées à la production d'électricité, en revanche, sont moins coûteuses à réduire si une tarification adéquate du carbone est en place et sur la base des technologies disponibles.

Graphique 2.12. Les coûts de réduction des émissions de GES sont élevés dans le secteur de la construction

USD par tonne de CO_2

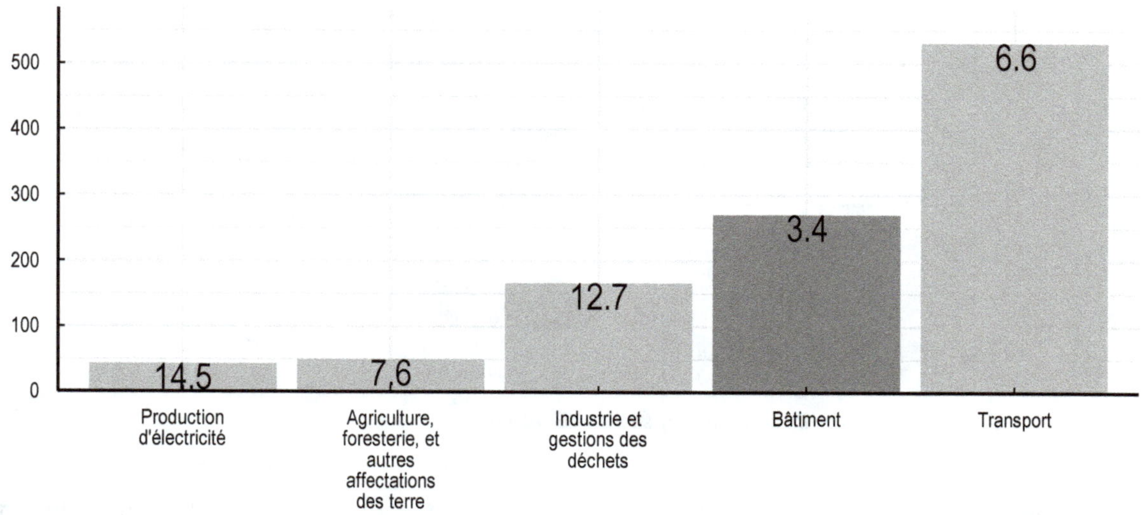

Note : Les nombres présentés indiquent la réduction potentielle des émissions de GES (en gigatonnes d'équivalent CO_2) pour chaque secteur.
Source : Goldman Sachs International (2020[46]).

StatLink https://stat.link/6lr5e1

D'après des données récentes, les solutions innovantes recèlent un potentiel considérable de réduction des coûts d'installation et de maintenance. Selon Goldman Sachs International (2020[46]), pour la seule période 2019-20, l'aplatissement des courbes de coût de réduction des émissions de CO_2 a permis de réduire de 20 % les coûts correspondants à une réduction de 50 % des émissions mondiales de CO_2 et même de 30 % les coûts correspondant à une baisse de 70 % des émissions mondiales de CO_2. Dans le secteur de la construction, le défi au regard des émissions directes est encore plus important puisque, pour réduire l'ensemble des émissions, une taxe carbone supérieure à 150 USD par tonne de CO_2 serait nécessaire, bien que des travaux récents ont abouti à une baisse de cette estimation (Graphique 2.13).

Graphique 2.13. Les solutions simples sont peu nombreuses s'agissant de réduire les émissions directes provenant des bâtiments

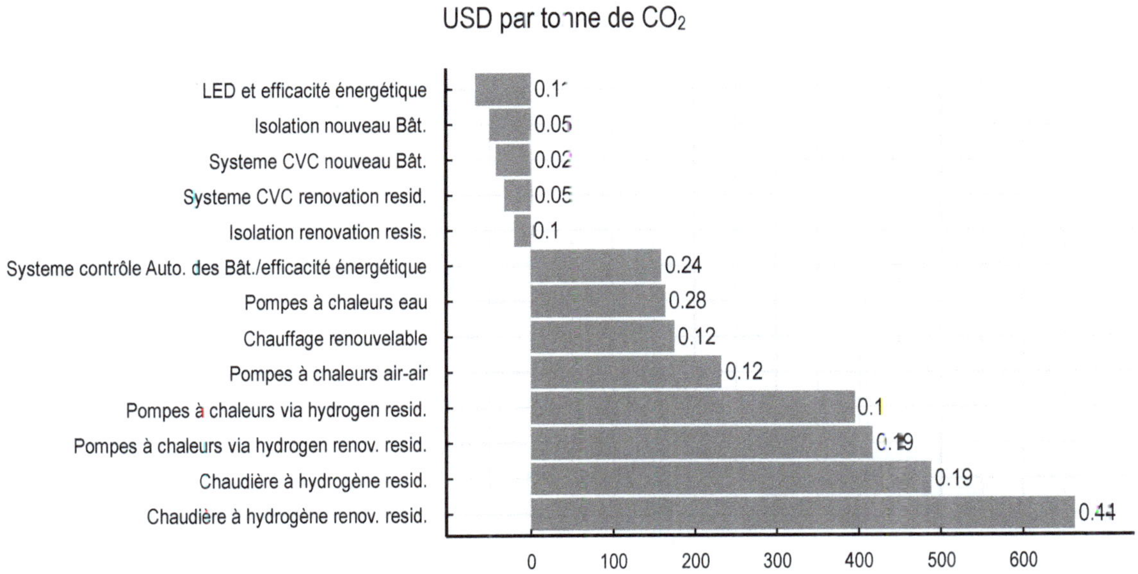

Note : Les nombres présentés indiquent la réduction potentielle des émissions de GES (en gigatonnes d'équivalent CO_2) pour chaque secteur. Les courbes de coût de réduction des émissions de GES ont été établies sur la base des hypothèses de 2020 (technologies, prix).
Source : Goldman Sachs International (2020[46]).

StatLink https://stat.link/wtg6cj

Le niveau élevé des coûts initiaux constitue encore un obstacle à la rénovation des systèmes d'électricité et de chauffage dans les biens immobiliers d'habitation. Les subventions destinées à la recherche et à l'installation de pompes à chaleur ou de chaudières à hydrogène accéléreraient le passage aux technologies propres, créeraient des économies d'échelle et stimuleraient la concurrence et l'innovation. La diminution des coûts d'installation des technologies propres qui en découlerait réduirait les coûts sociaux de la transition énergétique et permettrait d'atténuer la trajectoire future que devront suivre les taxes carbone.

Même s'ils ne sont pas les outils d'action les plus efficaces au regard du coût, les tarifs et les primes d'achat peuvent encourager les investissements à l'appui des technologies de production d'électricité à faible intensité de carbone et créer des externalités positives. Les producteurs d'électricité perçoivent un montant établi en amont, réduisant ou supprimant l'incertitude pour les investisseurs. Réduire le degré d'incertitude autour des politiques climatiques peut accroître de façon sensible les investissements consentis par les entreprises, notamment dans les secteurs à forte intensité de capital, qui requièrent une planification des investissements stable et à long terme. Le cas du solaire photovoltaïque illustre l'impact de l'innovation et de l'extensibilité en termes de réduction des coûts (Graphique 2.14).

Graphique 2.14. L'innovation a réduit les coûts d'installation de nombreuses sources d'énergies renouvelables, dont le photovoltaïque en toiture

2010-2019

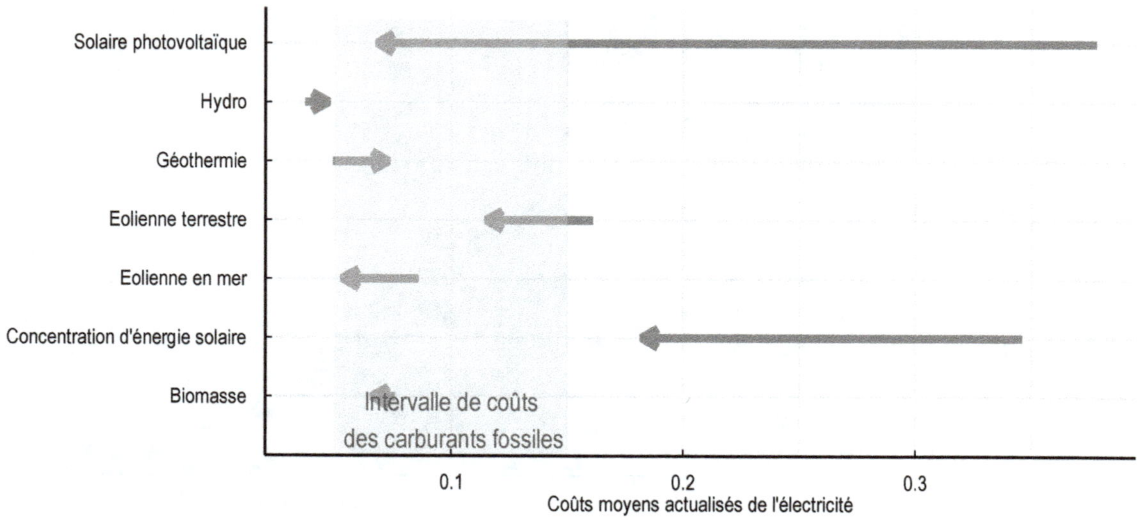

Note : La flèche indique une évolution des coûts moyens actualisés de l'électricité, de 2010 à 2019. Les flèches bleues (rouges) représentent les sources d'énergie dont les coûts d'installation ont diminué (augmenté) sur la période considérée. La zone grise represente l'intervalle de coûts des énergies fossiles.
Source : « Projected Costs of Generating Electricity », (AIE, 2020[47]).

StatLink https://stat.link/r0m8ci

L'aide publique joue aussi un rôle important dans le domaine de l'enseignement professionnel, afin de garantir la formation d'un nombre suffisant de travailleurs dotés des compétences nécessaires à l'appui de la décarbonation des logements. Les travaux de rénovation et la construction bas carbone, deux activités à forte intensité de main-d'œuvre, nécessitent des compétences spécifiques.

Concevoir des mesures pénalisant le moins possible les ménages à faible revenu

Les taxes carbone offrent des moyens d'atténuer les effets préjudiciables sur la répartition des revenus

La décarbonation des logements a un coût, susceptible de pénaliser les ménages à faible revenu. Or, les pouvoirs publics ont des moyens à leur disposition pour atténuer les effets dommageables de la taxation des émissions de CO_2 des logements sur la répartition des revenus. Ils peuvent concevoir des taxes assises sur les émissions directes, qui ne s'appliquent donc qu'au seul contenu carbone des combustibles de chauffage, les émissions de CO_2 liées à l'électricité relevant alors des taxes ou des mécanismes de droit d'émission applicables aux producteurs d'électricité. Cette solution présente l'avantage d'amoindrir l'effet régressif de la taxation de l'électricité tout en créant des incitations à réduire les émissions de CO_2 au stade de la production d'électricité. En parallèle, le produit fiscal peut servir à financer des transferts vers les ménages pénalisés. Compte tenu de ce qui précède et du constat que l'incidence d'une mesure ne dépend pas seulement du revenu, mais aussi par exemple du type de logement, une différenciation spatiale des stratégies de compensation est tout à fait envisageable.

Les permis négociables ont des conséquences similaires

Dès lors qu'ils sont mis aux enchères, les permis négociables d'émission des logements ont des effets redistributifs très similaires à ceux de la fiscalité carbone applicable au secteur résidentiel : ils produisent des effets régressifs avant que leur potentiel de génération de recettes ne se concrétise, ce qui justifie amplement de dédommager les ménages à faible revenu pénalisés. Une différence avec les taxes est que la volatilité des prix inhérente aux systèmes d'échange de permis d'émission implique un certain degré d'incertitude autour des coûts, qui pénalise tout particulièrement les ménages à faible revenu soumis à une grande instabilité économique (Cournède, Garda et Ziemann, 2015[48]).

Les normes d'efficacité énergétique coûtent particulièrement cher aux ménages à faible revenu

Le durcissement des normes de performance énergétique des bâtiments et appareils a des répercussions sur les coûts, en particulier pour les ménages à faible revenu. La mise en place de crédits-relais ou d'aides peut donc se justifier par le niveau relativement faible des économies d'énergie réalisées par comparaison avec le coût des travaux de rénovation. Le bilan *ex post* d'un programme conduit en France entre 2000 et 2013 révèle une baisse de la facture d'énergie de l'ordre de 8 EUR pour 1 000 EUR investis (Blaise et Glachant, 2019[32]). Les obligations de rénovation peuvent compromettre la cohésion sociale en contribuant au phénomène de « gentrification », dès lors qu'elles rendent les logements concernés inaccessibles aux locataires à bas revenus, incapables de faire face à la hausse des loyers consécutive aux travaux (Anguelovski et al., 2019[49]).

Les aides doivent être judicieusement ciblées

Quoique bénéficiant aux propriétaires occupants à faible revenu dont le logement affiche un niveau d'émission élevé par mètre carré, les aides visant à réduire les émissions sont potentiellement très avantageuses pour les propriétaires à haut revenu. Pour y remédier, les pays pourraient établir des critères d'éligibilité fondés sur les revenus et opter pour des crédits d'impôt remboursables. Par ailleurs, les ménages à bas revenu peuvent avoir des difficultés à financer l'investissement de départ et être sensibles au fait qu'un certain laps de temps s'écoule entre le moment où ils réalisent l'investissement et celui où ils perçoivent l'avantage fiscal, sans compter que vivre dans un logement en grands travaux n'est pas sans poser des difficultés d'ordre pratique. En France, le dispositif *MaPrimeRénov* prévoit des subventions plus importantes pour les travaux de rénovation énergétique entrepris par les ménages à faible revenu (jusqu'à 10 000 EUR par projet) et un versement anticipé pour les ménages les plus modestes (OCDE, 2022[16]). Au total, 64 % des ménages qui ont demandé à en bénéficier font partie des plus modestes, ce qui, par rapport au dispositif précédent, constitue une amélioration notable en termes de ciblage (Cour des Comptes, 2021[50]).

L'obligation de certifier la performance énergétique des habitations impliquant la fourniture d'informations, il en résulte un coût, qui peut affecter directement les propriétaires à faible revenu et leur poser des problèmes de trésorerie s'ils doivent l'assumer dans d'autres circonstances que celles d'une transaction ou d'un héritage. Or, il est possible d'y remédier par des aides ciblées. Cela dit, plus les aides sont ciblées, plus la procédure administrative à suivre est complexe.

Mobiliser tous les niveaux de pouvoir

Forte décentralisation des politiques de logement et d'environnement

Des mécanismes de gouvernance efficaces seront nécessaires pour définir et mener à bien la décarbonation des logements de manière cohérente à tous les niveaux de pouvoir. On observe en effet une forte décentralisation des politiques de logement et d'environnement dans les pays de l'OCDE (Encadré 2.6.). Si les États fixent leurs objectifs d'émission au niveau international (par exemple, à travers l'Accord de Paris) ou supranational (par exemple, à travers le Pacte vert pour l'Europe), en général, leur politique d'environnement est conjointement exécutée par les autorités nationales, régionales et locales. Il en va de même des politiques de logement, dans lesquelles la composante locale occupe une place plus importante. On trouvera dans le Tableau 2.4Tableau 2.4, pour différents domaines, des exemples de la répartition des responsabilités liées aux trois fonctions de l'action publique : la réglementation, l'exécution et le financement.

Encadré 2.6. De l'importance des villes et des régions dans la décarbonation des bâtiments

La part des bâtiments dans le total des émissions est la plus élevée dans les grandes régions métropolitaines et la plus faible dans les régions isolées (OCDE, 2022[51]). Elle est encore plus importante dans les grandes villes. À Londres et à New York, les émissions de CO_2 imputables aux bâtiments représentent respectivement 78 % et 70 % du total des émissions. (London City Hall, 2022[52] ; NYC Mayor's office of Climate and Environmental Justice, 2022[53])

À l'intérieur d'un même pays, le bâti diffère d'une région à l'autre. Les conditions climatiques ont une incidence sur la performance énergétique des bâtiments ainsi que sur la motivation des propriétaires fonciers à l'améliorer. De même, la politique d'environnement varie selon les villes et les régions. Chaque collectivité locale dispose de capacités et de priorités d'action qui lui sont propres, concernant notamment l'accessibilité des logements, la pauvreté énergétique et l'emploi local (OCDE, 2022[51]). Les villes et les régions diffèrent également par la nature du parc immobilier et des sources de chauffage disponibles à l'échelle locale. Par exemple, les villes situées à proximité de centres de données ou de pôles industriels peuvent exploiter la chaleur résiduelle et investir dans un système de chauffage urbain.

La rénovation énergétique des bâtiments procure des avantages en créant des emplois locaux, en améliorant la situation sanitaire du fait d'une meilleure qualité de l'air intérieur et en allégeant la facture d'énergie. Il ressort d'une enquête conjointement menée par l'OCDE et le Comité européen des régions (CdR) que 89 % des villes et régions considèrent la « réduction de la facture énergétique des ménages à faible revenu » comme le principal avantage de la rénovation énergétique des bâtiments.

La collaboration pangouvernementale est fondamentale pour agir efficacement. Des instruments comme la Liste de contrôle pour l'action publique que l'OCDE a établie afin de faciliter la décarbonation des bâtiments dans les villes et régions peut aider les décideurs nationaux et infranationaux à harmoniser les mesures prises dans ce domaine (OCDE, 2022[51]).

Tableau 2.4. Répartition des responsabilités entre les niveaux de pouvoir

	Espagne	Canada	France	États-Unis
Tarification carbone (taxe, SEQE)	Réglementation et exécution à l'échelle régionale et supranationale	Réglementation et exécution à l'échelle des provinces, avec un filet de sécurité fédéral	Réglementation et exécution à l'échelle nationale et supranationale	Réglementation et exécution à l'échelle des États
Planification des logements et normes de construction	Réglementation régionale, nationale et supranationale, exécution locale et régionale et financement à tous les	Règlementation provinciale et fédérale, exécution locale	Règlementation nationale et supranationale, exécution locale et régionale et financement à tous les niveaux	Exécution (en partie locale) au niveau des États et à l'échelle fédérale, exécution au niveau des États (ou à l'échelle locale) et

	niveaux		Pouvoir central	financement à tous les niveaux
Efficacité énergétique (par exemple, isolation, chauffage)		Règlementation, exécution et financement à l'échelle locale, provinciale et fédérale		
Information sur la performance énergétique (labélisation)	Législation nationale et supranationale, exécution régionale	Règlementation provinciale et fédérale, exécution locale	Législation nationale et supranationale, exécution nationale	Réglementation et exécution à l'échelle locale et/ou au niveau des États

Source : Documents de nature juridique, de planification et d'information disponibles en ligne auprès des institutions locales, régionales et nationales.

Les compétences sont souvent réparties verticalement, même dans les États unitaires. En règle générale, le pouvoir central définit la tarification carbone, sauf au Canada, en Espagne et aux États-Unis, tandis que la planification des logements et les normes de construction sont légiférées et exécutées (et ce même quand il existe une réglementation centrale pour les questions élémentaires) à des niveaux administratifs inférieurs. En ce qui concerne la certification de la performance énergétique, bien souvent, la règlementation relève du pouvoir central, et son exécution d'entités infranationales. Enfin, les États fédéraux (ou fortement décentralisés) et unitaires se distinguent surtout par le mode de gouvernance des politiques d'efficacité énergétique. Dans les États centralisés, les autorités infranationales ont le droit de légiférer sur ce point, alors que, dans les États unitaires, les niveaux administratifs inférieurs doivent se contenter d'appliquer les lois et règlements adoptés par le pouvoir central. L'usage veut que les autorités infranationales complètent les mesures nationales d'objectifs plus ambitieux ou de dotations supplémentaires.

Nombre d'instruments d'action relèvent des autorités infranationales

Les logements sociaux constituent un levier d'action important contre les problèmes d'accessibilité financière et la pauvreté énergétique. Avec plus de 28 millions d'unités, ils représentent environ 6 % du parc d'habitation des pays de l'UE membres et non membres de l'OCDE. La situation varie grandement d'un pays à l'autre en ce qui concerne la définition de logement social, la taille des unités, l'ampleur du parc, la population bénéficiaire et le type de bailleur. Par exemple, les logements locatifs sociaux forment moins de 10 % du parc d'habitation de la plupart des pays de l'OCDE et de l'UE, contre plus de 20 % en Autriche, au Danemark et aux Pays-Bas. Bien souvent, les propriétaires sont des collectivités locales, en particulier des villes.

La réglementation est définie par le pouvoir central de façon à garantir l'application de normes minimales dans les différents territoires infranationaux. L'absence de normes minimales d'application nationale fait naître le risque que les territoires se livrent une concurrence sans merci, aux effets potentiellement dommageables pour l'environnement, notamment dans le domaine du logement. La tarification carbone du Canada en est une parfaite illustration : le pouvoir central a défini un seuil (appelé filet de sécurité fédéral) que toutes les provinces sont tenues de respecter (Snoddon et Tombe, 2019[54]). À cette fin, les provinces peuvent décider de recourir à une taxe carbone ou à un système d'échange de quotas d'émission, de même qu'elles disposent d'une certaine latitude pour fixer le prix des émissions de carbone à un niveau supérieur à celui du filet de sécurité fédéral. De la même façon, il est possible de définir des normes minimales (ou de durcir celles existantes) pour les bâtiments, l'électrification ou les économies d'énergie. Surtout, leur procédure d'établissement devrait prévoir de prendre en considération l'avis des autorités infranationales de façon à en faciliter la participation et à réduire au minimum les risques de politisation de la politique d'environnement.

En outre, il peut être recouru à des incitations financières pour encourager les autorités infranationales à aligner leurs priorités sur les stratégies nationales de décarbonation. Les transferts budgétaires à finalité écologique (Busch et al., 2021[55]) en sont un exemple : ils sont effectués par l'administration centrale vers les entités infranationales et leur montant est calculé sur la base d'un indice des politiques d'environnement, lui-même fondé sur plusieurs variables, dont l'amélioration de la qualité de l'air et/ou la progression des aires naturelles protégées. Cela permet d'inciter davantage les autorités locales à améliorer leur bilan environnemental (Dougherty et Montes, 2022[56]). Un autre moyen d'harmoniser les mesures prises aux différents niveaux de pouvoir consiste à subordonner l'octroi des dotations à la réalisation des objectifs fixés dans les stratégies nationales ou sectorielles de décarbonation. De plus, la mise en place d'un soutien financier à destination des entités infranationales des zones prioritaires aiderait à prévenir l'absence de financement des compétences, situation qui se produit lorsque le pouvoir central confie de nouvelles compétences aux autorités infranationales en fonction de ses propres priorités, et ce sans fournir le soutien financier nécessaire à la mise en œuvre de la politique y afférente.

Enfin, il pourrait être utile de recourir aussi à des mécanismes de nature non réglementaire. Les administrations centrales pourraient se servir de leur capacité de coordination pour soutenir des programmes d'expérimentation et des programmes pilotes et, éventuellement, aider les autorités infranationales à tirer des enseignements des meilleures pratiques établies ailleurs. Le recours à des laboratoires de politiques et à la concurrence par comparaison est caractéristique des fédérations et fait partie des arguments fréquemment avancés en faveur de la décentralisation.

Des objectifs chiffrés et plans d'action climatique peuvent être définis au niveau infranational

De nombreuses villes se sont dotées d'objectifs chiffrés et d'un plan d'action climatique. Pour l'heure, 142 villes du monde disposent d'un plan d'action climatique conforme à l'Accord de Paris, dont 118 dans la zone OCDE (C40, 2022[57]). Le Tableau 2.5 met en lumière certains de ces plans. Dans une enquête menée auprès des villes de l'OCDE, 80 % ont déclaré s'être fixé des objectifs d'efficacité énergétique plus ambitieux que ceux arrêtés par le pouvoir central (OCDE, 2021[58]). Par exemple, en 2012, la ville de Copenhague a inscrit dans son plan climatique l'objectif d'atteindre la neutralité carbone à l'horizon 2025, soit 25 ans avant l'échéance retenue par l'État danois (Ville de Copenhague, 2020[59]). Elle vise surtout à améliorer l'efficacité énergétique du bâti existant en encourageant la modernisation du parc de logements privés et en maintenant un programme de rénovation des logements sociaux. La certification énergétique des logements neufs devrait garantir leur bonne performance énergétique et fournir des indicateurs quantitatifs utiles pour suivre l'évolution de la réduction des émissions de CO_2. Même lorsqu'ils sont plus ambitieux que la stratégie nationale, les plans d'action des villes peuvent soulever des problèmes de coordination entre les niveaux territoriaux, en particulier lorsque les objectifs nationaux et locaux diffèrent et découlent de stratégies divergentes.

Tableau 2.5. Politiques urbaines en faveur de l'efficacité énergétique du bâti

	Copenhague	New York	Vienne	Paris	Tokyo
Taxes et impôts		Système d'échange de droits d'émission pour les bâtiments prévus			Système d'échange de droits d'émission concernant les bâtiments (des secteurs industriel et commercial uniquement)
Subventions, aides et incitations fiscales	Guichet unique pour les économies d'énergie à l'intention des entreprises commerciales et tertiaires	Octroi de prêts à taux bas ou zéro pour le financement de travaux de rénovation énergétique (*Green Housing and*	Dispositif THEWOSAN : primes pour les bâtiments neufs écoénergétiques ou passifs	Primes à la rénovation versées par l'Anah (Agence nationale de l'habitat) Crédits d'impôt pour travaux de	Subventionnement national et local de certains types de rénovation (ex. arrondissement de Minato, prime au remplacement des

	L'allégement fiscal prévu dans le programme de modernisation a été abandonné en 2022	*Preservation Program*) Programme d'exonération fiscale Green Roof Exonération de la taxe foncière pour les bâtiments verts (certifiés LEED)	Primes à l'installation de pompes à chaleur ou de chaudières à gaz à condensation et au raccordement au chauffage urbain	rénovation Éco-prêt à taux zéro Taux de TVA réduit (5.5 %)	vitrages)
Normes et réglementation	Règles de construction (révisées en 2016) imposant des normes d'efficacité énergétique	Limites de consommation d'énergie proposées pour les bâtiments existants Des règles énergétiques plus strictes et fondées sur les résultats pour les nouvelles constructions	Normes de basse consommation d'énergie Normes d'habitat passif (d'application volontaire)	Normes de performance énergétique d'application obligatoire pour tous les bâtiments	Pas de normes strictes ; nombre cible de maisons et bâtiments à énergie passive
Information (étiquetage)	Certificats de performance énergétique	Étiquettes énergétiques des bâtiments	Certificats de performance énergétique	Certificats de performance énergétique Labels Effinergie (basse consommation d'énergie) pour les bâtiments neufs	Programme de notation des locataires et diffusion d'information sur la consommation d'énergie (obligatoire) Programme de certification carbone (facultatif

Source : plans d'action climatique des villes (Ville de Copenhague, 2020[59]), (Ville de New York, 2019[60]), (Magistrat der Stadt Wien, 2022[61]), (Ville de Paris, 2020[62]), (Administration métropolitaine de Tokyo, 2019[63]).

Si les plans d'action climatique des villes sont généralement mieux adaptés aux spécificités locales, leur exécution et financement sont la plupart du temps tributaires des échelons administratifs supérieurs et, bien souvent, les moyens font défaut pour concrétiser leurs objectifs habituellement plus ambitieux. Ainsi, dans une enquête menée auprès de 21 villes et régions de l'OCDE, 76 % ont indiqué que le principal obstacle à la mise en œuvre des mesures d'efficacité énergétique était le manque de moyens (OCDE, 2021[58]). Par ailleurs, en 2020, Copenhague a admis l'impossibilité d'atteindre l'objectif fixé pour 2025, due, principalement, à l'insuffisance des ressources disponibles pour financer la rénovation énergétique : les autorités municipales ne peuvent intervenir que sur 15 % du parc d'habitation de la ville (5 % de bâtiments propriétés de la ville et 10 % de logements sociaux). Une autre difficulté réside dans l'écart entre les valeurs supposées et réelles de la consommation d'énergie des bâtiments neufs, dont le niveau dépasse en général celui prévu dans le code de la construction (Ville de Copenhague, 2020[59]).

Bibliographie

Administration métropolitaine de Tokyo (2019), *Zero Emission Tokyo Strategy*. [63]

AIE (2022), *Snapshot of Global PV Markets*, http://www.iea-pvps.org (consulté le 12 mai 2022). [40]

AIE (2021), *Appliances and Equipment*, AIE, Paris, https://www.iea.org/reports/appliances-and-equipment. [43]

AIE (2021), *Building Envelopes*, AIE, Paris, https://www.iea.org/reports/building-envelopes. [42]

AIE (2021), *Cooling*, AIE, https://www.iea.org/reports/space-cooling. [41]

AIE (2021), *District Heating*, AIE, Paris, https://www.iea.org/reports/district-heating. [39]

AIE (2021), *Emission Factors database*. [2]

AIE (2021), *Energy Efficiency Indicators (base de données)*. [1]

AIE (2021), *Heat Pumps*, AIE, Paris, https://www.iea.org/reports/heat-pumps. [21]

AIE (2021), *Lighting*, AIE, Paris, https://www.iea.org/reports/lighting. [44]

AIE (2021), *Patents and the Energy Transition*, https://www.iea.org/reports/patents-and-the-energy-transition (consulté le 12 mai 2022). [45]

AIE (2021), *Tracking Buildings 2021*, https://www.iea.org/reports/tracking-buildings-2021 (consulté le 25 août 2022). [22]

AIE (2021), *World Energy Outlook (WEO) 2021 Extended Dataset (base de données)*. [3]

AIE (2021), « World Energy Outlook 2021 », http://www.iea.org/weo (consulté le 10 mai 2022). [7]

AIE (2020), « Net Zero by 2050 - A Roadmap for the Global Energy Sector », https://www.iea.org/reports/net-zero-by-2050 (consulté le 10 mai 2022). [11]

AIE (2020), *Projected Costs of Generating Electricity 2020*, https://www.iea.org/reports/projected-costs-of-generating-electricity-2020. [47]

Allcott, H. et M. Greenstone (2012), *Is there an energy efficiency gap?*, https://doi.org/10.1257/jep.26.1.3. [33]

Ang, B. (2015), « LMDI decomposition approach: A guide for implementation », *Energy Policy*, vol. 86, pp. 233-238, https://doi.org/10.1016/j.enpol.2015.07.007. [5]

Anguelovski, I. et al. (2019), « Why green “climate gentrification” threatens poor and vulnerable populations », *Proceedings of the National Academy of Sciences*, vol. 116/52, pp. 26139-26143, https://doi.org/10.1073/pnas.1920490117. [49]

Bertoldi, P. et al. (2021), « How to finance energy renovation of residential buildings: Review of current and emerging financing instruments in the EU », *WIREs Energy and Environment*, vol. 10/1, https://doi.org/10.1002/wene.384. [27]

Blaise, G. et M. Glachant (2019), *Quel est l’impact des travaux de rénovation énergétique des logements sur la consommation d’énergie ? Une évaluation ex post sur données de panel*. [32]

Blanchard, O. et J. Tirole (2021), *Major Future Economic Challenges, International Commission chaired by Olivier Blanchard and Jean Tirole*. [10]

BMUB (2016), *Climate Action Plan 2050*, Ministère fédéral de l'Environnement, de la Conservation de la nature, de la Construction et de la Sûreté nucléaire, https://www.bmuv.de/publikation/climate-action-plan-2050-de. [9]

BPIE (2022), *Nearly Zero: A Review of EU Member State Implementation of New Build Requirements*, https://www.bpie.eu/wp-content/uploads/2021/06/Nearly-zero_EU-Member-State-Review-062021_Final.pdf.pdf (consulté le 31 août 2022). [26]

Brucal, A. et D. McCoy (2023), « Social and distributional impacts of residential energy efficiency policies », *Documents de travail de l'OCDE sur l'environnement (à paraître)*. [68]

Bruegge, C., T. Deryugina et E. Myers (2019), « The Distributional Effects of Building Energy Codes », *Journal of the Association of Environmental and Resource Economists*, vol. 6/S1, pp. S95-S127, https://doi.org/10.1086/701189. [67]

Brugnara, L. et G. Ricciardi (2021), *I risultati del Superbonus 110%*, Osservatorio sui Conti Pubblici Italiani, https://osservatoriocpi.unicatt.it/ocpi-pubblicazioni-i-risultati-del-superbonus-110. [28]

Busch, J. et al. (2021), « A global review of ecological fiscal transfers », *Nature Sustainability*, vol. 4/9, pp. 756-765, https://doi.org/10.1038/s41893-021-00728-0. [55]

C40 (2022), *C40 Annual Report 2021*. [57]

Centre commun de recherche, Commission européenne (JRC) (2018), *Energy efficiency upgrades in multi-owner residential buildings*, https://doi.org/10.2760/966263. [14]

Conseil allemand des experts économiques (2019), *Setting out for a new Climate Policy: Special Report*, http://www.sachverstaendigenrat-wirtschaft.de. [19]

Cour des Comptes (2021), *Premiers enseignements du déploiement du dispositif « MaPrimeRénov' »*. [50]

Cournède, B., P. Garda et V. Ziemann (2015), « Effects of Economic Policies on Microeconomic Stability », *Documents de travail du Département des affaires économiques de l'OCDE*, n° 1201, Éditions OCDE, Paris, https://doi.org/10.1787/5js3f5cwj3jb-en. [48]

D'Arcangelo, F. et al. (2022), « A framework to decarbonise the economy », *OECD Economic Policy Papers*, n° 31, Éditions OCDE, Paris, https://doi.org/10.1787/4e4d973d-en. [6]

Davis, L., S. Martinez et B. Taboada (2020), « How effective is energy-efficient housing? Evidence from a field trial in Mexico », *Journal of Development Economics*, vol. 143, p. 102390, https://doi.org/10.1016/j.jdeveco.2019.102390. [25]

de Feijter, F., B. van Vliet et Y. Chen (2019), « Household inclusion in the governance of housing retrofitting: Analysing Chinese and Dutch systems of energy retrofit provision », *Energy Research & Social Science*, vol. 53, pp. 10-22, https://doi.org/10.1016/J.ERSS.2019.02.006. [13]

de Mello, L. (2022), « Real Estate in a Post-Pandemic World: How Can Policies Make Housing More Environmentally Sustainable and Affordable », *Review of Public Economics*, p. à paraître. [66]

Dougherty, S. et A. Montes (2022), « Going global, locally? Decentralised environmental expenditure and air quality », *Public Sector Economics*, vol. 46/4, pp. 489-503, https://doi.org/10.3326/pse.46.4.3. [56]

Gerarden, T., R. Newell et R. Stavins (2017), « Assessing the Energy-Efficiency Gap », *Journal of Economic Literature*, vol. 55/4, pp. 1486-1525, https://doi.org/10.1257/jel.20161360. [34]

Goldman Sachs International (2020), *Carbonomics: Innovation, Deflation and Affordable De-carbonisation*, http://www.gs.com/research/hedge.html. [46]

Gouvernement du Royaume-Uni (2022), *Green Deal UK*, https://www.gov.uk/green-deal-energy-saving-measures (consulté le 2022). [31]

Haut Conseil pour le Climat (2020), « Rénover mieux : leçons d'Europe ». [37]

Huo, T. et al. (2021), « Will the urbanisation process influence the peak of carbon emissions in the building sector? A dynamic scenario simulation », *Energy and Buildings*, vol. 232, p. 110590, https://doi.org/10.1016/J.ENBUILD.2020.110590. [4]

Levinson, A. (2016), « How Much Energy Do Building Energy Codes Save? Evidence from California Houses », *American Economic Review*, vol. 106/10, pp. 2867-2894, https://doi.org/10.1257/aer.20150102. [35]

London City Hall (2022), *Energy in Buildings*, https://www.london.gov.uk/what-we-do/environment/energy/energy-buildings. [52]

Magistrat der Stadt Wien (2022), *Wiener Klimafahrplan*, https://www.wien.gv.at/spezial/klimafahrplan/. [61]

Marmolejo-Duarte, C. et A. Chen (2022), « Uncovering the price effect of energy performance certificate ratings when controlling for residential quality », *Renewable and Sustainable Energy Reviews*, vol. 166, p. 112662, https://doi.org/10.1016/J.RSER.2022.112662. [23]

Matschoss, K. et al. (2013), *Energy renovations of EU multifamily buildings: do current policies target the real problems?*, http://www.entranze.eu. [15]

Ministère de l'Économie et de la Protection du climat (Allemagne) (2022), *Deutschland Macht's Effizient*, https://www.energiewechsel.de/KAENEF/Navigation/DE/Home/home.html (consulté le 2022). [29]

Ministère de l'Économie,, D. (2020), *Japan's 2050 Carbon Neutral Goal*. [8]

Ministère de l'Économie, et des Finances et de la Relance de la France (2022), *MaPrimeRénov' : la prime de transition énergétique*, https://www.maprimerenov.gouv.fr/. [30]

Nauleau, M. (2014), « Free-riding on tax credits for home insulation in France: An econometric assessment using panel data », *Energy Economics*, vol. 46, pp. 78-92, https://doi.org/10.1016/j.eneco.2014.08.011. [36]

NYC Mayor's office of Climate and Environmental Justice (2022), *Energy Benchmarking*, https://www1.nyc.gov/site/sustainability/codes/energy-benchmarking.page. [53]

OCDE (2022), *Decarbonising Buildings in Cities and Regions*, OECD Urban Studies, Éditions OCDE, Paris, https://doi.org/10.1787/a48ce566-en. [51]

OCDE (2022), *Draft Economic Survey of the United Kingdom*. [20]

OCDE (2022), *La fiscalité immobilière dans les pays de l'OCDE*, Études de politique fiscale de l'OCDE, n° 29, Éditions OCDE, Paris, https://doi.org/10.1787/242b9308-fr. [16]

OCDE (2022), *Tarification des émissions de gaz à effet de serre : Passer des objectifs climatiques à l'action en faveur du climat*, Série de l'OCDE sur la tarification du carbone et la fiscalité des énergies, Éditions OCDE, Paris, https://doi.org/10.1787/16ae322c-fr. [18]

OCDE (2021), *Effective Carbon Rates 2021: Pricing Carbon Emissions Through Taxes and Emissions Trading*, Série de l'OCDE sur la tarification du carbone et la fiscalité des énergies, Éditions OCDE, Paris, https://doi.org/10.1787/0e8e24f5-en. [17]

OCDE (2021), *Working Party on Integrating Environmental and Economic Policies Updates on the OECD EPIC Household Survey Project*. [58]

OCDE (2020), *Base de données sur le logement abordable*, https://doi.org/www.oecd.org/social/affordable-housing-database.htm. [65]

Reusens, P., F. Vastmans et S. Damen (2022), « The impact of changes in dwelling characteristics and housing preferences on house price indices », *Working Paper Research*, https://www.nbb.be/doc/ts/publications/wp/wp406en.pdf. [64]

Snoddon, T. et T. Tombe (2019), « Analysis of Carbon Tax Treatment in Canada's Equalization Program », *Canadian Public Policy /Analyse de politiques*, vol. 45/3, pp. 377-392, https://doi.org/10.3138/cpp.2019-036. [54]

Van Oorschot, J., E. Hofman et J. Halman (2016), « Upscaling Large Scale Deep Renovation in the Dutch Residential Sector: A Case Study », *Energy Procedia*, vol. 96, pp. 386-403, https://doi.org/10.1016/J.EGYPRO.2016.09.165. [12]

Vikkelsø, B. (2021), *Analysis of the existing incentives in Europe for heating powered by fossil fuels and renewable sources*. [38]

Ville de Copenhague (2020), *CPH 2025 Climate Plan Roadmap 2021-2025*. [59]

Ville de New York (2019), *OneNYC 2050*. [60]

Ville de Paris (2020), *Plan Climat de la ville de Paris*. [62]

Zero Energy Project (2022), *Zero Energy Homes: Comparable in Cost*, https://zeroenergyproject.org/sell/zero-homes-comparable-cost-standard-homes/ (consulté le 30 août 2022). [24]

3 Axer le financement du logement sur l'efficience, la résilience et la décarbonation

Les marchés de capitaux et les intermédiaires financiers jouent un rôle central dans le secteur du logement. Ce chapitre décrit comment les dispositifs de financement du logement varient selon les pays de l'OCDE, avec des répercussions diverses, notamment en termes de partage des risques entre emprunteurs et prêteurs. Il fait le point sur l'évolution du financement du logement, en particulier sur l'essor des prêteurs non bancaires. Ce chapitre examine une série d'options de réformes des politiques publiques visant à ce que les marchés du crédit au logement offrent des financements adéquats, étayent l'efficience des marchés de l'immobilier d'habitation et contribuent à la décarbonation des logements.

Principaux enseignements pour l'action publique

Le financement du logement constitue un des principaux segments des marchés de capitaux. Des marchés de financement du logement fonctionnant bien sont essentiels pour financer l'acquisition et la construction de biens immobiliers d'habitation, ainsi que les volumineuses dépenses de rénovation nécessaires pour parvenir à la neutralité carbone. Un autre objectif essentiel est de veiller à ce que ce secteur contribue a renforcer, et non à amoindrir, la résilience des économies face aux chocs.

Les options envisageables pour améliorer le financement du logement sont les suivantes :

- Les pouvoirs publics devraient cesser de se focaliser sur la promotion de l'accession à la propriété, qui repose souvent sur des allègements fiscaux accordés aux emprunteurs, et veiller en lieu et place à ce que des aides soient apportées, le cas échéant, pour tous les modes d'occupation des logements. Cela supposerait de garantir un accès inclusif à des logements de bonne qualité, grâce à la conjonction de marchés locatifs privés fonctionnant bien et d'une offre adéquate de logements sociaux et abordables.
- Pour corriger le biais en faveur des propriétaires occupants, il faudrait supprimer progressivement la déductibilité des intérêts d'emprunt hypothécaire, lorsqu'elle est prévue par la législation fiscale. Cette déductibilité des intérêts hypothécaires est en effet à la fois inefficace et inéquitable, puisqu'elle tire vers le haut les prix des logements. Les autres formes de soutien des emprunteurs hypothécaires, telles que les assurances subventionnées ou les garanties publiques, ont également pour effet indésirable d'exercer des tensions à la hausse sur les prix de l'immobilier d'habitation et d'exacerber les risques de défaillance, entraînant des coûts budgétaires considérables.
- Les ressources correspondant au manque à gagner dû aux allègements d'impôt accordés aux emprunteurs pourraient être utilisées pour financer des programmes légitimes, axés par exemple sur l'offre de logements sociaux et abordables, ainsi que pour améliorer la situation des finances publiques.
- S'agissant des risques qui pèsent sur la résilience financière en cas de pressions à la baisse exercées sur les prix des logements, les autorités macroprudentielles devraient s'attacher à éviter les boucles de rétroaction négative enclenchées par les réajustements des prix des actifs ; à cet égard, les exigences de fonds propres et les plafonds de niveau de levier constituent des outils essentiels, qui doivent aller de pair avec une surveillance étroite des liens entre les banques et les détenteurs de titres adossés à des créances hypothécaires faisant jouer l'effet de levier.
- Il faudrait évaluer de manière plus approfondie l'efficacité des instruments de réglementation applicables aux sociétés d'investissement immobilier hypothécaire et aux fonds communs de placement immobilier. Il serait justifié d'appliquer des approches plus globales, fondées sur les risques en matière de réglementation des établissements de crédit hypothécaire non bancaires et des gestionnaires non bancaires de prêts hypothécaires. L'objectif serait de remédier à des vulnérabilités naissantes sans remettre en cause les avantages des financements de marché. Les établissements financiers non bancaires devraient être incités de manière adéquate à internaliser leurs risques de liquidité et de transformation d'échéances, pour que puissent être évités des effets d'entraînement cycliques dispensables sur le reste du système financier et la sphère réelle de l'économie.
- Il est nécessaire de renforcer la résilience des fonds communs de placement immobilier pour leur permettre d'absorber les sorties d'investisseurs sans recourir à des suspensions des remboursements de parts. Cela pourrait notamment passer par l'imposition de volants de fonds propres et d'exigences de liquidité supplémentaires, l'adoption d'un mécanisme d'ajustement de la valeur liquidative (*swing pricing*) et l'utilisation d'outils de gestion de la liquidité. Les risques des sociétés d'investissement immobilier hypothécaire sont essentiellement liés à l'asymétrie d'échéances et au refinancement de la dette, et l'on pourrait y remédier en utilisant des outils de gestion des risques pour renforcer leur capacité d'absorption de pertes et améliorer leurs positions de liquidité.

- Il serait possible d'améliorer encore les règles prudentielles applicables aux établissements de crédit hypothécaire non bancaires et aux gestionnaires non bancaires de prêts hypothécaires, notamment en adoptant une approche fondée sur les risques, en phase avec le cadre réglementaire des banques. Il importe également d'ajuster les exigences supplémentaires de liquidité en fonction de la situation du marché, pour éviter une orientation procyclique qui contraindrait certains prêteurs à réunir des fonds en période de tensions financières.
- Un objectif central de la finance verte est de financer la décarbonation du secteur immobilier. À cet égard, les pouvoirs publics doivent s'employer plus activement à promouvoir la transparence des divers systèmes d'évaluation environnementale des bâtiments, afin d'en améliorer la clarté et la comparabilité pour permettre aux différents marchés de fusionner et de s'approfondir à l'échelle internationale, ce qui permettra d'exploiter des économies d'échelle et de surmonter le problème de fragmentation qui ralentit la transition vers une économie bas carbone. De même, les décideurs publics devraient s'efforcer de renforcer les cadres relatifs aux obligations immobilières vertes et aux prêts hypothécaires. Ils devraient également favoriser le développement des instruments de financement vert de l'immobilier, afin d'étayer l'expansion des marchés du financement vert de l'immobilier nécessaire pour financer la transition vers la neutralité carbone.

Garder à l'esprit les spécificités nationales des marchés hypothécaires

Les marchés du financement du logement diffèrent à de nombreux égards selon les pays de l'OCDE[1]. La profondeur du marché hypothécaire, les caractéristiques des produits (telles que la durée d'amortissement, la présence d'emprunts en devises, le fait que les crédits soient assortis d'un taux fixe ou variable), le régime d'imposition, les mesures favorisant la souscription d'emprunts hypothécaires, le cadre macroprudentiel et les règles relatives aux saisies sont autant d'éléments qui varient d'une économie à l'autre. Ces caractéristiques structurent l'accès à la propriété et l'accessibilité financière du logement pour les propriétaires occupants. Néanmoins, devenir propriétaire n'est qu'une des voies pouvant être empruntées pour être bien logé : le marché privé locatif constitue une autre option envisageable, et les formes sociales et coopératives de logement peuvent également permettre aux catégories de population ayant des revenus modestes d'accéder à des logements de bonne qualité.

Le taux d'accession à la propriété et la proportion d'emprunteurs hypothécaires varient considérablement selon les pays de l'OCDE

Le taux d'accession à la propriété varie considérablement suivant les pays de l'OCDE et les groupes sociaux. Le taux de propriétaires occupants est particulièrement élevé dans les pays d'Europe centrale et orientale (Graphique 3.1). Parmi les propriétaires occupants, la proportion de ceux qui remboursent un prêt hypothécaire est inférieure à un sur dix en Colombie, mais elle est d'environ un sur deux en Norvège, en Islande et aux Pays-Bas. En outre, le taux d'accession à la propriété est plus faible parmi les jeunes ménages, même si les écarts constatés entre catégories d'âge à cet égard varient considérablement d'un pays à l'autre (Graphique 3.2, partie A). En outre, le taux d'accession à la propriété est corrélé au revenu : les différences de taux de propriétaires occupants entre catégories de revenu sont particulièrement marquées aux Pays-Bas, en Norvège et en France (partie B). On observe des écarts de proportion d'emprunteurs hypothécaires similaires entre catégories de revenu (partie C). La charge financière des emprunts hypothécaires tend également à être plus lourde en proportion du revenu disponible pour les ménages modestes (Graphique 3.3).

---

[1] Ce chapitre repose sur trois rapports qui contiennent davantage d'informations et des références complémentaires (OCDE, 2021[25] ; OCDE, 2022[42] ; Van Hoenselaar et al., 2021[2]).

Graphique 3.1. Le taux d'accession à la propriété varie considérablement suivant les pays de l'OCDE

En pourcentage de l'ensemble des ménages

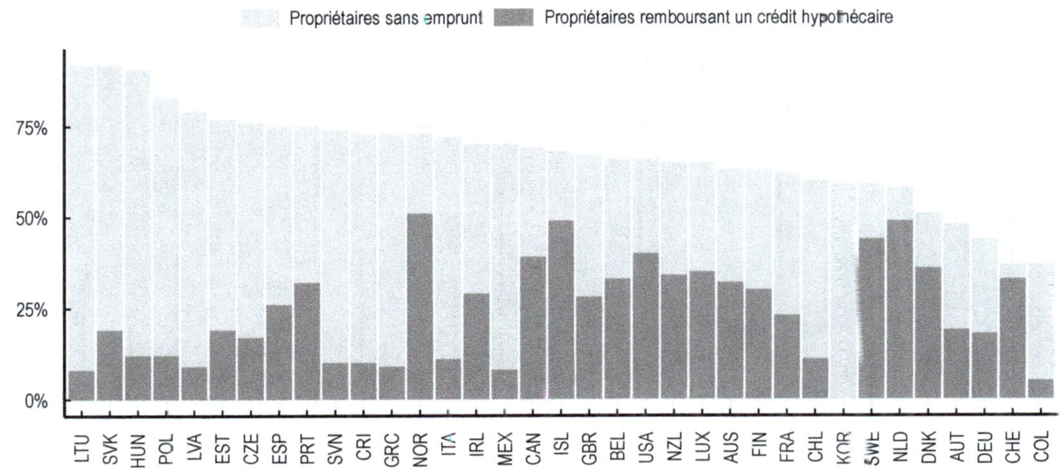

Note : 2020 ou dernière année connue.

Source : Base de données de l'OCDE sur le logement abordable.

StatLink https://stat.link/w2cq9u

Graphique 3.2. Le taux d'accession à la propriété et la proportion d'emprunteurs hypothécaires diffèrent selon le quintile de la population classée par âge et par niveau de revenu

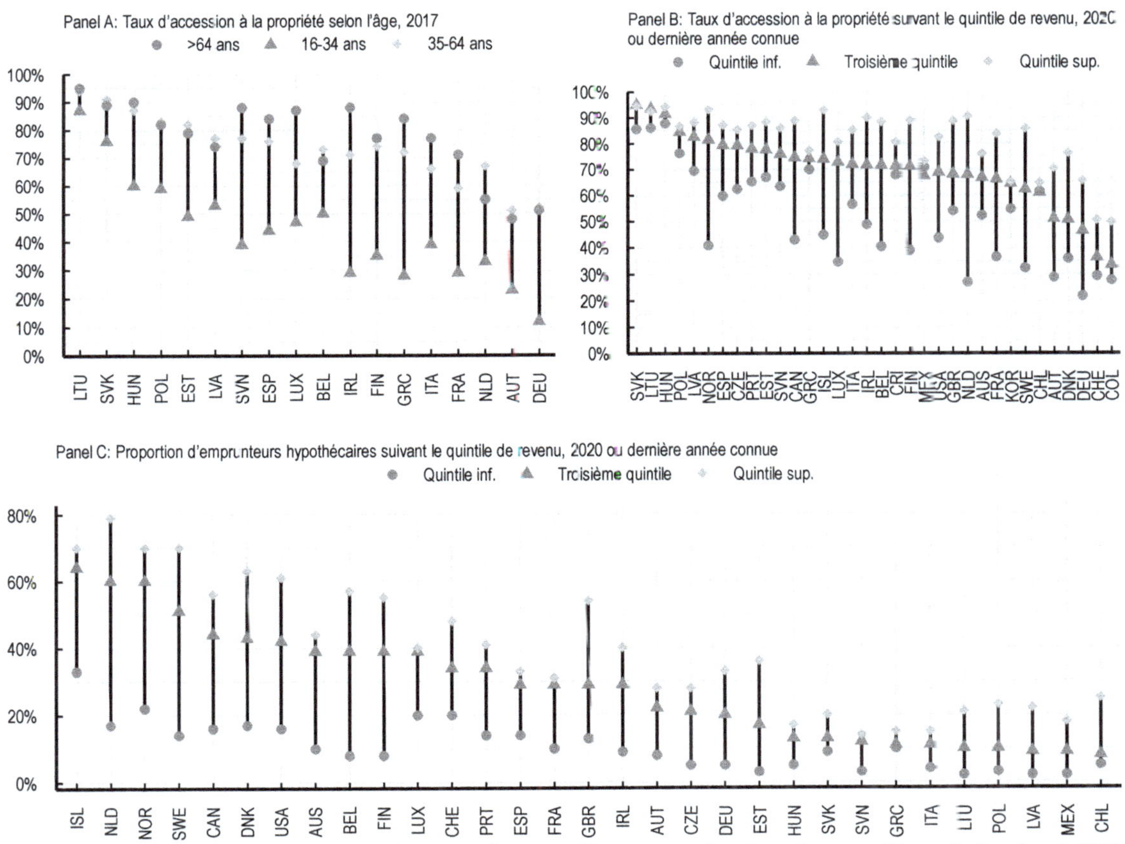

Source : Banque centrale européenne (2017), *Enquête sur les finances et la consommation des ménages* ; et base de données de l'OCDE sur le logement abordable.

StatLink https://stat.link/32q8da

Graphique 3.3. La charge financière des emprunts hypothécaires pèse plus lourdement sur les ménages à faible revenu

En proportion du revenu disponible des ménages, 2019

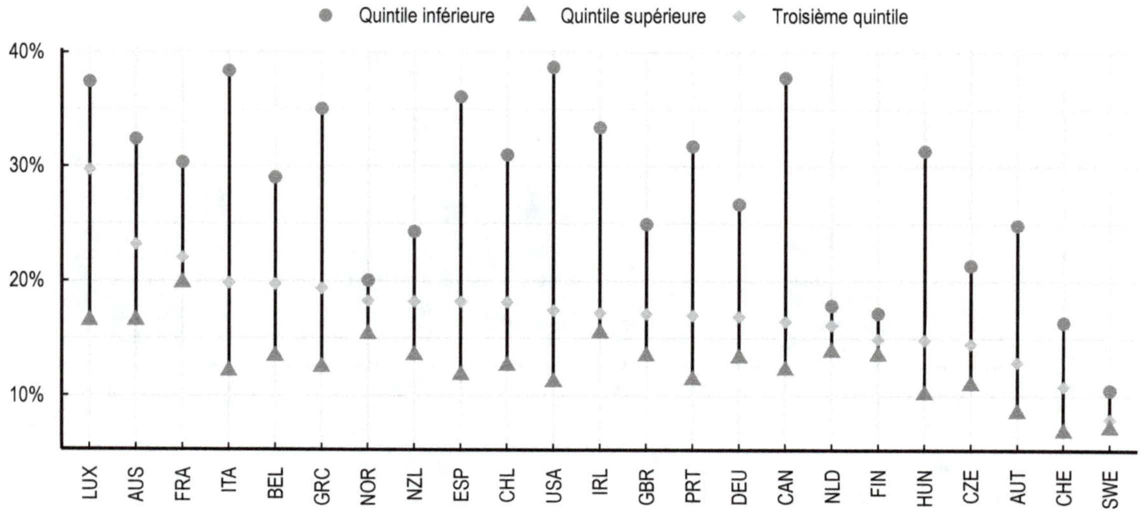

Note : 2019 ou dernière année connue. La moyenne est uniquement calculée pour les ménages qui remboursent un crédit hypothécaire. Dans le cas des États-Unis et du Chili, le calcul a été effectué à partir du revenu brut des ménages compte tenu des limites que présentent les données.

Source : Base de données de l'OCDE sur le logement abordable.

StatLink https://stat.link/xsfp2c

Graphique 3.4. L'échéance moyenne des prêts hypothécaires varie considérablement selon les pays

Maturité des prêts au logement à leur octroi, en années, 2020 ou dernière année disponible

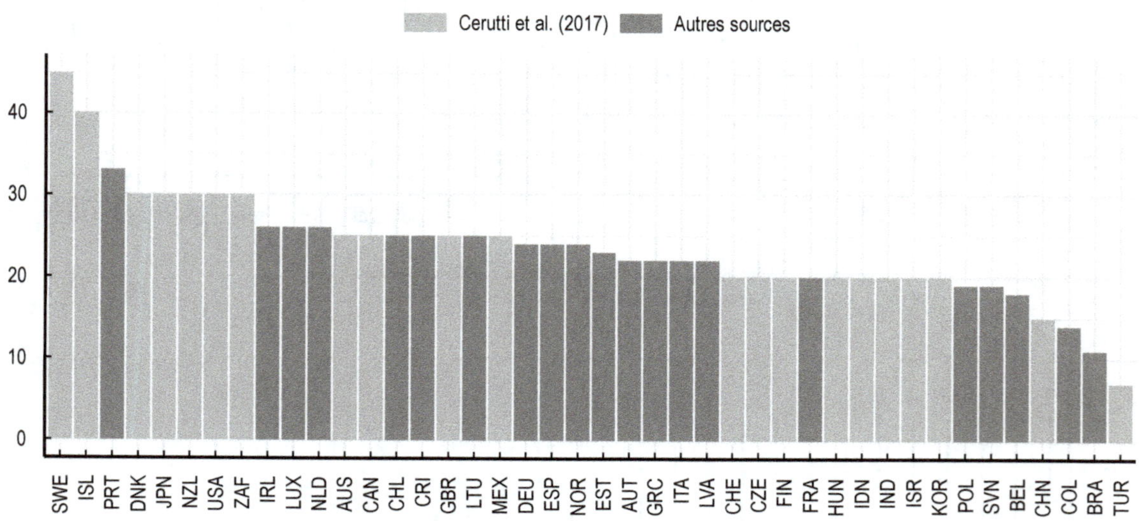

Note : Sur ce graphique, une distinction est établie entre les données tirées de travaux antérieurs de Cerutti, Dagher et Dell'Ariccia (2017[1]) et des données plus récentes provenant de sources nationales disponibles pour certains pays de l'OCDE. Lorsqu'elles étaient disponibles, les secondes ont été privilégiées, dans la mesure où les sources nationales fournissent des données sur les échéances moyennes effectives et non sur les échéances typiques, comme Cerutti, Dagher et Dell'Ariccia (2017[1]).

Source : Cerutti, Dagher et Dell'Ariccia (2017[1]) et Van Hoenselaar et al. (2021[2]).

StatLink https://stat.link/r5v7s3

Les marchés hypothécaires sont également très différents suivant les pays. La proportion de crédits hypothécaires à taux fixe a sensiblement augmenté au cours des dix dernières années, compte tenu de la baisse des taux d'intérêt observée dans la plupart des pays, qui a réduit l'attrait des prêts hypothécaires à taux variable. Par ailleurs, l'échéance moyenne des nouveaux crédits au logement varie suivant les pays (Graphique 3.4), tandis que la proportion de prêts hypothécaires libellés en devises a reculé.

Parvenir à concilier soutien au crédit hypothécaire et promotion de la résilience financière

De nombreux systèmes d'imposition intègrent un régime de déductibilité fiscale des intérêts d'emprunt hypothécaire et d'autres mesures de soutien

Le système d'imposition contribue de manière sensible à déterminer la demande de logements (OCDE, 2022[3]). L'élément le plus important à cet égard est la déductibilité des intérêts d'emprunt hypothécaire. Les propriétaires occupants qui remboursent un prêt hypothécaire contracté pour acquérir leur logement bénéficient d'allègements fiscaux au titre de leurs intérêts d'emprunt dans 17 pays de l'OCDE sous la forme de déductions ou de crédits d'impôt (Tableau 3.1). Les taux marginaux d'imposition effectifs varient suivant les pays et tendent à être plus élevés lorsque les ménages sont fortement endettés (Graphique 3.5).

Tableau 3.1. Les emprunteurs hypothécaires sont aidés par les pouvoirs publics dans la plupart des pays

Programmes nationaux[1]

	Déduction fiscale au titre des intérêts d'emprunt hypothécaire[2]	Dispositifs de garantie de prêt hypothécaire	Prêts hypothécaires subventionnés	Prêts hypothécaires publics
Belgique	X	X		
Canada		X	X	
Chili	X			
Costa Rica		X		
République	X		X	X
Danemark	X			
Estonie	X	X		
Finlande	X	X		X
France			X	
Grèce	X			
Hongrie			X	
Irlande				X
Israël			X	
Italie	X	X		
Japon	X		X	
Corée	X			
Lettonie		X		
Lituanie			X	
Luxembourg		X	X	
Mexique	X		X	
Pays-Bas	X	X		
Nouvelle-		X		
Norvège	X			X
Russie			X	
Espagne	X			
Suède	X	X		
Suisse	X			
Royaume-Uni				X
États-Unis	X	X	X	

Note : (1) Seuls les programmes relevant de l'administration centrale sont pris en compte. Cela dit, de nombreuses collectivités locales et administrations régionales mettent également en œuvre des dispositifs d'aide aux emprunteurs hypothécaires.

(2) Il s'agit des déductions d'impôt au titre des intérêts d'emprunt hypothécaire accordées aux propriétaires occupants.

Source : Base de données de l'OCDE sur le logement abordable.

Graphique 3.5. La déductibilité des intérêts d'emprunt hypothécaire tire vers le haut l'endettement des ménages

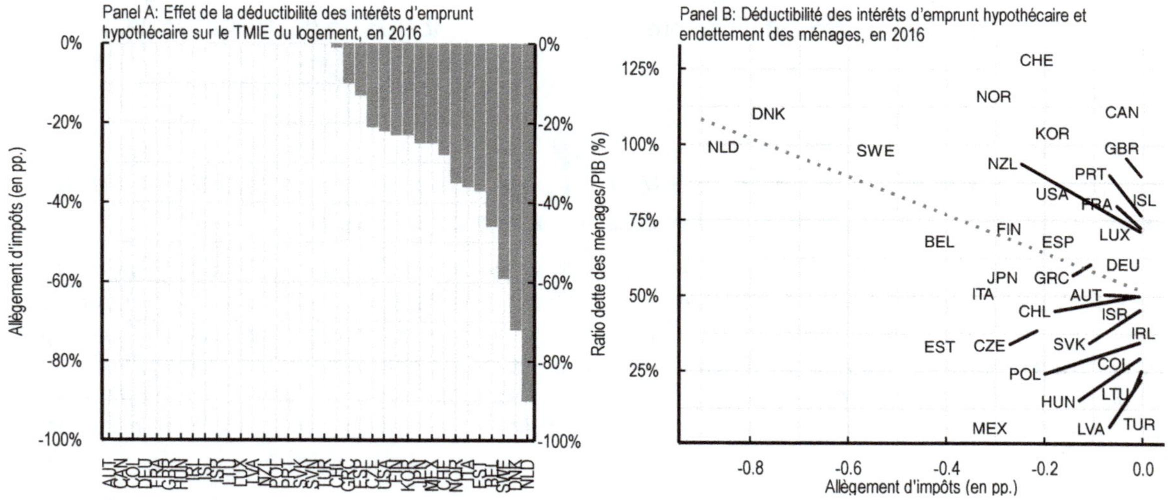

Note : L'allègement d'impôt désigne la réduction, en points de pourcentage, du taux marginal d'imposition effectif (TMIE) des logements occupés par leur propriétaire financés par endettement qui résulte de la déductibilité des intérêts d'emprunt hypothécaire.
Source : Millar-Powell et al. (2022[4]) ; et Comptes nationaux de l'OCDE.

StatLink https://stat.link/6bhv4s

Il existe dans les pays de l'OCDE différents types d'aides aux emprunteurs hypothécaires destinés à faciliter l'accès au crédit au logement. Ainsi, aux États-Unis, l'Administration fédérale du logement (FHA, *Federal Housing Administration*) offre à 20 % environ des propriétaires une assurance plafonnée (Encadré 3.1), et diverses entreprises parapubliques interviennent sur le marché hypothécaire secondaire (voir ci-après). La Société coréenne de financement du logement joue un rôle similaire. La Nouvelle-Zélande est dotée d'un dispositif de garantie qui permet d'appliquer des quotités de financement (ratios prêt/valeur du bien) plus élevées que celles qui résulteraient en leur absence des marchés de capitaux. Onze autres pays mettent également en œuvre divers mécanismes de garantie. Les plans d'épargne axés sur l'achat d'un logement bénéficiant d'un régime fiscal préférentiel sont également assez répandus. Enfin, il existe des prêts hypothécaires subventionnés ou octroyés par les pouvoirs publics dans 14 pays.

Un réexamen des mesures d'aide aux emprunteurs hypothécaires se justifie

Les autorités feraient bien de supprimer progressivement la déductibilité des intérêts d'emprunt hypothécaire dans les pays où elle existe. Dans la mesure où l'élasticité de l'offre de logements est imparfaite, cet allègement d'impôt est au moins en partie capitalisé dans les prix, ce qui bénéficie aux personnes déjà propriétaires de leur logement, qui sont généralement plus aisées que les acquéreurs potentiels, tout en réduisant les coûts d'emprunt. Les recettes fiscales supplémentaires découlant de la suppression ou du plafonnement de la déduction d'impôt accordée aux propriétaires occupants pourraient être utilisées pour réduire d'autres prélèvements distorsifs ou pour améliorer l'égalité des revenus après impôts, suivant les préférences sociales. D'autres instruments, tels que des assurances subventionnées ou des garanties de prêts hypothécaires, ont des effets de distorsion plus limités, mais ils risquent d'accentuer les risques de défaillance, allant de pair avec des coûts budgétaires non négligeables (Encadré 3.1). Les aides peuvent également être capitalisées sous la forme d'une augmentation des prix de l'immobilier, ce qui n'est pas souhaitable.

Encadré 3.1. Les risques que représentent les garanties de prêts hypothécaires pour les finances publiques : la FHA aux États-Unis et la SCHL au Canada

Un exemple historique important de matérialisation d'un risque pesant sur les finances publiques réside dans le transfert budgétaire de 1.69 milliard USD effectué le 30 septembre 2013 pour recapitaliser l'Administration fédérale du logement (FHA, *Federal Housing Administration*) aux États-Unis.

Cet organisme public fédéral, créé en 1934, assure les crédits hypothécaires souscrits par des primo-accédants et des acquéreurs aux revenus modestes pour acheter des maisons individuelles ainsi que ceux contractés pour construire des logements locatifs abordables. La FHA assurait environ 5 % de l'ensemble des prêts hypothécaires résidentiels émis en 2006, proportion qui a grimpé aux alentours de 40 % en 2011, avant de retomber à 11.4 % en 2019. En raison des répercussions inattendues de la crise financière mondiale sur le marché du logement, les effets cumulés des garanties de prêts de la FHA de 1992 à 2012 – période pendant laquelle elle a assuré 2 679 milliards USD de crédits hypothécaires résidentiels – ont été loin d'atteindre les 45 milliards USD d'économies prévus et se sont transformés en un coût estimé à 15 milliards USD. Selon le Service d'études budgétaires du Congrès des États-Unis (CBO, *Congressional Budget Office*), qui a également pris en compte l'année 2013, le montant cumulé des garanties de prêts de la FHA ne contribuerait qu'à hauteur de 3 milliards USD à ses réserves, soit un montant inférieur de 73 milliards USD à celui qui aurait résulté du taux de subventionnement initialement estimé.

Malgré les cinq hausses des taux de prime ayant eu lieu à partir de 2009, le durcissement des critères appliqués en matière de crédit et le renforcement des mesures d'application des lois, la Cour des comptes fédérale (GAO, *Government Accountability Office*) a intégré la FHA dans la liste des entités à haut risque au début de 2013 en raison de son exposition aux risques de fraude de gaspillage, d'abus et de mauvaise gestion. Compte tenu d'une situation financière nette négative à hauteur de 16.3 milliards USD à l'époque et d'un ratio de fonds propres s'établissant à -1.44 % (alors que le niveau imposé par loi était de 2 %, ratio qui n'a jamais été atteint de 2009 à 2014), conjugués aux résultats d'un test de résistance réalisé par la Réserve fédérale mettant en évidence un besoin potentiel de 115 milliards USD de fonds supplémentaire en cas de fléchissement marqué de l'activité économique, la FHA a été forcée d'accepter un « renflouement ».

Un autre exemple intéressant est offert par la Société canadienne d'hypothèques et de logement (SCHL), l'organisme public fédéral qui intervient sur le marché du logement au Canada. Elle n'a jamais représenté un coût budgétaire direct pour les contribuables, même si son niveau de levier est manifestement élevé, puisqu'elle se caractérise par près de 401 milliards CAD de contrats d'assurance en vigueur et 461 milliards CAD de cautionnements en vigueur (257 milliards CAD pour les obligations hypothécaires du Canada et 202 milliards CAD pour les titres hypothécaires) alors que ses capitaux propres ne se montent qu'à 13.2 milliards CAD. Le gouvernement fédéral a lancé voilà quelques années une consultation publique sur l'idée de faire assumer une part plus importante des risques aux émetteurs des prêts hypothécaires en mettant en place un système de partage des risques avec les prêteurs (Ministère des Finances Canada, 2017[5]), mais aucun changement majeur n'est intervenu depuis lors.

Pour toutes ces raisons, il serait légitime de réorienter le soutien des pouvoirs publics, qui vise aujourd'hui à promouvoir l'accession à la propriété, pour qu'il garantisse un accès inclusif à des logements de bonne qualité, en s'appuyant à la fois sur le logement social et abordable, les marchés locatifs privés et des marchés hypothécaires fonctionnant bien. Compte tenu de l'ampleur des ressources consacrées aux allègements fiscaux accordés aux emprunteurs hypothécaires, il est possible d'engager des réformes qui renforceront la stabilité financière, en réduisant les incitations à emprunter, amélioreront la situation des finances publiques et accroîtront l'offre de logements, via la construction de logements sociaux et abordables. La capacité des marchés locatifs privés d'offrir des biens immobiliers d'habitation abordables dépend de la mesure dans laquelle la réglementation permet de construire des logements (Molloy, 2020[6]) ; si l'offre n'est pas suffisamment flexible, il existe un risque que les investissements financiers réalisés dans le logement locatif puissent contribuer à porter les loyers à des niveaux élevés (Lima, 2020[7]).

L'offre de logements sociaux est un moyen très efficace d'améliorer l'accessibilité financière de l'immobilier d'habitation

La question de l'accessibilité financière du logement est problématique dans toute la zone OCDE, où elle a des répercussions importantes non seulement sur le bien-être, mais aussi sur le dynamisme économique et la compétitivité au niveau local. Les ménages à faible revenu sont soumis à des tensions financières croissantes par la montée des coûts de logement, malgré le fait que les coûts d'emprunt étaient très bas il y a peu encore. La précarité liée au logement est mesurée par le « taux de surcharge financière » liée au coût du logement, c'est-à-dire la proportion de la population appartenant au quintile inférieur de la distribution des revenus qui consacre au moins 40 % de son revenu disponible au logement. En moyenne, elle touche un quart des ménages de cette catégorie dans la zone OCDE. Les taux de surcharge financière liée au coût du logement sont plus faibles parmi les locataires à faible revenu, puisqu'ils s'établissent aux alentours d'un tiers sur le marché locatif privé et à 10-15 % dans le secteur du logement social subventionné.

La plupart des pays de l'OCDE offrent au moins une certaine quantité de logements appartenant à l'État (Graphique 3.6). Néanmoins, sachant que ceux-ci représentent en moyenne environ 7 % du parc immobilier d'habitation, leur poids relatif est inférieur à celui des logements locatifs privés. De manière générale, les dépenses publiques d'aide au logement social locatif ont diminué en proportion du PIB (Adema, Plouin et Fluchtmann, 2020[8]).

Graphique 3.6. Seuls quelques pays disposent d'un parc de logements locatifs sociaux important

Logements locatifs sociaux en pourcentage du parc total de logements

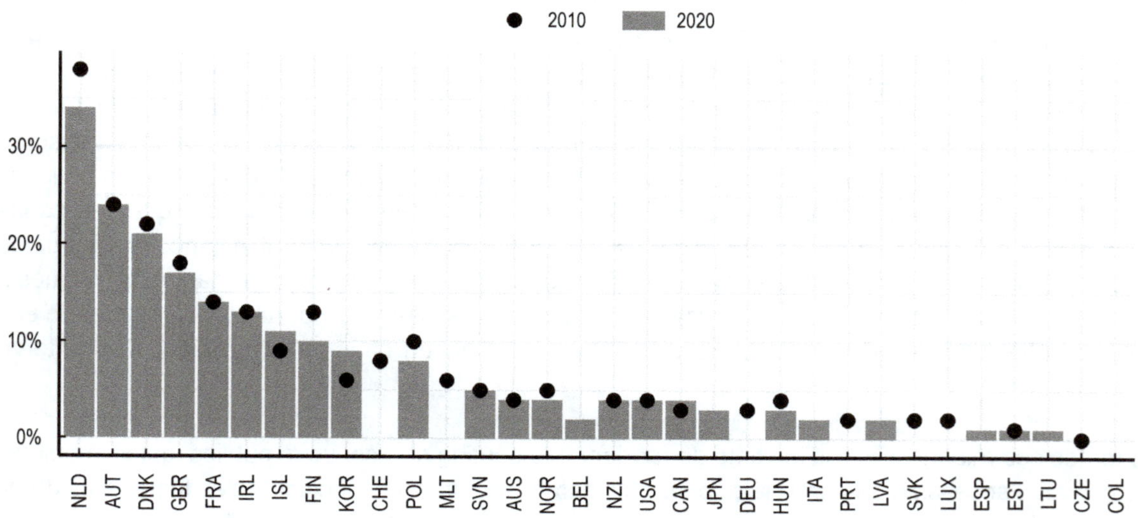

Source : Base de données de l'OCDE sur le logement abordable; Italie : Fédération italienne pour le logement populaire et social (Federcasa, *Federazione italiana per le case popolari e l'edilizia sociale*) et administration fiscale italienne ; Finlande : autorités nationales.

StatLink https://stat.link/vhqta2

Par rapport à la propriété, la location présente l'avantage de favoriser davantage la mobilité de la main-d'œuvre, ce qui contribue à approfondir le marché du travail. Cet avantage est cependant perdu dans le cas du logement (social) subventionné en raison d'effets de verrouillage, à moins qu'il n'aille de pair avec une transférabilité des droits d'accès à ce type de logement. Les allocations de logement constituent une autre option envisageable, mais elles sont capitalisées en partie dans les loyers. L'accessibilité financière du logement dépend également des règles d'occupation des sols et d'urbanisme (OCDE, 2021[9]), étant donné qu'un assouplissement des restrictions ouvre des perspectives de construction de logements correspondant plus étroitement aux évolutions socioéconomiques et démographiques (Phillips, 2020[10]).

Il faut préserver la stabilité financière face aux risques liés aux emprunts hypothécaires

Le logement fournit des services de consommation essentiels tout en constituant un investissement à long terme, une réserve de valeur et un bien pouvant être fourni en garantie. Son financement est un déterminant important des cycles économiques. Compte tenu du fait que les taux d'intérêt augmentent après une période prolongée de hausse rapide des prix des logements (Graphique 3.7), de l'ampleur de la dette des ménages et du fort effet de levier qui caractérise les établissements financiers, le rôle macroéconomique du financement du logement pourrait s'avérer particulièrement important. Par le passé, des déséquilibres similaires ont affecté la stabilité et la résilience des marchés de capitaux et provoqué des crises financières. Le déclenchement de la crise financière mondiale de 2007-2009 illustre on ne peut mieux ce type de conséquences. L'expérience montre que le coût économique de ces crises peut être considérable et rappelle que les pouvoirs publics doivent accorder une attention toute particulière aux risques associés à ce secteur.

Graphique 3.7. Les prix de l'immobilier ont rapidement augmenté

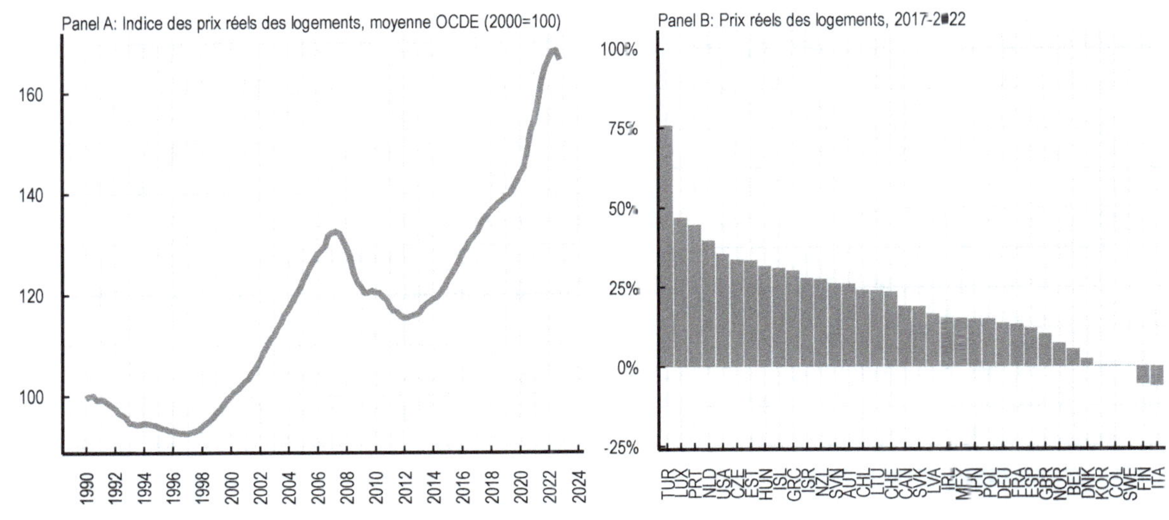

Note : Prix nominaux des logements corrigés par le déflateur de la consommation privée.
Source : Indicateurs analytiques de l'OCDE sur les prix des logements.

StatLink https://stat.link/yib654

Les mesures destinées à faciliter l'accès au crédit hypothécaire s'accompagnent souvent d'effets secondaires négatifs sur les prix de l'immobilier d'habitation, ainsi que sur la stabilité macroéconomique et financière, notamment lorsqu'elles favorisent un endettement excessif. Globalement, la dette des ménages varie sensiblement selon les pays de l'OCDE (Graphique 3.8, partie A) et l'évolution des prix des logements exerce sur elle une influence déterminante (partie B). Les autorités de nombreux pays interviennent sur les marchés hypothécaires en raison des risques financiers connexes, en particulier par le biais de règles macroprudentielles (voir OCDE (2021[9]) et l'Encadré 3.2 pour l'exemple de l'Italie). Celles-ci peuvent porter sur les emprunteurs, de manière à limiter leur endettement et à réduire les risques de défaillance, ou sur les prêteurs, de façon à limiter la prise de risques et à prévenir les effets de levier excessifs.

Dispositions macroprudentielles relatives aux emprunteurs

Les dispositions macroprudentielles utilisées dans ce domaine peuvent consister à plafonner les prêts au logement souscrits par les emprunteurs en proportion de leur revenu (ratio dette/revenu), le service de leur dette en proportion de leur revenu (ratio service de la dette/revenu) et le montant emprunté en proportion de la valeur du bien dont il finance l'achat (quotité de financement). Les plafonds applicables aux quotités de financement initiales varient de 50 % en Israël à 95 % en Finlande, au Canada, au Danemark et en Lettonie (Graphique 3.9). Les limites relatives au ratio service de la dette/revenu sont seulement recommandées dans certains cas, le dénominateur retenu varie (il peut s'agir du revenu brut ou du revenu net), et dans divers pays, les autorités permettent qu'une certaine proportion des crédits octroyés ne respecte pas le plafond prévu. Ces limites varient de 30 % du revenu en Colombie à 80 % en République slovaque (Graphique 3.10) et d'après les conclusions de travaux empiriques, elles sont plus efficaces pour restreindre la croissance du crédit que les plafonds applicables aux quotités de financement. Le plafonnement du ratio dette/revenu, qui présente l'avantage de ne pas être sensible aux variations des taux d'intérêt ni des prix des logements, a été plus rarement utilisé jusqu'ici (Van Hoenselaar et al., 2021[2]).

Encadré 3.2. Le cadre macroprudentiel de l'Italie

Un cadre réglementaire fondé sur des instruments relatifs aux emprunteurs permet à l'Italie de faire face aux risques systémiques pouvant trouver leur origine dans le marché immobilier et dans l'endettement des ménages ou des sociétés non financières. La Banque d'Italie peut imposer un certain nombre de restrictions concernant les nouveaux prêts, notamment en limitant la quotité de financement, le ratio dette/revenu, le ratio prêt/revenu, le ratio service de la dette/revenu, l'effet de levier et l'échéance maximale des crédits, ainsi qu'en fixant des obligations minimales d'amortissement des emprunts. Ces mesures sont définies de manière flexible, et ces limites peuvent être appliquées : (a) aux prêts octroyés aux ménages et aux entreprises ; (b) avec ou sans seuil d'exemption ; (c) de la même manière pour tous les crédits ou de façon différenciée en fonction des caractéristiques de l'emprunteur et du prêt ; (d) au niveau national ou pour des zones géographiques spécifiques ; et (e) seules ou conjuguées à d'autres dispositions.

La Banque d'Italie peut appliquer des dispositions relatives aux emprunteurs non seulement aux banques, mais aussi à d'autres intermédiaires financiers qui, comme les établissements bancaires, accordent des crédits sous une forme ou une autre au public. À la fin de 2022, les dispositions appliquées par les autorités macroprudentielles n'étaient pas restrictives, car elles estimaient que les risques inhérents au secteur de l'immobilier d'habitation italien étaient faibles.

Source : Communication des autorités nationales à l'OCDE.

Graphique 3.8. Le niveau et la dynamique de la dette des ménages ont été différents d'un pays à l'autre

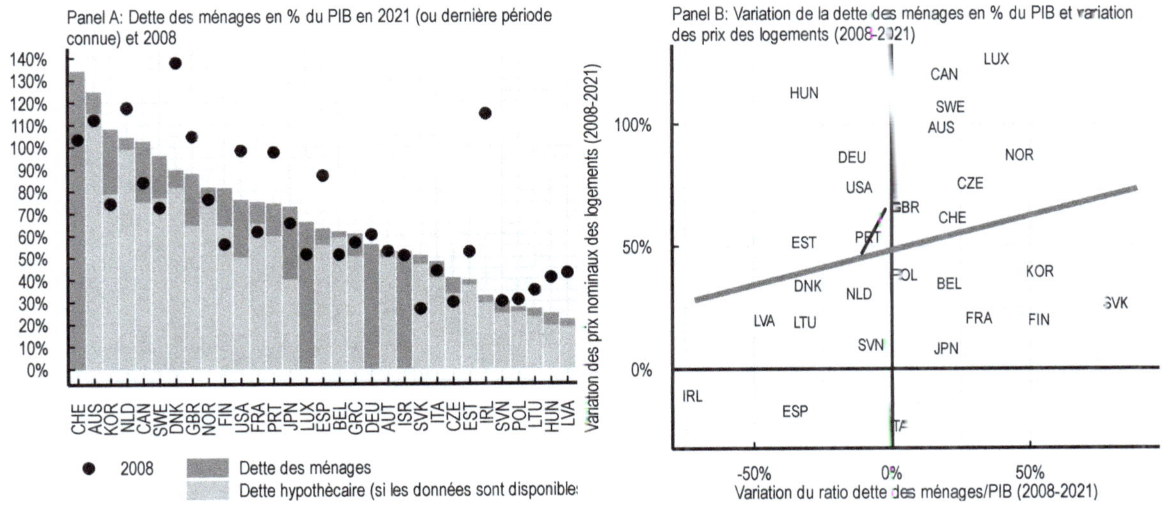

Source : Base de données analytique de l'OCDE.

StatLink https://stat.link/bkfmn9

Graphique 3.9. . La quotité de financement initiale moyenne est généralement nettement inférieure aux plafonds applicables

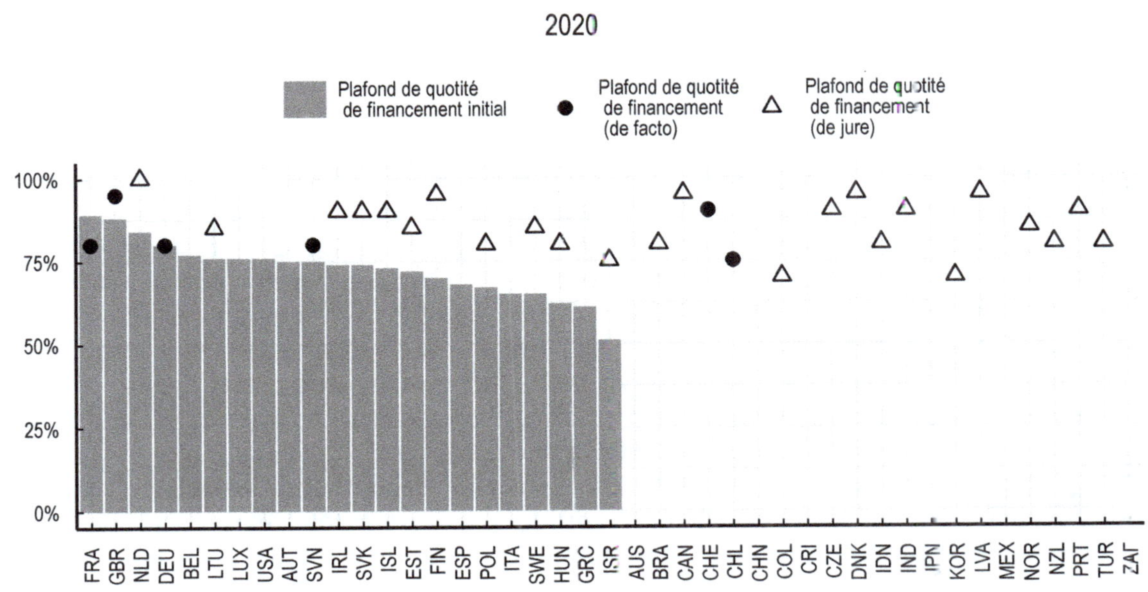

Note : Les plafonds *de jure* de quotité de financement (ratio prêt/valeur du bien) font référence à la réglementation officielle définie par les institutions publiques. Les plafonds *de facto* de quotité de financement sont ceux qui découlent de règles que se sont eux-mêmes imposées les établissements financiers ou de recommandations des pouvoirs publics.

Source : bases de données macroprudentielles du Comité européen du risque systémique et du FMI; Questionnaire de l'OCDE sur les logements sociaux et abordables de 2019 ; (BCE, 2020[11]) ; et Banque d'Angleterre.

StatLink https://stat.link/ncd2io

Graphique 3.10. Les plafonds de ratio service de la dette/revenu diffèrent suivant les pays

Plafonds de ratio service de la dette/revenu, en 2021

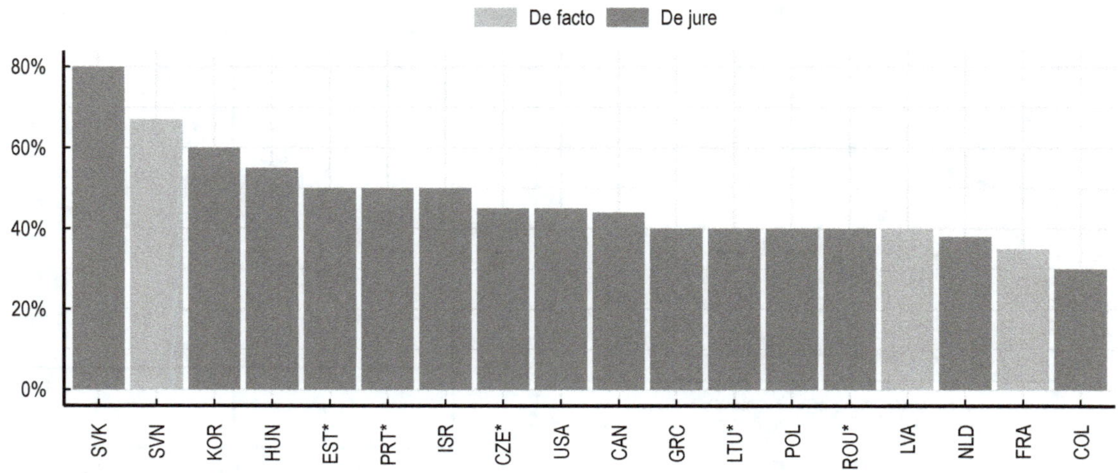

Note : Le dénominateur retenu pour calculer le ratio service de la dette/revenu varie selon les pays, certains utilisant le revenu brut et d'autres le revenu net. En Estonie, au Portugal, en République tchèque, en Lituanie et en Roumanie, les autorités permettent qu'une certaine proportion des prêts octroyés ait un ratio service de la dette/revenu supérieur au plafond prévu. En République tchèque, un plafond plus élevé (fixé à 50 %) s'applique aux emprunteurs de moins de 36 ans. Aux États-Unis, le plafond de ratio service de la dette/revenu ne s'applique qu'aux prêts hypothécaires remplissant certaines conditions qui peuvent être rachetés ou garantis par le Fonds fédéral de refinancement des créances hypothécaires (Fannie Mae) ou la Société fédérale de refinancement des prêts hypothécaires au logement (Freddie Mac).
Source : (BCE, 2020[11]) ; bases de données macroprudentielles de la Banque d'Angleterre et du FMI; Questionnaire de l'OCDE sur les logements sociaux et abordables.

StatLink https://stat.link/c5odpb

Dispositions macroprudentielles relatives aux prêteurs

L'endettement hypothécaire crée également des risques pour les prêteurs et les détenteurs de prêts au logement reconditionnés. Les bilans des ménages sont aujourd'hui plus solides qu'avant la crise financière mondiale, mais les données agrégées peuvent masquer une forte hétérogénéité. Il subsiste des risques que la capacité de remboursement des emprunteurs à faible revenu puisse se dégrader, compte tenu du démantèlement des mesures d'aide au revenu liées à la pandémie, de l'accentuation de l'inflation et de l'augmentation des coûts de financement (OCDE, 2022[12]). Ces évolutions peuvent remettre en question l'efficacité des outils macroprudentiels destinés à prévenir les défauts de remboursement de crédit hypothécaire, comme les plafonds de ratio service de la dette/revenu ou de quotité de financement, mis en place à une période où les marchés du logement connaissaient une expansion rapide. Par conséquent, l'évolution des nouvelles défaillances d'emprunteurs devrait faire l'objet d'un suivi attentif, étant donné qu'une dégradation de la qualité de crédit des ménages pourrait déboucher sur des pertes substantielles pour les prêteurs hypothécaires et les détenteurs de titres adossés à des créances hypothécaires, qui auraient des effets négatifs sur la résilience du système financier.

La montée des taux d'intérêt entraînée par l'augmentation de l'inflation réduit la valeur des créances hypothécaires et des titres obtenus par reconditionnement de ces créances dans les bilans des établissements financiers, de sorte que la valorisation des actifs constitue un risque majeur à gérer pour les autorités macroprudentielles. Les instruments axés directement sur la santé des établissements financiers, tels que les exigences de fonds propres pondérées en fonction des risques et les plafonds de levier non pondéré en fonction des risques, sont adéquats pour faire face au risque de boucle de rétroaction négative pouvant être enclenchée par une réévaluation d'actifs. Ils doivent aller de pair avec une surveillance étroite des liens entre les banques et les détenteurs de titres adossés à des créances hypothécaires ayant recours à l'effet de levier. Par ailleurs, il faut prendre correctement en compte les risques associés aux crédits hypothécaires à taux variable et libellés en devises.

Adapter la politique macroprudentielle aux circonstances économiques

Pour conduire leur politique, les autorités macroprudentielles, qui peuvent s'appuyer sur un vaste ensemble de données d'expérience accumulées à l'échelle internationale (Encadré 3.3), doivent prendre en considération la montée de l'inflation et des taux d'intérêt. Il faut donc que les autorités fassent preuve d'anticipation lors de la définition des plafonds réglementaires applicables aux ratios service de la dette/revenu, en intégrant la probabilité que les charges d'intérêts associées aux prêts à taux variable s'alourdissent parallèlement à la hausse des taux d'intérêt. Dans un environnement de montée de l'inflation et des taux d'intérêt, les crédits hypothécaires à taux fixe représentent des risques pour la stabilité financière fondés sur des canaux de transmission différents de ceux qui ont caractérisé la récente période de faible inflation et de taux d'intérêt bas. Dans la mesure où les salaires, les revenus du capital et le revenu disponible des ménages suivent au moins en partie l'inflation, il devrait devenir plus facile pour les ménages d'assurer le service des prêts à taux fixes au fil du temps, même si l'effet de contraction résultant du renchérissement de l'énergie et des produits alimentaires peut compliquer temporairement le remboursement des crédits hypothécaires et si certains de ces prêts devront à terme être renouvelés à des taux plus élevés.

Encadré 3.3. Mener une politique macroprudentielle axée sur le logement : l'expérience de trois pays

Lituanie

En Lituanie, la crise financière mondiale a souligné l'importance de la mise en œuvre de la politique macroprudentielle pour garantir un financement satisfaisant du secteur de l'immobilier d'habitation et atténuer la dynamique intenable des prix des logements alimentée par le crédit.

Au cours de la période 2006-2009, le marché lituanien de l'immobilier résidentiel a connu une alternance de hausse et de baisse extrêmes, sur fond de conditions de prêt favorables et de sous-estimation du risque de crédit. Pour favoriser des pratiques de crédit plus responsables et renforcer la discipline de marché à la suite de la crise du secteur du logement, la Banque de Lituanie a adopté en 2011 un ensemble de règles relatives au crédit responsable. Ces règles reposaient sur un assortiment de mesures relatives aux emprunteurs limitant la quotité de financement (ratio prêt/valeur du bien), le ratio service de la dette/revenu et l'échéance des nouveaux prêts au logement octroyés. Étant donné que le marché hypothécaire est resté déprimé et que les normes d'octroi de prêts fixées par les établissements de crédit étaient extrêmement strictes à l'époque, cela a permis un calibrage non contraignant des mesures limitatives relatives aux emprunteurs visant à empêcher une accumulation ultérieure de vulnérabilités.

Ces mesures relatives aux emprunteurs se sont effectivement traduites par des pratiques de prêts responsables, puisque après 2011, la proportion de crédits caractérisés par une quotité de financement et un ratio service de la dette/revenu initiaux élevés est restée faible et que la dette des ménages a reflué nettement en deçà de son niveau d'avant la crise, malgré le redressement marqué du marché hypothécaire observé depuis 2016 (Graphique 3.11). Contrairement à l'épisode de 2006-2008, l'augmentation des prix des logements pendant la période consécutive à la pandémie a été alimentée par différents facteurs, notamment par une forte hausse des coûts de construction, la vigueur de la confiance des consommateurs et un accroissement sensible de la demande de biens immobiliers d'habitation (Karmelavičius, Mikaliūnaitė-Jouvanceau et Petrokaitė, 2022[13]).

Graphique 3.11. Les prix des logements lituaniens ont augmenté tandis que l'endettement des ménages est resté stable

Dette des ménages en pourcentage du PIB et indice des prix des logements en Lituanie

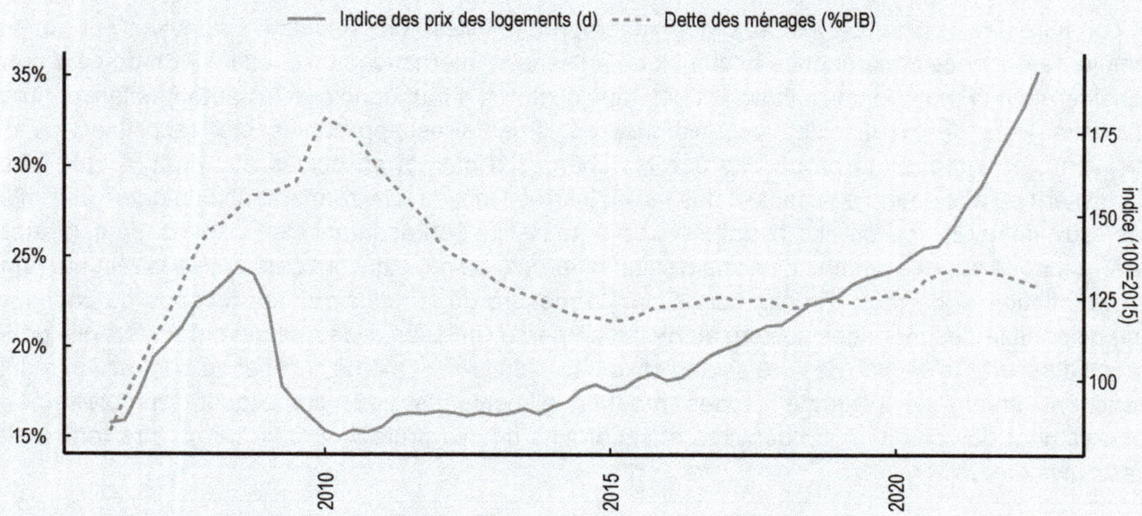

Source : Banque de Lituanie ; et Institut lituanien de la statistique.

StatLink https://stat.link/cvp8ig

La période prolongée de faiblesse des taux d'intérêt a rendu moins contraignants les plafonds de ratio service de la dette/revenu. Des taux d'intérêt plus bas permettent en effet aux emprunteurs de contracter une dette plus importante sans franchir ces plafonds. Pour éviter que des emprunteurs ne s'endettent excessivement lorsque les taux d'intérêt sont bas et préserver leur capacité d'assurer le service de leurs prêts en cas de remontée des taux d'intérêt, les autorités ont complété en 2015 le ratio maximal service de la dette/revenu fixé à 40 % par l'obligation de s'assurer que ce ratio n'excèderait pas 50 % si le taux d'intérêt s'établissait à 5 %. Cette exigence équivalait indirectement à plafonner le ratio dette/revenu à 7.8, et a donc ramené le niveau effectif du ratio maximal service de la dette/revenu à 35 % pour les personnes proches du plafond du ratio dette/revenu. En 2022, les crédits émis conformément à cette obligation représentaient 70 % du portefeuille de prêts hypothécaires, ce qui contribue à la résilience des emprunteurs face à la hausse des taux d'intérêt.

En 2017, du fait de la transposition dans le droit lituanien de la directive de l'Union européenne (UE) sur le crédit hypothécaire, les autorités ont élargi la portée des règles relatives au crédit responsable afin de faire en sorte que les mesures relatives aux emprunteurs soient applicables à tous les fournisseurs de crédit émettant des prêts au logement en Lituanie. Une telle application des mesures relatives aux emprunteurs en fonction des activités exercées assure une égalité de traitement entre tous les fournisseurs de crédit, ce qui réduit les possibilités d'arbitrage réglementaire.

L'augmentation des prêts au logement souscrits par des emprunteurs ayant déjà contracté au moins un premier crédit de ce type a suscité des préoccupations concernant leur impact sur la stabilité financière. Leur part dans les nouveaux prêts au logement s'est hissée de 10 % à 13 % entre 2019 et 2021 (Banque de Lituanie, 2022[14]). Pour réduire les risques liés à ces crédits et dissuader les ménages de contracter des prêts hypothécaires pour acquérir des logements autres que leur résidence principale, les autorités ont abaissé le plafond de la quotité de financement applicable aux prêts au logement souscrits par des emprunteurs ayant déjà contracté au moins un premier crédit de ce type, en le ramenant de 85 % à 70 % à compter du 1er février 2022.

L'accentuation du risque sur les marchés de l'immobilier d'habitation exigeait également que des mesures soient prises pour améliorer la résilience des fournisseurs de crédit. Afin de renforcer leur capacité d'absorption de pertes en cas de correction du marché du logement qui placerait des ménages dans l'incapacité d'honorer leurs engagements, un volant de fonds propres applicable au risque systémique fixé à 2 % est entré en vigueur le 1er juillet 2022 pour les créances intérieures sur les ménages garanties par un bien immobilier d'habitation.

En Lituanie, une part importante des transactions de logements est financée sur fonds propres, puisqu'elle représentait 50 % des coûts totaux d'acquisition en moyenne au cours de la période 2015-2021. Par conséquent, les mesures macroprudentielles ne peuvent influer que sur une fraction des transactions effectuées sur le marché de l'immobilier résidentiel, et il est nécessaire de recourir à des dispositifs de portée plus large, tels qu'un impôt sur la propriété immobilière. Pour l'heure, seuls les ménages dont le patrimoine immobilier est supérieur à un seuil relativement élevé sont assujettis à l'impôt sur la propriété immobilière. Ces modalités d'application ne contribuent pas suffisamment à assurer la stabilité du marché du logement, et les autorités pourraient ajuster ce prélèvement pour en faire un impôt périodique appliqué à un plus large éventail de contribuables, tout en préservant la progressivité globale du système fiscal (Banque de Lituanie, 2022[15]).

Une multitude de facteurs influe sur le marché lituanien de l'immobilier d'habitation, notamment l'orientation de la politique monétaire. La meilleure façon de remédier aux problèmes qui se posent consiste à conjuguer l'utilisation de divers instruments macroprudentiels et fiscaux avec la mise en œuvre d'une politique d'urbanisme efficace et le développement du logement social, afin de garantir la flexibilité de l'offre de logements

Norvège

L'ampleur de la dette des ménages et le niveau élevé des prix des logements constituent d'importants facteurs de vulnérabilité du système financier norvégien. Depuis 2010, la Norvège a adopté un certain nombre de mesures macroprudentielles pour favoriser une évolution plus viable de la dette des ménages et remédier aux risques liés à cet endettement et à d'autres facteurs de vulnérabilité.

Mesures relatives aux emprunteurs

Les premières mesures relatives aux emprunteurs ont été adoptées en 2010 sous la forme de lignes directrices non contraignantes sur les prêts hypothécaires élaborées par l'Autorité de surveillance financière (*Finanstilsynet*). Ces lignes directrices ont été remplacées par des règles relatives au crédit hypothécaire définies par le ministère des Finances en 2015. En 2019, le champ d'application de ces règles a été élargi aux prêts à la consommation. Ces dispositions sont régulièrement évaluées et donnent lieu à une consultation publique.

Les règles actuelles doivent arriver à expiration à la fin de 2024. Elles plafonnent la quotité de financement (ratio prêt/valeur du bien) des nouveaux emprunts hypothécaires à 85 % et leur ratio dette/revenu à 500 %. En outre, elles font obligation au prêteur d'évaluer la capacité de l'emprunteur d'assurer le service de sa dette, en posant l'hypothèse que le taux d'intérêt augmente de 3 points de pourcentage ou qu'il s'établit au moins à 7 %. Pour garantir que les banques puissent évaluer spécifiquement la situation de chaque client, on les autorise à accorder une certaine proportion de crédits ne respectant pas les exigences réglementaires.

Depuis que ces dispositions ont été adoptées, le nombre de prêts hypothécaires octroyés avec des quotités de financement et des ratios dette/revenu très élevés a diminué. Néanmoins, le ratio moyen dette/revenu a augmenté, de même que le nombre de crédits hypothécaires accordés à des emprunteurs caractérisés par un ratio dette/revenu proche de 500 %.

Exigences de fonds propres

L'évolution des prix de l'immobilier résidentiel et celle des prix de l'immobilier commercial sont des indicateurs importants pour évaluer les vulnérabilités cycliques. Ces deux indicateurs ont souvent enregistré des hausses sensibles à l'approche d'épisodes d'instabilité financière. Le niveau du volant de fonds propres contracyclique que doivent constituer les banques, destiné à renforcer leur capacité d'absorption de pertes sur prêts, a été revu à la baisse pendant la pandémie. Depuis lors, il a été rehaussé à plusieurs reprises, et il devrait atteindre 2.5 % en mars 2023. La détermination du volant de fonds propres contracyclique relève de la compétence de la banque centrale.

Un volant de fonds propres applicable au risque systémique a été instauré pour les banques en Norvège en 2013 et fixé à 3 %. En 2020, le niveau de ce volant a été porté de 3 % à 4.5 % et axé sur les expositions locales. Le volant de fonds propres applicable au risque systémique est dans une large mesure calibré en fonction des vulnérabilités structurelles découlant de l'endettement élevé des ménages et de la forte exposition des banques norvégiennes vis-à-vis de l'immobilier commercial.

Afin d'empêcher les grandes banques d'utiliser l'approche fondée sur les notations internes (NI) pour attribuer des coefficients de pondération des risques d'une faiblesse injustifiée à leurs expositions vis-à-vis de l'immobilier résidentiel et commercial norvégien, le ministère des Finances a adopté à la fin de 2020 des plafonds temporaires relatifs aux pondérations moyennes des risques concernant ces expositions, fixés respectivement à 20 % et 35 %. Ces plafonds sont revus tous les deux ans et ont été prorogés pour deux années supplémentaires à la fin de 2022.

Suisse

Pour réduire les risques inhérents aux marchés hypothécaires et immobiliers suisses, diverses mesures ont été adoptées entre 2012 et 2022. Ces mesures ont pris la forme d'un durcissement des exigences de fonds propres pour les prêts hypothécaires présentant une quotité de financement élevée, de plusieurs révisions des directives d'autoréglementation et de l'activation du volant anticyclique sectoriel de fonds propres.

- Les directives d'autoréglementation ont été durcies en 2012, 2014 et 2020. Les modifications qui leur ont été apportées ont restreint la possibilité pour les emprunteurs d'utiliser leur épargne retraite comme apport personnel ou comme garantie (pour les financements hypothécaires, la part minimale requise de fonds propres sur la valeur de nantissement, ne provenant pas de la prévoyance professionnelle, était de 10 % aux termes des versions de 2012 et de 2014 des directives, et de 25 % pour les financements hypothécaires d'immeubles de rendement aux termes de la version de 2020). En outre, les directives stipulaient que la dette hypothécaire devait être ramenée aux deux tiers de la valeur de nantissement de l'immeuble dans un délai d'amortissement maximal (fixé à 20 ans dans les directives de 2012 et à 15 ans dans celles de 2014).
- Le volant anticyclique sectoriel de fonds propres a été activé et fixé à 1 % des positions pondérées en fonction des risques garanties par des gages immobiliers sur des objets d'habitation situés en Suisse au début de 2013. En 2014, son niveau a été porté à 2 %. Après le déclenchement de la pandémie de COVID-19, les autorités ont désactivé ce volant anticyclique sectoriel en mars 2020 dans le but d'amortir son impact économique, dans le cadre des mesures prises pour accroître les marges de manœuvre des banques en termes d'octroi de prêts. Le volant anticyclique sectoriel a été réactivé en janvier 2022 (et fixé à 2.5 %) compte tenu des risques persistants auxquels étaient confrontés les marchés hypothécaire et immobilier suisses.

En définitive, la conjonction de mesures axées sur l'offre et sur la demande, associée aux mises en garde répétées adressées au public par les autorités, semble avoir eu un effet notable sur les risques liés au logement. Le volant anticyclique sectoriel de fonds propres, en particulier, a contribué à la résilience du système bancaire. En outre, le durcissement des exigences en matière d'apport personnel semble avoir influé sur la dynamique des marchés hypothécaire et de l'immobilier résidentiel.

Les systèmes juridiques doivent garantir un juste équilibre entre les droits des emprunteurs et ceux des prêteurs dans le cadre des procédures de saisie

Les procédures de saisie varient considérablement suivant les pays de l'OCDE. L'importance relative de la protection des droits des emprunteurs et des prêteurs détermine la façon dont la charge que représente une défaillance est répartie entre les ménages et les établissements émetteurs de prêts. L'OCDE a récemment mis au point un indicateur de réglementation des saisies, qui mesure l'importance relative de la protection des prêteurs et de celle des emprunteurs à partir de huit dimensions de la réglementation du crédit hypothécaire (Van Hoenselaar et al., 2021[2]). Les résultats obtenus pour 20 pays de l'OCDE et pays partenaires montrent que la Colombie et l'Italie ont les réglementations les plus favorables aux emprunteurs, tandis que la Suède et l'Autriche sont les deux juridictions les plus favorables aux prêteurs (Graphique 3.12).

Dans certains pays, la procédure de saisie peut débuter immédiatement après la première échéance impayée, tandis que dans d'autres, le délai d'ouverture de la procédure peut être nettement supérieur à un an. La durée des procédures varie de quelques semaines en Autriche et au Luxembourg à 120 semaines en moyenne en Italie. Cela accentue le risque qui pèse sur les prêteurs, étant donné que la qualité des garanties sous-jacentes est susceptible de se dégrader dans l'intervalle.

Il existe des procédures extrajudiciaires dans la moitié environ des pays considérés. Si des procédures judiciaires et extrajudiciaires coexistent, les secondes sont généralement les plus utilisées parce qu'elles sont plus rapides et moins coûteuses. Il n'existe des tribunaux spécialisés dans les faillites que dans cinq des pays examinés. La législation indique clairement que les débiteurs restent tenus de payer la fraction non remboursée du prêt dans neuf pays, et cette obligation peut s'appliquer dans cinq autres.

Les règles relatives aux saisies doivent établir un juste équilibre entre emprunteurs et prêteurs, car les cadres réglementaires qui penchent d'un côté ou de l'autre tendent à entraver le marché hypothécaire. Un cadre juridique autorisant l'utilisation de systèmes d'information sur la solvabilité des emprunteurs qui permettent leur évaluation, présente également des avantages. Les juridictions caractérisées par une protection juridique plus forte et des systèmes d'information sur la solvabilité des emprunteurs de plus vaste portée ont généralement des marchés hypothécaires plus profonds.

Graphique 3.12. L'indicateur de réglementation des saisies de l'OCDE montre que l'importance relative de la protection des droits des emprunteurs et des prêteurs varie

Indicateur, 2019

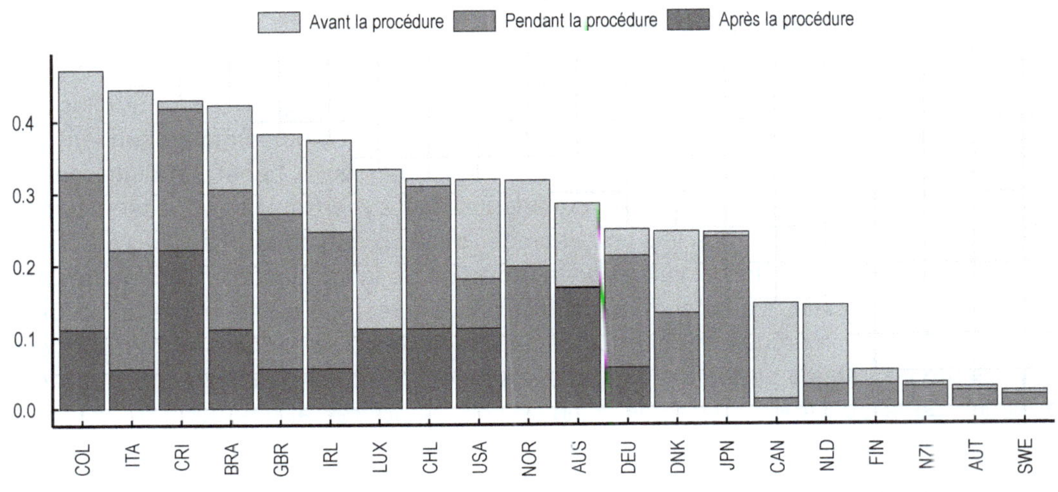

Note : La valeur de l'indicateur est d'autant plus élevée que la protection des emprunteurs est forte. Dans la mesure où la note attribuée aux pays peut être égale à zéro pour certaines questions, ils n'ont pas tous une note positive pour chacune des trois composantes de l'indicateur.
Source : Van Hoenselaar et al. (2021[2]).

StatLink https://stat.link/d1u07m

Surveiller l'essor des financements immobiliers non bancaires

Depuis la crise financière mondiale, la qualité de crédit des produits de financement immobilier structurés s'est globalement améliorée. Les titres adossés des créances hypothécaires classiques ne sont plus garantis par des crédits à risque (*subprime*) et « Alt-A », relativement risqués et de faible qualité. Cela tient au changement de perception des risques sur les marchés qui a fait suite à la crise, ainsi qu'au renforcement de la réglementation et de la surveillance des activités de titrisation. Dans l'ensemble, les autorités nationales et les organisations internationales ont réalisé des progrès considérables en matière d'identification et de compréhension des activités d'intermédiation financière et des risques connexes. Cela s'est traduit par une nette amélioration de la qualité de crédit des prêts hypothécaires accordés par les banques, mais au prix d'une certaine réduction de l'offre et, partant, d'une augmentation du coût de ces crédits, au moins à la marge. Néanmoins, le bas niveau des taux d'intérêt qui a perduré jusqu'à une date récente a constitué le facteur prédominant, conjugué à la faiblesse de l'offre de logements neufs, et de nombreux territoires ont connu une flambée des prix de l'immobilier, qui s'est accompagnée d'une envolée de l'endettement des ménages et des sociétés.

Parallèlement, les financements immobiliers ont connu un profond changement structurel, les produits structurés ayant cédé la place à des organismes de placement collectif et des établissements qui font jouer l'effet de levier et réalisent de la transformation de liquidité, aux États-Unis et dans plusieurs autres pays, depuis la crise financière mondiale. La faiblesse des taux d'intérêt qui a caractérisé les dix dernières années a renforcé l'appétence des investisseurs pour le rendement et étayé la croissance des organismes de placement collectif, notamment des sociétés d'investissement immobilier hypothécaire et des fonds communs de placement immobilier. Dans le même temps, le durcissement des exigences de fonds propres applicables aux activités de crédit hypothécaire, en vertu du dispositif réglementaire de Bâle III, a affaibli les incitations des banques à accorder des prêts pour financer des achats immobiliers, ce qui a ouvert la voie à une montée en puissance des émetteurs et des gestionnaires de crédits hypothécaires non bancaires, se substituant aux acteurs traditionnels du crédit hypothécaire bancaire. En Europe et ailleurs, les investisseurs institutionnels (notamment les sociétés d'assurance et les fonds de pension) et les fonds de placement ont manifesté un intérêt croissant pour le crédit immobilier, tout en acceptant les risques baissiers associés à divers chocs connexes.

Des risques baissiers pourraient se matérialiser pour certains marchés de titres adossés à des créances hypothécaires (TACH)

Les marchés des financements immobiliers peuvent être vulnérables en cas de retournement du cycle du logement et compte tenu de la fragilité du secteur de l'immobilier commercial à la suite de la pandémie de COVID-19. L'orientation expansionniste des politiques monétaire et budgétaire ainsi que les mesures de renégociation de prêts qui ont suivi la pandémie ont atténué les problèmes qui se seraient posés avec acuité en leur absence, en particulier dans le secteur résidentiel, qui a bénéficié d'une forte protection (OCDE, 2020[16]). Quant aux prix de l'immobilier commercial, leur dynamisme s'est nettement réduit depuis le déclenchement de la pandémie, à la fois en raison de l'offre excédentaire d'espaces de bureaux, qui a résulté du vif développement du télétravail, et de la réduction de la fréquentation des magasins, due aux règles de distanciation sociale et à la tendance des individus à rester à leur domicile. En outre, les actifs immobiliers et, partant, les marchés des financements immobiliers sont exposés aux problèmes à moyen terme soulevés par les risques physiques et autres liés au changement climatique, qui peuvent entraîner une dégradation de la qualité de crédit des sociétés non financières et une perte de valeur des biens immobiliers fournis en garantie.

En outre les crédits hypothécaires émis par des établissements financiers non bancaires qui, au moins aux États-Unis, sont généralement de moindre qualité que ceux accordés par les banques, sont susceptibles d'être particulièrement vulnérables à de fortes augmentations de l'aversion pour le risque chez les investisseurs. Par conséquent, un recul des prix de l'immobilier, ou un choc se traduisant par une nette dégradation de la qualité de crédit des emprunteurs hypothécaires ou une réduction sensible de la valeur des biens immobiliers fournis en garantie, peut entraîner une baisse des cours des titres adossés à des créances hypothécaires (TACH), allant de pair avec des pertes, des remboursements de parts et des appels de marge pour un large éventail d'intermédiaires financiers et d'investisseurs. Bien que le marché des TACH soit international, il est dominé par les émissions réalisées aux États-Unis (Encadré 3.4). Une montée de l'aversion pour le risque chez les investisseurs pourrait enclencher des boucles de rétroaction telles que la réduction souhaitée de l'effet de levier entraînerait des turbulences sur les marchés des TACH ainsi que des défaillances et, *in fine*, une réduction de l'offre de crédit hypothécaire, une baisse des prix de l'immobilier et un affaiblissement de la croissance économique globale.

Encadré 3.4. Les marchés de titres adossés à des créances hypothécaires : l'expérience des États-Unis

Les marchés de titres adossés à des créances hypothécaires (TACH) immobilières se sont bien redressés aux États-Unis à la suite de la crise financière mondiale, tandis que les émissions sont restées atones sur les autres grands marchés (Graphique 3.13). Une autre évolution notable réside dans la place prédominante occupée par les émissions de TACH des entreprises parapubliques aux États-Unis. Derrière le marché américain, l'Europe et la Chine sont les deux plus importants marchés de TACH. Le marché chinois des TACH immobilières reste étroit en termes nominaux, mais les émissions de TACH résidentielles et de TACH commerciales y ont toutes deux enregistré leurs taux de croissance les plus élevés au cours des dernières années.

Graphique 3.13. Le marché des TACH immobilières des États-Unis s'est redressé à la suite de la crise financière mondiale

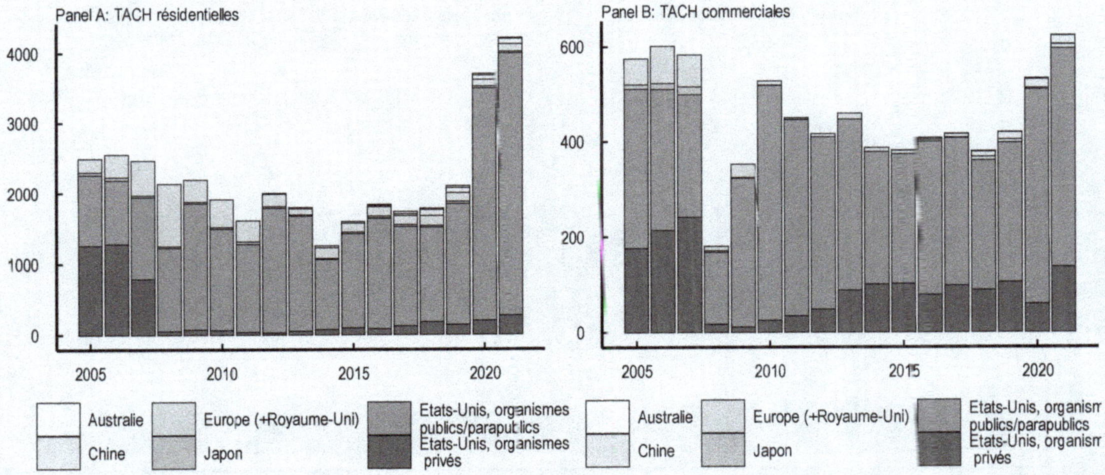

Note : Ces chiffres indiquent le montant nominal des émissions de titres adossés à des créances hypothécaires (TACH) résidentielles et commerciales sur les principaux marchés de TACH. Les émissions de titres des organismes publics et parapublics aux États-Unis recouvrent à la fois les opérations de titrisation réalisées pour des logements individuels ou collectifs par Fannie Mae, Freddie Mac et Ginnie Mae, hors opérations de transfert de risques. Toutes les autres opérations de titrisation ou de garantie réalisées par des organismes publics ou des entreprises parapubliques et les opérations de transfert de risques des entreprises parapubliques sont enregistrées dans la catégorie des titres adossés à des créances hypothécaires ou à d'autres actifs émis par des organismes privés. Les autres marchés des TACH résidentielles retenus sont l'Australie, la Chine, l'Union européenne (dans laquelle est inclus le Royaume-Uni) et le Japon.

Source : Association du secteur des valeurs mobilières et des marchés financiers (SIFMA, *Securities Industry and Financial Markets Association*) ; Association pour les marchés financiers en Europe (AFME) ; Association japonaise des courtiers en valeurs mobilières (JSDA, *Japan Securities Dealers Association*) ; Forum australien sur la titrisation (ASF, *Australian Securitisation Forum*) ; CNABS ; et calculs de l'OCDE.

StatLink https://stat.link/68pu4r

Les effets de la pandémie sur les émissions de TACH ont été divers sur les principaux marchés de ces titres. Ainsi, les programmes d'achats de TACH émis par des organismes publics ou parapublics mis en œuvre par la Réserve fédérale depuis mars 2020 ont contribué aux niveaux records atteints par les émissions de TACH résidentielles et commerciales des organismes publics et parapublics aux États-Unis en 2020 et 2021. Néanmoins, les émissions de TACH résidentielles et commerciales ont fortement diminué dans la plupart des autres principaux marchés (exception faite des émissions de TACH commerciales en Australie et en Chine). Malgré la gravité de la crise liée au COVID-19, les impayés sur les crédits hypothécaires au logement n'ont généralement augmenté que de manière modérée en 2020 sur les principaux marchés de financements immobiliers, des garanties et des moratoires – appliqués dans de nombreuses juridictions – ayant permis d'éviter des défaillances pour un grand nombre de prêts, dont la situation aurait pu se dégrader en l'absence de ces mesures (Green, 2022[17]).

Sachant que leur encours s'élevait à 10 000 milliards USD, les TACH résidentielles émis aux États-Unis restent de loin le segment le plus important du marché mondial des titres adossés à des actifs, qui représentait 13 000 milliards USD en 2021 (Graphique 3.14). La Réserve fédérale des États-Unis détenait environ 2 600 milliards USD de TACH à la fin de décembre 2021. À titre de comparaison, en 2008, les marchés mondiaux des TACH immobilières étaient deux fois plus volumineux que les marchés d'obligations d'entreprises sur les principaux marchés des financements immobiliers. Or, en 2021, les marchés mondiaux des TACH immobilières représentaient 84 % de l'encours total d'obligations d'entreprises. Si les marchés mondiaux des TACH immobilières ont enregistré une croissance notable au cours des dix dernières années, les autres formes de financements de marchés ont connu une expansion encore plus rapide.

Graphique 3.14. Les marchés des titres adossés à des créances hypothécaires (TACH) et des obligations d'entreprises des États-Unis sont de loin les plus importants

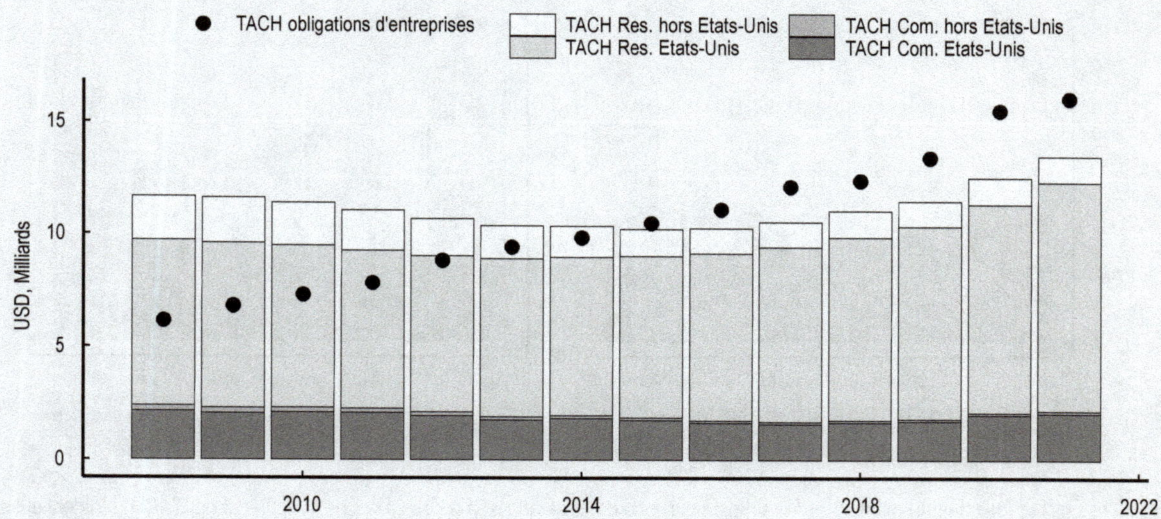

Note : Le montant total de l'encours d'obligations d'entreprises a été calculé à partir de données relatives aux États-Unis, à l'Union européenne (dans laquelle est inclus le Royaume-Uni), au Japon, à l'Australie et à la Chine.

Source : Association du secteur des valeurs mobilières et des marchés financiers (SIFMA, *Securities Industry and Financial Markets Association*) ; Association pour les marchés financiers en Europe (AFME) ; Association japonaise des courtiers en valeurs mobilières (JSDA, *Japan Securities Dealers Association*) ; Forum australien sur la titrisation (ASF, *Australian Securitisation Forum*) ; CNABS ; Banque des règlements internationaux, Statistiques de la BRI sur les titres de dette ; et calculs de l'OCDE.

StatLink https://stat.link/39x6gj

Le renforcement du cadre réglementaire et de la surveillance des entreprises parapubliques aux États-Unis à la suite de la crise financière mondiale a contribué à améliorer les critères d'octroi des prêts dans le pays, si bien que les TACH émis par des organismes publics ou parapublics sont aujourd'hui plus sûrs qu'ils ne l'étaient il y a dix ans. Néanmoins, les innovations financières continuent de fleurir sur les marchés des TACH commerciales, ainsi que l'illustre la part de marché croissante des obligations structurées adossées à des créances immobilières commerciales (CRE CLOs, *commercial real estate collateralised loan obligations*). Ces évolutions rappellent la thèse de l'innovation source de fragilité, selon laquelle les innovations financières constituent la cause profonde de la crise financière mondiale. Celle-ci a été caractérisée par la création de titres perçus comme sûrs, mais qui étaient en fait exposés à des risques négligés. Elles soulignent la nécessité de surveiller les risques connexes et d'adapter la réglementation.

Les activités de couverture réalisées sur les marchés de TACH, qui sont des titres à revenu fixe sensibles aux variations des taux d'intérêt, peuvent avoir des effets d'entraînement considérables sur les marchés des titres du Trésor des États-Unis. Néanmoins, le très volumineux portefeuille de TACH détenu par la Réserve fédérale réduit l'impact des fluctuations des taux d'intérêt. Lorsque les taux d'intérêt augmentent, le cours d'un TACH tend à diminuer à un rythme de plus en plus rapide et beaucoup plus vite que celui d'un titre du Trésor comparable, en raison de l'allongement de la duration des créances hypothécaires. Pour atténuer le risque lié aux fluctuations des taux d'intérêt, les détenteurs de TACH recourent soit à des contrats d'échange de taux d'intérêt, soit à des ventes de titres du Trésor, ce qui peut éventuellement être une source de volatilité sur le marché de ces valeurs du Trésor.

Les préoccupations se sont accentuées à la suite de la hausse généralisée des taux d'intérêt observée dans le contexte de l'accélération de l'inflation et de la réduction progressive des achats d'actifs des principales banques centrales, deux phénomènes qui se traduisent par un réajustement marqué des cours des titres du Trésor. Néanmoins, le portefeuille de TACH détenu par la Réserve fédérale pourrait contribuer à atténuer l'impact des activités de couverture sur la volatilité des marchés de TACH et de titres du Trésor. Ainsi, à la différence de nombreux investisseurs institutionnels, la Réserve fédérale ne se couvre pas contre le risque de remboursement anticipé, dans la mesure où elle n'a pas d'objectif de duration de son portefeuille.

Les obligations sécurisées demeurent un instrument de financement hypothécaire essentiel en Europe

Les obligations sécurisées (*covered bonds*) sont des titres de créance émis par une banque ou un établissement de crédit hypothécaire et garanties par un « portefeuille de couverture » (*cover pool*) composé de prêts hypothécaires immobiliers et de titres de créance du secteur public. Bien que les obligations sécurisées constituent une source de financement garanti et peu coûteux, elles peuvent accroître les risques de refinancement auxquels la banque émettrice s'expose avec des sources de financement de gros non garanti. Contrairement aux titres adossés à des créances hypothécaires (TACH), qui sont constitués d'un ensemble donné de prêts hypothécaires sous-jacents transférés à une entité ad hoc, les obligations sécurisées exigent de la banque émettrice qu'elle conserve un portefeuille d'actifs de qualité servant de couverture aux obligations. Étant donné que le portefeuille d'actifs garantissant les obligations sécurisées doit être régulièrement reconstitué, les détenteurs de créances non garanties doivent assumer l'essentiel du montant cumulé des pertes sur prêts hypothécaires qui dépasse les fonds propres de la banque. Par conséquent, plus une banque émet d'obligations sécurisées, plus le risque lié à ses créances non garanties est grand, ce qui l'expose à un risque plus élevé de refinancement de sa dette non garantie. Les obligations sécurisées diffèrent, sur ce point, des titres adossés à des créances hypothécaires, dont le risque hypothécaire est transféré aux acheteurs de ces titres. Un financement accru par obligations sécurisées pourrait ainsi exacerber le risque de liquidité bancaire et accentuer les tensions sur les marchés du financement de gros non garanti. Le soutien monétaire et budgétaire sans précédent, conjugué aux mesures de renégociation des prêts prises à la suite de la pandémie, a permis de limiter les défauts de remboursement de prêts hypothécaires et de préserver la résilience des marchés des obligations sécurisées. L'effet de la croissance négative du crédit sur les prêts hypothécaires résidentiels qui composent le portefeuille d'actifs garantissant l'obligation a notamment été modeste. L'impact de la pandémie sur le rendement des actifs immobiliers commerciaux pourrait en revanche s'avérer plus important, mais l'exposition des portefeuilles de couverture à ces actifs est limitée.

Le marché mondial des obligations sécurisées a connu une expansion considérable au cours de la dernière décennie (Graphique 3.15). Les obligations sécurisées adossées à des prêts hypothécaires représentent l'essentiel de l'encours des obligations sécurisées. Si l'Europe domine les marchés des obligations sécurisées, ceux-ci se sont néanmoins développés à l'échelle mondiale au cours de la dernière décennie, notamment dans la région Asie-Pacifique, en Amérique du Nord et dans plusieurs économies émergentes. En 2020, les banques européennes restaient néanmoins les principaux émetteurs de ces instruments. Les émissions se sont toutefois taries pendant la pandémie, car une grande partie des aides publiques n'a pas été dépensée, ce qui s'est traduit par une augmentation de l'épargne des ménages sous la forme de dépôts bancaires, qui constituent une source de financement bancaire particulièrement peu coûteuse. Les marchés des prêts hypothécaires résidentiels de première qualité devraient être peu perturbés par le démantèlement des mesures de soutien publiques et réglementaires, mais l'on ne peut pas en dire autant des actifs immobiliers commerciaux.

Graphique 3.15. Le marché des obligations sécurisées s'est considérablement développé

EUR, Milliards

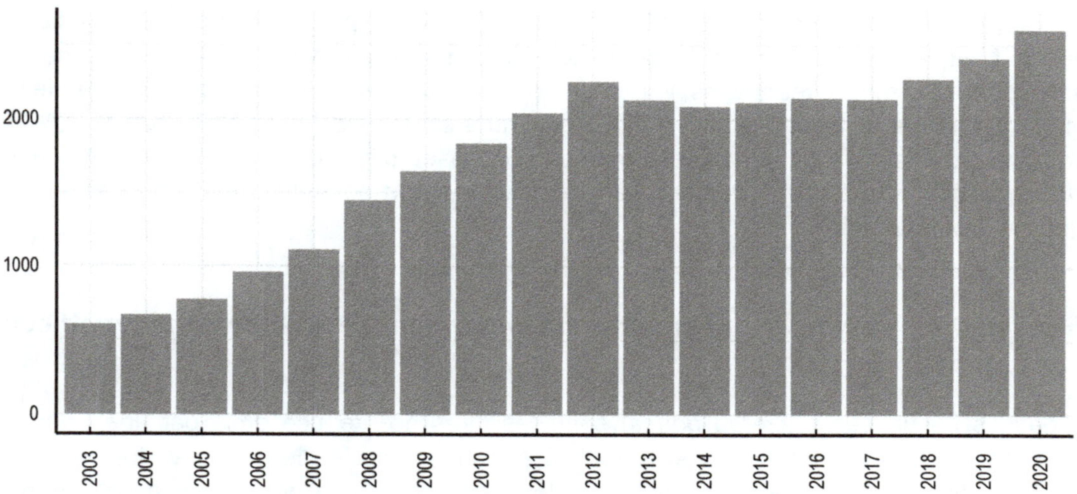

Source : Conseil européen des obligations sécurisées (*European Covered Bond Council*) ; et calculs de l'OCDE.

StatLink https://stat.link/95mtex

Les REITs et les REMFs jouent un rôle grandissant

Les sociétés d'investissement immobilier (REITs, *real estate investment trusts*) sont des structures de placement spécialisées qui tirent l'essentiel de leur revenu d'actifs liés à l'immobilier. Les REITs sont généralement spécialisées dans la détention d'actifs immobiliers physiques ou dans l'activité de prêt à des investisseurs ou promoteurs immobiliers. Elles émettent des titres assimilables à des actions qui donnent aux investisseurs accès à des investissements immobiliers plus liquides que des actifs immobiliers physiques. Durant la période prolongée de faiblesse des taux d'intérêt qui a suivi la crise financière mondiale, les REITs ont offert des possibilités d'investissement attrayantes car, dans de nombreuses juridictions, elles bénéficient d'un traitement fiscal favorable[2], offrent des ratios de distribution de dividendes relativement plus élevés que ceux des actions et/ou proposent des investissements immobiliers diversifiés et liquides. Au cours de la dernière décennie, la capitalisation boursière mondiale du secteur des REITs a triplé (passant de 430 milliards USD en 2010 à plus de 1 300 milliards USD en 2021), les États-Unis représentant quelque 65 % de ce marché, même si une croissance rapide a aussi été enregistrée dans la région Asie-Pacifique (Encadré 3.5).

Encadré 3.5. Tendances et enjeux dans le secteur des sociétés d'investissement immobilier

Au sein du secteur des sociétés d'investissement immobilier (REITs, *real estate investment trusts*), il existe deux grands types de structures : les sociétés d'investissement immobilier direct (*equity* REITs) et les sociétés d'investissement immobilier hypothécaire (*mortgage* REITs ou mREITs). Les *equity* REITs investissent dans des biens physiques, tandis que les *mortgage* REITs investissent dans des prêts hypothécaires et des titres adossés à des créances hypothécaires (TACH), ce qui en fait des détentrices de dettes immobilières. Les mREITs se concentrent généralement soit sur des prêts hypothécaires résidentiels et des titres adossés à des créances hypothécaires résidentielles, soit sur des prêts hypothécaires commerciaux et des titres adossés à des créances hypothécaires commerciales.

La plupart des sociétés d'investissement immobilier hypothécaire résidentiel concentrent leurs investissements sur des titres adossés à des prêts hypothécaires émis par des organismes parapublics : celles-ci sont souvent appelées *Agency* mREITs. À la suite de la crise financière mondiale, plusieurs mREITs ont élaboré des modèles d'activité leur permettant d'acheter des actifs hypothécaires (résidentiels et commerciaux) en difficulté auprès de banques et d'autres prêteurs, contribuant ainsi à recapitaliser le secteur bancaire, à restructurer ces dettes et à assurer leur gestion. La plupart des sociétés d'investissement immobilier cotées aux États-Unis sont des *equity* REITs (Graphique 3.16, partie A), mais les émissions de titres par des mREITs ont considérablement augmenté depuis la crise financière mondiale (partie B). Aux États-Unis, la capitalisation boursière des mREITs a notamment plus que triplé au cours de la dernière décennie (passant de 18 milliards USD en 2008 à 61 milliards USD en 2021). Bien que les sociétés américaines d'investissement immobilier hypothécaire résidentiel constituent toujours le plus gros segment de marché, représentant 63 % de la capitalisation des mREITs domiciliées aux États-Unis en 2021, les sociétés d'investissement immobilier hypothécaire commercial se développent elles aussi.

Des risques baissiers entourent les mREITs, qui recourent aux financements à court terme et à l'endettement. Le rendement des mREITs est généralement fonction des revenus générés par les prêts hypothécaires sous-jacents, ainsi que des variations de la valeur actualisée nette des prêts hypothécaires. Les financements garantis à court terme – notamment via des mécanismes d'octroi de crédits renouvelables par des banques et autres établissements financiers, ainsi que via des emprunts sur les marchés de financements garantis à court terme (aussi appelés mises en pension ou « repo ») et sur les marchés obligataires – fournissent aux mREITs des financements assortis de faibles taux d'intérêt aux fins de l'acquisition d'actifs à long terme générant des rendements plus élevés. Il est courant que les mREITS maximisent l'exploitation de l'écart entre le taux créditeur à court terme et le taux débiteur à long terme en s'endettant davantage. Pour ce faire, la société utilise tout d'abord les capitaux levés auprès des investisseurs pour acheter des TACH. Elle utilise ensuite ces TACH comme garanties pour financer par emprunt l'achat d'autres titres adossés à des créances hypothécaires, opération qu'elle effectue plusieurs fois. Le processus ne peut toutefois pas être répété à l'infini, car le prêteur qui prend les titres

[2] À titre d'exemple, les REITs domiciliées aux États-Unis sont exonérées de l'impôt fédéral sur les sociétés si elles distribuent chaque année au moins 90 % de leur bénéfice net imposable à leurs investisseurs.

en pension exige une garantie sur chaque prêt (une marge qui permet de le protéger) ou peut imposer des clauses restrictives limitant l'endettement.

Graphique 3.16. La proportion de sociétés d'investissement immobilier hypothécaire reste faible par rapport à celle des sociétés d'investissement immobilier direct, même si elle augmente

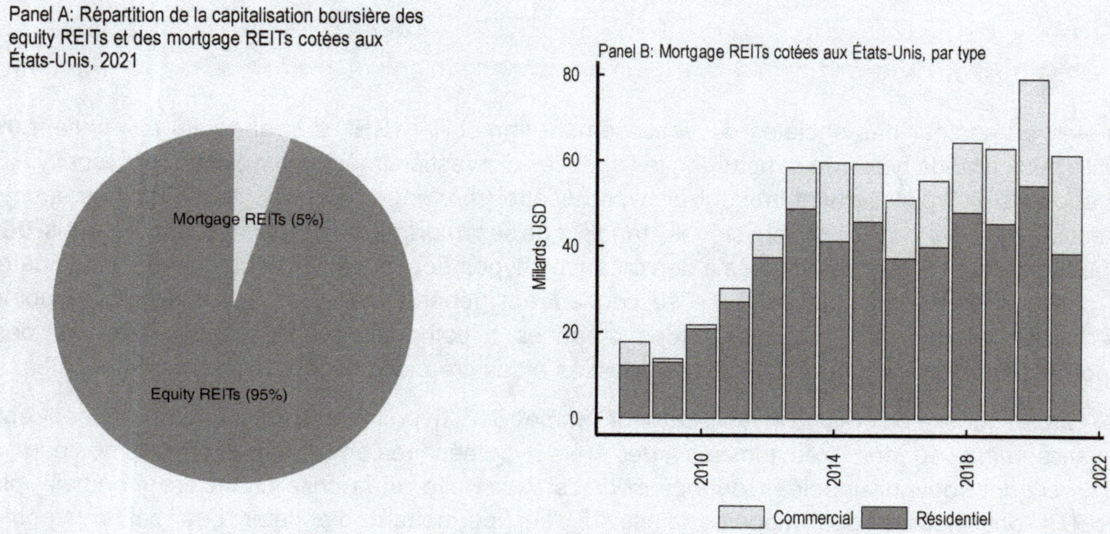

Note : Ces chiffrent indiquent la capitalisation boursière globale des sociétés d'investissement immobilier direct (*equity* REITs) et des sociétés d'investissement immobilier hypothécaire (*mortgage* REITs) cotées aux États-Unis, calculée à partir de la base de données Nareit sur le marché des REITs, qui comprend l'ensemble des sociétés d'investissement immobilier cotées aux États-Unis sur plusieurs indices sectoriels.
Source : REIT.com ; Refinitiv ; et calculs de l'OCDE.

StatLink https://stat.link/l1pj8g

Les mREITs qui font jouer l'effet de levier sont généralement vulnérables face à des hausses importantes des taux d'intérêt, qui nuisent à leur rentabilité et compliquent le refinancement de leur dette. Les financements à court terme arrivant à échéance devraient être renouvelés à des taux d'intérêt plus élevés, ce qui contribuerait à une érosion de leurs marges bénéficiaires. Qui plus est, une hausse importante des taux d'intérêt réduirait les prix de marché et les valeurs actualisées nettes de l'encours des prêts hypothécaires et des TACH et, partant, la valeur des actifs des mREITs. Une chute de la valeur des actifs des mREITs utilisés comme garanties pour obtenir des financements garantis à court terme peut entraîner un appel de marge et, ultérieurement, un mouvement de désendettement, ce qui se traduirait par de nouvelles ventes de TACH et baisses de prix. Une spirale de désendettement pourrait occasionner des pertes importantes pour un large éventail d'intermédiaires financiers et d'investisseurs.

Le début de la pandémie a été marqué par une rupture des relations jusqu'alors stables entre les différents portefeuilles de prêts hypothécaires, du fait de la vague d'aversion extrême pour le risque et du regain de volatilité. Mais la Réserve fédérale américaine est intervenue directement en achetant des TACH émis par des organismes parapublics et en permettant un allègement temporaire des exigences de fonds propres applicables aux banques pour que celles-ci puissent continuer d'accorder des prêts. Conjuguée aux mesures de renégociation des prêts, cette intervention a permis de stabiliser le marché des TACH, ainsi que les marchés à court terme des opérations de pension et des billets de trésorerie. Toutefois, bien après la première vague de contaminations au COVID-19, certains types de biens se trouvaient encore en difficulté aux États-Unis, notamment les bureaux, les hébergements de loisirs et les complexes touristiques, et les bâtiments de santé. Plus récemment, alors que les marchés de capitaux craignaient une flambée d'inflation, accentuée par l'invasion russe de l'Ukraine, les opérateurs du marché ont été réconfortés par le fait que, dans le passé, l'immobilier et les REITs se sont relativement bien tenus durant les périodes d'inflation accrue, où les loyers ont généralement suivi le rythme global de la hausse des prix et où la valeur des biens immobiliers s'est appréciée.

Les fonds communs de placement immobilier (REMFs, *real estate mutual funds*), qui s'apparentent aux fonds de fonds, sont étroitement liés aux mREITS. Environ un sixième des REMFs sont cotés en bourse (notamment via des fonds indiciels cotés – ETFs, *exchange-traded funds* – axés sur l'immobilier). Les REMFs ont connu un essor fulgurant, le total des actifs sous gestion étant passé de 650 milliards USD en 2005 à 4 100 milliards USD en 2021 (ANREV / INREV / NCREIF, 2022[18]). Les ETFs axés sur l'immobilier réalisent de la transformation de liquidité, ce qui les rend vulnérables aux demandes de remboursement de parts de la part des investisseurs lorsque les conditions du marché se dégradent. Ils constituent des placements liquides permettant des remboursements de parts plus fréquents. Comme dans le cas des mREITs, la matérialisation du risque de remboursement peut pousser à la vente, ce qui accentue encore la volatilité. Dans la mesure où une incertitude particulièrement forte entoure souvent la valeur liquidative d'un REMF, les autorités réglementaires peuvent être poussées à inciter ces fonds à cesser leurs activités, comme cela s'est produit au Royaume-Uni à certains moments des négociations sur le Brexit. En 2020, les REMFs ont enregistré d'importantes sorties à la suite de l'affaiblissement des mREITs (SEC, 2020[19]). La dégradation de la liquidité de marché des actifs des REMFs a été particulièrement marquée pour les fonds en proie à des remboursements de parts plus importants. Les REMFs ont notamment tenté de recourir à une stratégie de gestion des liquidités en cascade (« *liquidity waterfall* ») pour répondre dans un premier temps à la demande accrue de remboursement en utilisant la trésorerie et les équivalents de trésorerie. Certains se sont toutefois retrouvés à court de liquidités, ce qui les a contraints à vendre des actifs immobiliers sur des marchés de moins en moins liquides. L'évolution de la situation depuis le début de la pandémie montre que des facteurs de vulnérabilité structurelle subsistent dans les produits de type « mREIT » et « REMF », qui contribuent à la volatilité des prix sur les marchés des TACH.

Le crédit hypothécaire non bancaire comporte des risques

Depuis la crise financière mondiale, la faiblesse des taux d'intérêt et le durcissement de la réglementation bancaire[3] ont contribué à l'essor des établissements de crédit hypothécaire non bancaires et des gestionnaires non bancaires de prêts hypothécaires faisant jouer l'effet de levier, principalement aux États-Unis (Encadré 3.6). Ces établissements de crédit hypothécaire non bancaires réalisent de la transformation de liquidité et d'échéances. Leur montée en puissance a eu plusieurs retombées positives : intensification de la concurrence ; allongement des échéances (de la part des compagnies d'assurance et des fonds de pension), réduisant ainsi la nécessité de transformer les échéances ; et diminution probable du caractère procyclique de l'offre (aucune monnaie n'étant créée), même si le faible nombre de données empiriques peut laisser penser le contraire (BRI, 2020[20]). Toutefois, ainsi qu'il a été indiqué plus haut, la qualité moyenne des crédits hypothécaires des établissements financiers non bancaires est généralement inférieure à celle des prêts des banques.

Encadré 3.6. Financement non bancaire du logement : tendances et expérience internationale

L'essor des activités d'octroi et de gestion de prêts hypothécaires par des acteurs non bancaires depuis la crise financière mondiale s'est produit à des rythmes très différents selon les pays.

- Aux États-Unis, les prêts hypothécaires au logement octroyés par des établissements de crédit hypothécaire non bancaires ont considérablement augmenté au cours de la dernière décennie, passant de 30 % en 2010 à 55 % du total des prêts octroyés en 2020. La part de marché des

[3] En janvier 2020, les règles de Bâle III ont toutefois été assouplies (OCDE, 2021[25]).

établissements bancaires est tombée en dessous de 50 % en 2024. À l'instar des banques, les établissements de crédit hypothécaire non bancaires fonctionnent selon le modèle « octroi puis cession » de crédits (*originate-to-distribute*)[4] et vendent une part importante de leurs crédits hypothécaires à des organismes publics (dont Fannie Mae, Freddie Mac et Ginnie Mae), qui détenaient environ deux tiers de l'ensemble des crédits hypothécaires au logement en 2020. Fannie Mae et Freddie Mac, qui ont été placé sous la tutelle du Trésor américain en 2008, couvrent leur risque de crédit au moyen d'une assurance hypothécaire indépendante (PMI, *private mortgage insurance*) et en émettant des titres de transfert du risque de crédit (CRT, *Credit Risk Transfer*)[5].

- En Chine, les établissements non bancaires constituent les principales sources de financement des promoteurs immobiliers. Les fonds levés auprès des circuits non bancaires (c'est-à-dire via l'émission d'actions sur le marché primaire, l'émission d'obligations d'entreprise et les prêts de sociétés fiduciaires) représentaient 70 % du total des sources de financement des promoteurs immobiliers en 2020. La crise liée au COVID-19 a toutefois accéléré la chute des prêts de sociétés fiduciaires, qui avait déjà commencé à la fin de 2017. En 2019, la Commission chinoise de réglementation du secteur bancaire et de l'assurance a instauré un plafonnement plus explicite des prêts immobiliers octroyés par les sociétés fiduciaires afin de les empêcher de financer des promoteurs immobiliers qui ne disposent pas de toutes les autorisations nécessaires ou qui ne respectent pas les exigences relatives à l'actionnariat et au capital.
- Sur les autres grands marchés du financement de l'immobilier, la part des prêts hypothécaires résidentiels octroyés par des établissements non bancaires est restée à peu près stable, à un niveau modéré (moins de 10 % au Japon, au Royaume-Uni et dans l'Union européenne).

S'agissant des prêts hypothécaires commerciaux, les données disponibles relatives aux principaux marchés du financement de l'immobilier font apparaître une proportion modérée de crédits non bancaires, qui allait de moins de 5 % en Australie à 16 % en moyenne dans l'Union européenne à la fin de 2020. On observe néanmoins une très grande hétérogénéité entre les économies européennes, où une part importante du financement provient de compagnies d'assurance dans certains pays (Allemagne, Belgique, Croatie) et de fonds de pension et de fonds de placement dans d'autres (Belgique, Irlande, Italie, Lettonie, Malte et Pays-Bas).

Les crédits fondés sur les technologies financières (crédits FinTech) se sont multipliés sur les principaux marchés du financement de l'immobilier, générant des gains d'efficience mais suscitant aussi d'éventuelles préoccupations concernant leur résilience financière. Le processus d'octroi des crédits a été rationalisé et

[4] En juillet 2021, les autorités de réglementation financière des États américains ont approuvé des mesures visant à améliorer la solidité financière des gestionnaires non bancaires de prêts hypothécaires.

[5] Les titres de transfert du risque de crédit (CRT, *Credit Risk Transfer*) ont été créés à la lumière des orientations formulées en 2013 par l'Autorité fédérale américaine du financement du logement (FHFA, *Federal Housing Finance Agency*) pour réduire les risques pesant sur entreprises parapubliques et, *in fine*, sur les contribuables américains. Le principal des titres de type CRT n'est pas garanti, et les tranches de rang inférieur sont fortement subordonnées. Bien que les titres CRT soient détenus par divers acteurs, notamment des fonds spéculatifs, des sociétés d'investissement immobilier hypothécaire, des fonds communs de placement immobilier, des banques, des compagnies d'assurance et des sociétés d'investissement, l'actionnariat est concentré. À la fin de 2019, Fannie Mae et Freddie Mac avaient émis des titres CRT sur un portefeuille de prêts hypothécaires pour maisons individuelles de 3 500 milliards USD et souscrit une assurance hypothécaire indépendante couvrant un portefeuille de 1 600 milliards USD supplémentaires. Au début mars 2020, les craintes des investisseurs concernant l'imminence d'un événement générateur de pertes importantes a entraîné la fermeture du marché des titres CRT. Freddie Mac a toutefois recommencé à émettre des titres CRT en juillet, et Fannie Mae au début 2021.

automatisé par les nouveaux entrants, ce qui a permis d'accélérer les procédures d'approbation et de réduire les coûts, la fraude et les erreurs, au détriment toutefois d'une plus grande vulnérabilité face aux cyberattaques (Fuster et al., 2019[21]). Les crédits FinTech procurent une certaine commodité aux emprunteurs et permettent une évaluation plus précise des risques auxquels s'exposent les prêteurs. Les prêteurs traditionnels ont adopté certaines des innovations apportées par les FinTech, brouillant ainsi la distinction entre les deux types de prêteurs. Qui plus est, une certaine coopération a été mise en place ; ainsi, une banque peut conclure un contrat avec une FinTech pour que celle-ci lui fournisse l'infrastructure numérique nécessaire à l'émission de ses crédits hypothécaires. En 2020, les deux plus grands établissements de crédit FinTech comptaient à eux deux pour 30 % de l'ensemble des prêts résidentiels émis par les 25 premiers prêteurs aux États-Unis (qui représentaient les deux tiers du marché).

Parmi les autres types de prêts immobiliers non bancaires, on peut citer les prêts entre pairs ou le financement participatif par prêt, les prêts octroyés directement par des plateformes de financement et le financement participatif immobilier. Les émissions de ces types de prêts ont été suspendues ou réduites au premier semestre de 2020, à la suite du choc provoqué par la pandémie de COVID-19, mais elles semblent s'être redressées depuis. Les nouvelles technologies de prêt peuvent apporter des gains d'efficience en faisant diminuer les frais de gestion, en améliorant la précision des évaluations qui sous-tendent les transactions hypothécaires et en réduisant la fraude. Les plateformes numériques FinTech sont toutefois elles aussi exposées aux menaces externes et aux risques de cyberattaques ; les consommateurs sont donc davantage susceptibles de subir des pertes et d'autres préjudices, tels que la fraude par des tiers.

Le niveau élevé d'endettement des établissements financiers non bancaires et l'importante transformation de liquidité comportent des risques (Encadré 3.7). En outre, la performance de ces établissements dépend également des prix de l'immobilier, de la qualité et de la diversification de leurs actifs, de leur dépendance à l'égard des marchés de financement de gros, parfois volatils, des vagues périodiques de demandes de remboursement de parts et des liens entretenus avec d'autres marchés de capitaux.

Encadré 3.7. Financement non bancaire du logement : endettement, liquidité et autres risques principaux

États-Unis

Les établissements de crédit hypothécaire non bancaires sont exposés à un risque de liquidité en raison de leur modèle d'activité, qui combine fonds propres et sources de financement diverses[6]. Ils s'exposent à des asymétries de liquidité en recourant à des lignes de crédit à court terme renouvelables pour financer des prêts hypothécaires à long terme. Ils peuvent être confrontés à des pénuries de liquidités à la suite d'un choc inattendu entraînant un tarissement de la liquidité sur les marchés de titrisation. En cas de choc nuisant à la qualité des prêts hypothécaires et suscitant l'inquiétude des investisseurs à l'égard des établissements de crédit hypothécaire non bancaires, l'accès de ces derniers aux financements sera vraisemblablement réduit et plus coûteux. À la différence des banques, qui peuvent compter sur les dépôts comme source de financement relativement stable, les établissements de crédit hypothécaire non bancaires ne disposent pas d'une telle base de dépôts

[6] Les établissements de crédit hypothécaire non bancaires financent leurs activités en combinant des obligations vendues à des particuliers, des prêts de gros, des opérations de titrisation, des lignes de crédit à court terme renouvelables (*warehouse lines*) et via leur propre bilan (avec le soutien d'investisseurs en obligations et en actions). Ils peuvent recourir à diverses structures de financement s'appuyant sur un ensemble diversifié d'investisseurs : banques, gestionnaires d'actifs traditionnels, fonds spéculatifs, gestionnaires de patrimoine de familles fortunées (*family offices*) ou particuliers fortunés. Si certaines sociétés ont émis des actions cotées en bourse, la plupart restent détenues par des capitaux privés.

captifs et peuvent être exposés à de fortes variations des coûts de financement.

Les établissements de crédit hypothécaire non bancaires sont de plus en plus exposés à la volatilité du fait de la proportion croissante des droits de gestion de prêts hypothécaires (MSR, *mortgage servicing rights*) dans leur bilan. Ainsi, en 2021, ils ont ainsi assuré la gestion de 60 % des prêts hypothécaires, contre 6 % en 2011 (CSBS, 2021[22]). Ils ont également accru leur part de marché dans le secteur de la gestion des prêts hypothécaires, en grande partie via l'achat massif de MSR sur des portefeuilles de prêts non performants initialement détenus par des banques. Les gestionnaires non bancaires de prêts hypothécaires sont exposés à un risque de liquidité car, en cas de défaut de remboursement d'un prêt hypothécaire, ils perdent non seulement les revenus de gestion mais doivent aussi continuer de régler les sommes dues aux investisseurs, aux autorités fiscales et aux assureurs avec leurs propres fonds, et prendre en charge le coût élevé de la gestion des impayés sur les prêts hypothécaires[7]. En particulier, les gestionnaires de prêts Ginnie Mae sont exposés à un risque de liquidité encore plus important dans la mesure où ils sont susceptibles de devoir assumer une plus lourde charge découlant de la gestion de crédits dépréciés ou en défaut (Ginnie Mae, 2016[23]). S'agissant des prêts relevant des portefeuilles des entreprises parapubliques (telles que Fannie Mae et Freddie Mac) et de Ginnie Mae, la portion initiale des pertes est supportée par l'emprunteur. La compagnie d'assurance hypothécaire indépendante ou l'entité publique qui garantit le prêt prend ensuite à sa charge la deuxième portion des pertes. Les gestionnaires de prêts Ginnie Mae sont toutefois censés supporter la portion des pertes non couverte par l'État ou l'assureur.

Sachant qu'un effondrement de certains établissements de crédit hypothécaire non bancaires ou gestionnaires non bancaires de prêts hypothécaires domiciliés aux États-Unis pourrait amplifier les chocs négatifs, les autorités de réglementation, qui sont conscientes de ce risque, ont renforcé la surveillance réglementaire. Elles doivent évaluer dans un deuxième temps le risque de répercussion des tensions dans le secteur non bancaire sur le système bancaire réglementé, en particulier parce que les deux entretiennent des relations complexes et opaques[8]. La défaillance d'un grand nombre d'établissements de crédit hypothécaire non bancaires ou de gestionnaires non bancaires de prêts hypothécaires se traduirait par une diminution de l'offre globale de prêts hypothécaires et par un recul des prix de l'immobilier. Au début de la crise liée au COVID-19, la Réserve fédérale des États-Unis a ainsi soutenu le marché des TACH, tandis que les mesures de renégociation des prêts hypothécaires, la loi sur l'aide, le secours et la sécurité économique en temps de COVID-19 (CARES, *Coronavirus Aid, Relief, and Economic Security*) de mars 2020 et l'augmentation des allocations de chômage ont contribué à soutenir le secteur financier et l'économie réelle (GAO, 2021[24]). L'Autorité fédérale américaine du financement du logement (FHFA, *Federal Housing Finance Agency*) et Ginnie Mae ont annoncé plusieurs mesures visant à favoriser la liquidité en permettant aux établissements de crédit hypothécaire et aux gestionnaires de prêts hypothécaires de recevoir plus facilement divers types d'avances de trésorerie à court terme.

Europe

Dans un certain nombre de pays européens (Allemagne, Belgique, Bulgarie, Estonie, Lettonie, Lituanie, Pays-Bas, Portugal et Slovénie), les compagnies d'assurance et les fonds de placement sont exposés, via leurs investissements dans l'immobilier commercial, à des risques liés à la solvabilité ou aux remboursements de parts. En revanche, les fonds de pension sont, dans la plupart des pays européens, peu exposés au secteur immobilier. Les moins-values liées aux expositions sur l'immobilier commercial

[7] Ils doivent notamment continuer à assurer la gestion des prêts renégociés ou faisant l'objet d'une saisie des biens fournis en garantie.

[8] Le principe I.B. du Cadre d'action publique de l'OCDE pour une réglementation financière efficace et efficiente souligne l'importance de la transparence du paysage financier pour toutes les parties prenantes.

pourraient rendre les compagnies d'assurance et les fonds de placement concernés moins disposés ou moins en mesure d'octroyer de nouveaux financements dans plusieurs pays européens. Dans l'ensemble, toutefois, l'exposition directe relativement faible des fonds de pension et des compagnies d'assurance au secteur immobilier dans la plupart des pays et le fait que les investissements indirects dans l'immobilier sont, dans bien des cas, diversifiés à l'échelle internationale et couverts par des cadres de gestion des risques devraient réduire les risques de tensions financières.

Source : (OCDE, 2021[25]).

Il convient de gérer les risques liés au financement non bancaire des prêts hypothécaires

Il faudrait évaluer l'efficacité des instruments de réglementation applicables aux sociétés d'investissement immobilier hypothécaire (mREITs) et aux fonds communs de placement immobilier (REMFs) afin de déterminer s'il est nécessaire d'adopter une approche plus globale, fondée sur les risques, en matière de réglementation des établissements de crédit hypothécaire non bancaires et des gestionnaires non bancaires de prêts hypothécaires. Il conviendrait de remédier aux vulnérabilités naissantes sans remettre en cause les avantages des financements de marché. L'enjeu principal consiste à déterminer si suffisamment d'instruments existent pour inciter les établissements de crédit hypothécaire non bancaires faisant jouer l'effet de levier à être attentifs aux risques de liquidité et de transformation d'échéances, afin que puissent être évités des effets d'entraînement cycliques dispensables sur le reste du système financier et la sphère réelle de l'économie (Encadré 3.8). Outre des mesures visant à atténuer le risque de demandes de remboursement coordonnées ayant un effet préjudiciable, l'importante asymétrie de liquidité donne à penser qu'il faut élargir l'éventail des outils de gestion de la liquidité pour permettre aux REMFs d'absorber les sorties d'investisseurs sans recourir à des suspensions de remboursement de parts (FMI, 2021[26]). L'Irlande offre un exemple de réformes pouvant être prises pour réglementer les fonds de placement immobilier en vue de renforcer la stabilité financière (Encadré 3.9).

Encadré 3.8. Fonds ouverts : facteurs de vulnérabilité et réformes envisageables

En 2017-18, le Conseil de stabilité financière (CSF) et l'Organisation internationale des commissions de valeurs (OICV) ont déployé des efforts considérables pour recenser les principaux facteurs de vulnérabilité structurelle des fonds dits « ouverts », et l'OICV a formulé des recommandations détaillées à cet égard[9]. En octobre 2021, le CSF a publié des propositions de mesure visant à renforcer la résilience des organismes de placement collectif monétaires (OPC monétaires), notamment s'agissant de la pertinence de la structure du secteur et des marchés de financement à court terme sous-jacents (Conseil de stabilité financière, 2021[27]). À l'instar des fonds de placement ouverts, les fonds communs de placement immobilier (REMFs) sont exposés à des remboursements de parts. Par conséquent, parmi les principales mesures proposées par le CSF à l'intention des OPC monétaires, certaines pourraient aussi s'avérer pertinentes pour les REMFs, notamment :

- *L'imposition* d'un volant de fonds propres suffisamment important ou d'un plafond d'endettement atténuerait le risque de pertes pour les investisseurs et inciterait moins ces

[9] En 2017, le Conseil de stabilité financière (CSF) a publié des recommandations pour remedier aux vulnérabilités structurelles des activités de gestion d'actifs (*Recommendations to Address Structural Vulnerabilities from Asset Management Activities*). En 2018, l'Organisation internationale des commissions de valeurs (OICV) et ses membres ont publié deux rapports, lun présentant des recommandations sur la gestion du risque de liquidité dans les fonds de placement collectif (*Recommendations for Liquidity Risk Management for Collective Investment Schemes*), et l'autre les bonnes pratiques en matière de gestion de la liquidité et des risques dans les fonds ouverts (*Open-ended Fund Liquidity and Risk Management – Good Practices and Issues for Consideration*).

derniers de demander à la hâte le remboursement de leurs parts. L'établissement de critères d'admissibilité des actifs permettrait de limiter l'incidence de remboursements massifs en réduisant la transformation de liquidité réalisée par les REMFs. Les REMFs devraient investir une plus grande proportion de leurs actifs dans des instruments à plus court terme et/ou plus liquides, ce qui les rendrait moins tributaires des conditions de liquidité sur les marchés des actifs qu'ils détiennent et réduirait l'avantage du premier arrivant dont les investisseurs demandant le remboursement de leurs parts pourraient bénéficier. Ainsi, la Banque centrale d'Irlande a plafonné à 60 % le ratio d'endettement (dette totale/total des actifs) des fonds de placement immobilier et formulé des orientations destinées à limiter les asymétries de liquidité dans ce type de fonds (Encadré 3.9).

- *L'adoption d'un mécanisme d'ajustement de la valeur liquidative (swing pricing)*[10] pourrait contribuer à atténuer le risque lié aux remboursements de parts et à réduire les avantages du premier arrivant découlant de la mutualisation des liquidités, si les coûts qui en résultent sont répercutés sur les investisseurs demandant le remboursement de leurs parts. Le fait de calculer la valeur du remboursement à partir d'un solde minimum pour risques (MBR, *minimum balance at risk*) pourrait en outre réduire l'avantage du premier arrivant lorsqu'un REMF subit des pertes, car celles-ci ne seraient plus supportées de manière disproportionnée par les investisseurs restant dans le fonds.

L'imposition d'exigences de liquidité supplémentaires et l'utilisation d'outils de gestion de la liquidité pourraient accroître le niveau de liquidité à l'actif des REMFs et offrir aux fonds des solutions flexibles de gestion des risques. Ces mesures pourraient être utiles pour renforcer la résilience des REMFs, mais il devrait être envisagé d'accorder la priorité à la mise en œuvre de diverses mesures dans le cadre d'un train de réformes afin de remédier aux facteurs de vulnérabilité des REMFs recensés dans chaque pays.

Encadré 3.9. Mesures visant à limiter les niveaux d'endettement et les asymétries de liquidité dans les fonds de placement immobiliers en Irlande

Les fonds de placement investissant dans l'immobilier sont devenus des acteurs clés du marché irlandais de l'immobilier commercial, sachant qu'ils détenaient quelque 22 milliards EUR de biens immobiliers en 2022[11]. Cette forme d'intermédiation financière en plein essor peut avoir des effets positifs sur la stabilité macroéconomique et financière. Souvent créés et financés par des investisseurs étrangers, les fonds de placement immobilier offrent un autre canal d'intermédiation financière pour investir sur le marché de l'immobilier commercial, réduisant ainsi la dépendance à l'égard des sources nationales de capitaux.

Cette évolution de la nature de l'intermédiation financière risque aussi d'entraîner l'apparition de

[10] Le « *swing pricing* » est un mécanisme d'ajustement de la valeur liquidative des fonds qui permet aux gestionnaires d'ajuster à la baisse la valeur liquidative d'un fonds lorsque les sorties dépassent un certain seuil. Les gestionnaires de fonds peuvent ainsi répartir les coûts de transactions en servant au mieux les intérêts de tous les investisseurs et assurer un traitement plus équitable en faisant supporter les coûts de transactions aux investisseurs sortants plutôt qu'à ceux restant dans le fonds.

[11] L'immobilier commercial recouvre tout bien immobilier générateur de revenus, existant ou destiné à la promotion immobilière, logements locatifs y compris ; ou tout bien existant ou en cours de construction détenu par ses propriétaires afin d'y exercer leur activité commerciale ou à toute autre fin ou activité.

nouveaux facteurs de vulnérabilité ; il est donc important d'adapter le cadre macroprudentiel en conséquence. Compte tenu de l'essor du secteur des fonds de placement immobilier, la résilience de cette forme d'intermédiation financière revêt aujourd'hui une importance plus grande qu'il y a dix ans pour le bon fonctionnement du marché global de l'immobilier commercial. Toute perturbation sur ce marché est donc susceptible d'entraîner des conséquences macroéconomiques négatives et/ou d'amplifier celles-ci, via divers canaux. Il peut notamment s'agir de pertes sur les expositions des prêteurs, de contraintes de financement touchant les emprunteurs qui utilisent des biens immobiliers commerciaux à titre de garanties, ou de répercussions négatives sur l'activité du secteur de la construction.

Afin de rendre cette forme d'intermédiation financière en plein essor plus résiliente face aux chocs, la Banque centrale d'Irlande (CBI, *Central Bank of Ireland*) a mis en place, en novembre 2020, des règles macroprudentielles applicables aux fonds de placement immobilier. Il s'agissait des premières mesures adoptées au titre du troisième pilier de son cadre macroprudentiel, qui concerne les intermédiaires financiers non bancaires. Le ratio d'endettement (dette totale/total des actifs) des fonds de placement immobilier a notamment été plafonné à 60 %, et des recommandations visant à limiter les asymétries de liquidité dans ce type de fonds ont été publiées.

Ces mesures visent essentiellement à remédier au risque que des facteurs de vulnérabilité financière dans le secteur des fonds de placement immobilier entraînent des ventes forcées d'actifs en période de tensions. L'endettement excessif et l'asymétrie de liquidité constituent des sources potentielles de vulnérabilité des fonds de placement immobilier[12]. En effet, en cas de choc négatif, certains fonds de placement immobilier présentant un niveau élevé d'endettement et une asymétrie de liquidité risquent de se voir contraints de vendre des actifs immobiliers sur une période relativement courte, ce qui créerait des tensions sur les prix sur le marché de l'immobilier commercial et/ou amplifierait celles-ci.

La CBI prévoit une période de mise en œuvre de cinq ans pour permettre un ajustement progressif et ordonné de l'endettement des fonds de placement immobilier existants, et une période de dix-huit mois pour que ceux-ci puissent prendre les mesures qui s'imposent à la lumière des recommandations relatives aux asymétries de liquidité. Elle n'autorise de nouveaux fonds que s'ils respectent le plafond d'endettement de 60 %, et s'attend à ce que les fonds de placement immobilier autorisés à compter du 24 novembre 2022 se conforment à ses recommandations dès leur création.

Les mesures proposées visent à préserver la résilience de cette forme d'intermédiation financière en plein essor, afin que les fonds de placement immobilier soient mieux à même d'absorber les chocs négatifs, plutôt que de les amplifier. Et elles devraient du même coup contribuer à mieux armer le secteur pour qu'il continue de servir de source viable d'investissement dans l'activité économique.

En ce qui concerne les mREITs, les difficultés de gestion de la liquidité sont liées à l'asymétrie d'échéances et au risque de refinancement de la dette, qui s'expliquent par l'utilisation de financements garantis à court terme et/ou de lignes de crédit bancaire à court terme renouvelables aux fins du financement de TACH et de prêts hypothécaires à plus long terme. Le recours à des outils de gestion des risques pour renforcer leur capacité d'absorption de pertes et améliorer leurs positions de liquidité permettrait notamment d'atténuer leur sensibilité aux appels de marge.

Aux États-Unis, les établissements de crédit hypothécaire non bancaires et les gestionnaires non bancaires de prêts hypothécaires sont réglementés à ces fins de sécurité et de solidité du système financier, et soumis à des exigences de fonds propres et de liquidité. Bien que ce secteur ne présente pas

[12] L'analyse de ces fonds par la CBI repose en grande partie sur une enquête, menée en 2020, exclusivement consacrée aux fonds de placement immobilier irlandais (intitulée « *Deep Dive Survey* »), ainsi que sur des données réglementaires et statistiques recueillies régulièrement par la banque centrale.

de risque de créance sur le fonds d'assurance des dépôts, les difficultés financières qu'il est susceptible de rencontrer peuvent constituer une menace de taille pour la résilience du système financier, à la fois directement et indirectement du fait de ses liens avec le système bancaire classique. En 2019, la *Conference of State Bank Supervisors* (CSBS) et l'*American Association of Residential Mortgage Regulators* (AARMR) ont conjointement publié des procédures d'examen de la sécurité et de la solidité de tous les établissements financiers, qui ont depuis été appliquées, dans leur intégralité ou en partie, par la plupart des États fédérés (CSBS, 2019[28] ; CSBS, 2021[22]).

Bien que ces normes prudentielles méritent d'être saluées, les modèles de normes prudentielles applicables aux gestionnaires non bancaires de prêts hypothécaires au niveau des États (*Final Model Standards*) pourraient être encore renforcés. Plus précisément, les normes réglementaires en matière de fonds propres ne sont pas définies selon une approche fondée sur les risques s'agissant des actifs des établissements de crédit hypothécaire non bancaires, contrairement au cadre réglementaire des banques, qui prend en compte de nombreux facteurs. En outre, les exigences de liquidité ne tiennent pas compte de la maturité et de la capacité des facilités de crédit de l'établissement, de l'efficacité de ses stratégies de couverture ou encore des particularités de son modèle d'activité. Par ailleurs, l'exigence supplémentaire de liquidité de 200 points de base applicable aux entreprises parapubliques lorsque les impayés atteignent un certain niveau peut obliger les gestionnaires non bancaires à lever davantage de fonds alors même qu'ils connaissent peut-être déjà des difficultés financières. Des exigences contracycliques seraient préférables. Dans ce contexte, il est à craindre que les exigences réglementaires applicables aux établissements de crédit hypothécaire non bancaires et aux gestionnaires non bancaires de prêts hypothécaires ne soient pas tout à fait adéquates au regard des risques posés par ces entreprises. Il faudrait tenir compte d'autres facteurs de risque pertinents pour définir les exigences de fonds propres et de liquidité applicables aux établissements de crédit hypothécaire non bancaires et aux gestionnaires non bancaires de prêts hypothécaires. Toutefois, si les autorités de réglementation décèlent des vulnérabilités croissantes dans un établissement particulier, elles peuvent décider, au cas par cas, de durcir les exigences de fonds propres et de liquidité afin d'atténuer les risques et les retombées propres à cet établissement qui seraient susceptibles de menacer la résilience du secteur et peut-être au-delà. Il semble donc nécessaire de poursuivre les efforts pour élaborer et mettre en œuvre divers outils permettant de remédier aux facteurs de vulnérabilité des établissements et gestionnaires de prêts hypothécaires. Une évaluation de l'utilisation et de l'efficacité de ces outils permettrait en outre de s'assurer qu'ils contribuent à atténuer les prises de risques excessives en matière de liquidité et d'endettement, et qu'ils améliorent la résilience en période de difficulté.

Utiliser le crédit hypothécaire au service de la décarbonation du logement

Le financement du logement a un rôle essentiel à jouer dans la réduction des émissions du secteur résidentiel, et cet effort nécessitera des investissements coûteux (Chapitre 2). Les établissements de crédit hypothécaire peuvent soutenir la décarbonation du logement à différents stades :

- Pour les nouvelles constructions, les prêteurs hypothécaires peuvent tenir compte du fait que la construction de logements conformes à des normes compatibles avec l'objectif de neutralité carbone se traduira par une baisse des dépenses d'énergie récurrentes et éliminera le risque que les propriétaires doivent réaliser ultérieurement de coûteuses rénovations. Ces deux facteurs améliorent respectivement les flux de trésorerie et la valeur des garanties déposées par les emprunteurs, ce qui améliore aussi la qualité du crédit. Des certificats de performance énergétique transparents et fiables favoriseraient le recours à des prêts de construction intégrant le moindre risque associé à la haute qualité environnementale d'une construction.
- Le même constat vaut pour les logements anciens : des certificats fiables permettraient aux banques de procéder plus facilement à un rehaussement de crédit à la suite d'une amélioration de

l'efficacité énergétique du bien, compte tenu, là encore, de ses effets sur la valeur des garanties et les flux de trésorerie de l'emprunteur.

- Il n'existe à l'heure actuelle aucun marché du crédit pour la rénovation. Le montant requis pour la rénovation d'un logement individuel est bien plus faible qu'un prêt hypothécaire, ce qui complique la couverture des frais administratifs et autres frais d'émission. Le marché du crédit à la consommation est en outre inadapté au financement de la rénovation : l'échéance de remboursement des rénovations est généralement plus longue que celle des prêts à la consommation, et le risque accru associé à un crédit à la consommation se traduit par des taux d'intérêt élevés qui peuvent rendre les investissements dans la rénovation non rentables. Des informations fiables et transparentes sur la performance énergétique des logements rénovés permettraient, là encore, de faire prendre conscience aux prêteurs des avantages spécifiques que présentent les crédits à la rénovation énergétique, par rapport aux crédits à la consommation, notamment la réduction des futures factures d'énergie et l'accroissement de la valeur du logement. Une telle avancée créerait des conditions plus propices au développement de marchés actifs pour le financement de la rénovation.

Les systèmes d'évaluation environnementale des bâtiments se sont multipliés

Divers systèmes d'évaluation environnementale des bâtiments (SEEB) ont été mis au point afin de fournir les informations nécessaires pour favoriser la prise en compte des objectifs environnementaux dans le secteur du bâtiment. Les SEEB correspondent généralement à des normes définies par des tiers, dont l'adoption est facultative et qui sont fondées sur le jeu du marché ; ils renseignent les investisseurs immobiliers et les détenteurs d'obligations immobilières sur la performance d'un bâtiment existant ou d'un projet de construction du point de vue de la durabilité et de l'environnement. Si un bien immobilier affiche une classe énergétique élevée, son prix tend à être plus élevé (Taruttis et Weber, 2022[29] ; Copiello et Donati, 2021[30] ; Fuerst et al., 2015[31] ; Hyland, Lyons et Lyons, 2013[32]). Les éléments attestant leur effet sur les prêts au logement sont toutefois plus rares, bien qu'un lien entre une plus grande efficacité énergétique et une moindre probabilité de défaut de paiement ait été constaté dans une étude des données sur les prêts hypothécaires au logement aux Pays-Bas (Billio et al., 2021[33]). Il ressort par ailleurs d'études réalisées sur les prêts hypothécaires commerciaux aux États-Unis (prêts pouvant financer des bureaux ou des immeubles d'habitation collectifs) que le risque de défaut est plus grand si les emprunteurs font face à des coûts énergétiques plus élevés (Mathew, Issler et Wallace, 2021[34]) et que ce risque diminue sensiblement une fois que les bâtiments financés obtiennent une certification énergétique (An et Pivo, 2018[35])).

Encadré 3.10. L'essor des systèmes d'évaluation environnementale des bâtiments : types et expérience internationale

Les systèmes d'évaluation environnementale des bâtiments (SEEB) peuvent être monocritères, c'est-à-dire ciblés uniquement sur l'eau et/ou l'énergie, ou multicritères et porter non seulement sur l'eau et l'énergie, mais aussi sur les émissions, la toxicité et la performance environnementale globale. Ils tendent toutefois vers le même objectif, à savoir de faire en sorte que les projets certifiés réduisent les effets de l'environnement bâti sur la santé de la nature, de l'environnement et des êtres humains tout au long de leur durée de vie.

Parmi les divers SEEB monocritères existants, le programme de certification ENERGY STAR, lancé aux États-Unis en 1992, et les certificats de performance énergétique (CPE), introduits en Europe en 2002, sont les labels de certification les plus reconnus pour les produits à grande efficacité énergétique, actifs immobiliers compris (Whole Building Design Guide, 2022[36]).

Ces systèmes sont des méthodes d'évaluation comparative permettant de déterminer les écarts de performance énergétique, soit entre la performance énergétique réelle et la performance estimée dans le cas des CPE, soit par rapport à une valeur de référence nationale de consommation d'énergie des bâtiments dans le cadre du système ENERGY STAR[13]. Dans les deux systèmes, rien ne garantit que les labels soient compatibles avec la réalisation des objectifs climatiques mondiaux. Les critères et les seuils de consommation d'énergie retenus dans les SEEB monocritères sont définis à l'aide de méthodes d'évaluation comparative de l'efficacité énergétique. Cependant, ces critères ne sont pas totalement en phase avec les objectifs internationaux de transition climatique, ce qui pourrait limiter l'intérêt des instruments existants : ceux-ci risquent en effet d'être insuffisants pour assurer la réalisation des objectifs convenus de réduction des émissions de carbone et la décarbonation des bâtiments, ainsi que pour promouvoir la construction de bâtiments verts.

Il existe aujourd'hui dans le monde des centaines de SEEB multicritères, dont les approches, procédures de demande et critères d'évaluation peuvent varier (Antonini, Marchi et Politi, 2021[37]). Les labels BREEAM, CASBEE, Green Star et LEED figurent parmi les plus courants.

Le critère de l'énergie est pris en compte dans tous les principaux SEEB et constitue le critère le plus important dans les quatre principaux SEEB multicritères. La pondération moyenne accordée à l'énergie (27 %) est beaucoup plus élevée que celle de tous les autres critères retenus (11 %), ce qui laisse penser que l'énergie joue un rôle primordial dans les SEEB. Bien que les SEEB multicritères tiennent compte de leur compatibilité avec les objectifs climatiques internationaux, le fait qu'ils soient axés aujourd'hui sur la performance énergétique plutôt que sur les sources d'énergie renouvelables et décarbonées limite la portée des avantages qu'ils procurent.

Les normes et principes pour un financement vert de l'immobilier sont encore assez éloignés d'un alignement complet sur l'objectif de neutralité carbone

Étant donné le large impact de l'immobilier sur l'environnement et le climat, les normes de classification des obligations vertes reposent sur plusieurs catégories qui sont utilisées pour définir les projets immobiliers verts éligibles (Encadré 3.11). Les effets sur l'environnement du secteur immobilier peuvent être mis en évidence tout au long de la chaîne de valeur économique, qu'il s'agisse des effets sur l'occupation des sols, l'approvisionnement en matériaux, la longueur et l'ampleur des chaînes d'approvisionnement, la demande de transport et d'infrastructure, l'énergie, la pollution de l'eau et la biodiversité, la santé et le bien-être des occupants, ou encore de l'impact communautaire. Les projets immobiliers verts éligibles devraient contribuer à la réalisation d'un ou plusieurs des cinq objectifs environnementaux globaux suivants : (i) atténuation du changement climatique, (ii) adaptation au changement climatique, (iii) conservation des ressources naturelles, (iv) conservation de la biodiversité, et (v) prévention et maîtrise de la pollution (ICMA, 2021[38]). Si la réalisation de deux de ces objectifs procurerait directement des bénéfices sur le plan climatique, pour d'autres, le bénéfice climatique serait un effet secondaire.

Il conviendrait de compléter les objectifs environnementaux globaux par un ensemble de mesures quantitatives et de critères qualitatifs permettant d'évaluer l'impact exact des projets de construction verte sur la réalisation des objectifs environnementaux et des objectifs de transition climatique. L'International Capital Market Association (ICMA) a élaboré des orientations générales et des définitions spécifiques pour appréhender et illustrer les bénéfices pour l'environnement et la durabilité des projets de construction verte, établies à partir de sept référentiels essentiels, à savoir : (i) les logements neufs, (ii) les logements rénovés, (iii) la consommation d'énergie, (iv) la consommation d'énergie primaire, (v) la consommation finale d'énergie, (vi) la superficie brute des bâtiments et (vii) les mécanismes de certification (ICMA, 2020[39]).

[13] La durée de validité d'un CPE est de 10 ans et celle d'un label ENERGY STAR de 12 mois. Une fois la période de validité écoulée, le propriétaire qui souhaite conserver cette certification doit passer à nouveau par le processus de demande et d'évaluation pour démontrer que son bien présente toujours un niveau élevé de performance énergétique.

Cependant, la diversité des SEEB et des méthodologies publiées qui sont actuellement employés pour comptabiliser les émissions de GES et la réduction des émissions de carbone associées aux projets de construction est telle qu'il est compliqué d'arriver à une cohérence parfaite des mesures utilisées pour l'établissement de rapports. Globalement, l'efficacité de ces cadres à l'appui de la réalisation des objectifs de transition climatique pourrait se trouver limitée par l'absence d'une méthodologie solide alignée sur les objectifs de l'Accord de Paris sur le climat. En outre, le fait qu'il n'existe pas d'ensemble complet de mesures quantitatives axées sur les objectifs de réduction des émissions de carbone peut représenter un obstacle de taille à la contribution des actifs immobiliers et des produits de financement de l'immobilier sous-jacents à une transition climatique efficace et harmonieuse.

Encadré 3.11. Normes applicables aux prêts hypothécaires verts à l'appui de la décarbonation des actifs immobiliers

L'Alliance mondiale des bâtiments et de la construction, l'Agence internationale de l'énergie et le Programme des Nations Unies pour l'environnement ont établi une feuille de route pour une décarbonation totale à l'horizon 2050 dans laquelle figurent comme objectifs l'amélioration de l'efficience des marchés des obligations vertes et la réorientation des flux de capitaux vers des projets compatibles avec la décarbonation (GlobalABC/AIE/PNUE, 2020[40]). Ces organismes distinguent les bâtiments neutres du point de vue de l'efficacité d'exploitation, du bilan carbone d'exploitation et des émissions induites sur le cycle de vie du bâtiment.

Les avancées réalisées dans la mise en place de l'infrastructure d'évaluation requise sont également à mettre au crédit de l'International Capital Market Association et de la Climate Bonds Initiative, lesquelles ont défini des normes applicables aux obligations vertes, et de la Loan Market Association, de la Loan Syndication and Trading Association et de l'Asia Pacific Loan Market Association, lesquelles ont énoncé des principes applicables aux prêts hypothécaires verts (GML), similaires à ceux applicables aux obligations vertes.

Une décennie après l'entrée en scène des produits de financement vert de l'immobilier, ceux-ci font l'objet de nombreuses certifications qui, néanmoins, sont rarement axées sur la transition climatique grâce à des actifs immobiliers neutres en carbone. Diverses organisations, dont l'International Capital Market Association (ICMA) et la Climate Bonds Initiative, qui est une organisation à but non lucratif, ont élaboré des normes applicables aux obligations vertes. La Loan Market Association (LMA) a pour sa part défini,[14] avec le concours de la Loan Syndications and Trading Association (LSTA) (États-Unis) et de l'Asia Pacific Loan Market Association (APLMA), des principes applicables aux prêts verts.

Les effets sur l'environnement des principes applicables aux obligations ou aux prêts verts destinés à financer des projets immobiliers verts sont appréhendés à travers le prisme des certificats de performance énergétique (CPE) et des systèmes d'évaluation environnementale des bâtiments (SEEB), qui sont des indicateurs de l'adhésion à des définitions précises des actifs immobiliers verts. De fait, les instruments de dette verts facilitent l'alignement des incitations adressées aux emprunteurs et aux prêteurs et sont un moyen pour les gestionnaires d'actifs de satisfaire plus facilement une demande croissante d'investissements labellisés ESG de la part des investisseurs. On dispose de données attestant que les investisseurs sont disposés à accepter des rendements financiers plus bas en échange de la satisfaction de détenir des actifs répondant à des critères ESG et que cette tendance permet aux fournisseurs d'actifs ESG de percevoir des marges plus élevées (Baker, Egan et Sarkar, 2022[41]).

C'est principalement en Europe, au Royaume-Uni et aux États-Unis que des normes applicables aux prêts hypothécaires verts ont été établies. Ces normes ont été définies en cohérence avec les principes applicables aux prêts verts qui partagent des dénominateurs communs essentiels avec les principes applicables aux obligations vertes et avec les normes applicables aux obligations climatiques élaborées

[14] La LMA représente le marché des prêts syndiqués en Europe, au Moyen-Orient et en Afrique.

par l'ICMA et la Climate Bonds Initiative. Constatant qu'en Europe, les performances énergétiques des trois quarts du parc immobilier étaient médiocres, l'Union européenne a lancé en 2015 l'initiative « Energy Efficient Mortgages » (EEMI), financée par son programme « Horizon 2020 ». Celle-ci prévoit des taux d'emprunt plus faibles ou des lignes de crédit supplémentaires pour le financement de bâtiments sobres en énergie, ou des remises sur les prêts en cours pour les propriétaires qui améliorent l'efficacité énergétique de leur logement. Le but était l'accélération de la décarbonation conformément à la Directive de l'UE sur les énergies renouvelables de 2018 (visant à promouvoir l'efficacité du chauffage urbain et de la climatisation urbaine), au Pacte vert pour l'Europe adopté en 2019 et à la stratégie relative à une vague de rénovations approuvée en 2020, grâce à une intensification de l'utilisation des énergies renouvelables et de la valorisation thermique des déchets. L'Union européenne a continué sur sa lancée en 2021 en adoptant la directive relative à l'efficacité énergétique et en lançant le label « Energy Efficient Mortgage » (EEM) . L'objectif est de porter la part des énergies renouvelables dans la consommation énergétique des bâtiments à 49 % d'ici à 2030.

Au Royaume-Uni, les débuts, à petite échelle, des prêts hypothécaires verts lancés par l'Ecology Building Society remontent à 2006. Des établissements financiers beaucoup plus grands se sont par la suite engagés dans cette voie, comme la banque Barclays en 2018. La Banque d'Angleterre vient tout juste de commencer à soumettre les banques commerciales à des tests de résistance au changement climatique dans le cadre de l'exercice de ses compétences réglementaires.

Aux États-Unis, Freddie Mac participe à la certification et au refinancement des investissements destinés à permettre aux propriétaires de logements de recourir à des énergies renouvelables. Fannie Mae reconnaît 40 certifications environnementales différentes des bâtiments, délivrées en référence à 13 SEEB différents, mais huit seulement d'entre elles requièrent la neutralité carbone. Le Japon a mis en œuvre en 2005 son programme de prêt immobilier à taux fixe sur 35 ans « Flat 35S ».[15] Au Mexique enfin, l'Institut du fonds national pour le logement des travailleurs octroie des prêts hypothécaires verts grâce auxquels les ménages ont accès à des prêts supplémentaires pour financer l'amélioration des performances énergétiques de leur logement.

Les financements de marché ont été un moteur puissant de l'évolution des créances hypothécaires vertes

Les marchés de la finance durable se sont considérablement développés dans le monde ces dernières années. Les émissions de titres de dette durable se sont chiffrées à 1 600 milliards USD en 2021, soit huit fois le montant atteint en 2017. Les obligations vertes à elles seules représentaient 450 milliards USD, mais leur essor a cependant été plus modéré que celui d'autres formes de dette durable (Graphique 3.17, Partie A). Les marchés des titres de dette verte sont principalement des marchés européens, la Chine et les États-Unis venant compléter le reste du tableau (Graphique 3.17, Panel B). En outre, une part non négligeable (près de 30 % en 2021) des produits de l'émission de titres de dette verte servent à financer des bâtiments écologiques (OCDE, 2022[42]).

[15] Les emprunteurs bénéficiant du programme Flat 35S (ouvrant droit à un type particulier de crédits Flat 35) qui acquièrent des logements satisfaisant à des critères d'efficacité énergétique définis par l'Agence japonaise pour le financement du logement bénéficient également d'une réduction du taux d'intérêt. Cette réduction dépend du soutien budgétaire accordé par l'État et, depuis août 2015, elle est de 0.6 % pour les cinq premières années (le chiffre de 0.6 % est exceptionnel ; il était de 0.3 % dans le cadre des précédents programmes de relance économique).

Graphique 3.17. Les marchés du financement par des emprunts verts et durables se sont considérablement développés

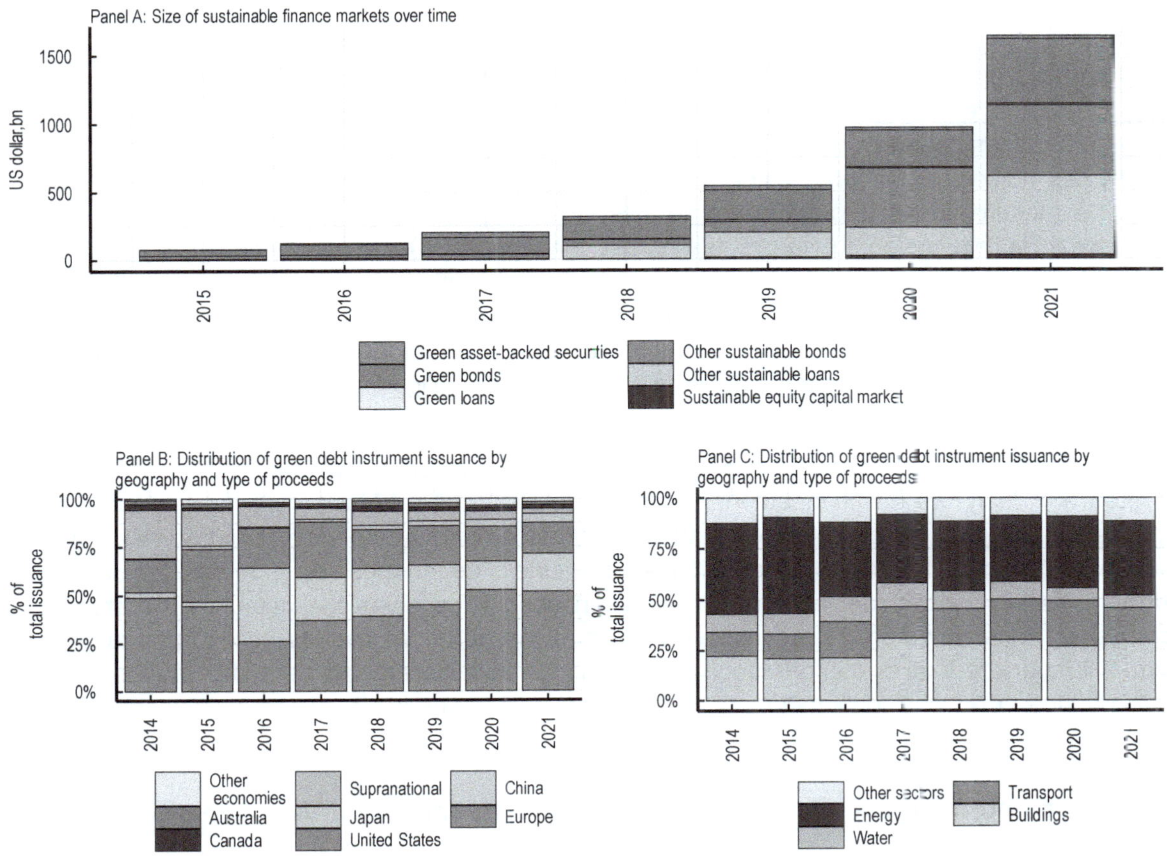

Note : dans la Partie A, les autres instruments de dette durables présentent des caractéristiques de la composante S (social) et de la composante G (gouvernance) des cadres d'investissement ESG.
Source: Climate Bonds Initiative, Refinitiv, et calculs de l'OCDE.

StatLink https://stat.link/a408nk

Ces montants peuvent paraître impressionnants au premier abord, mais ils le sont beaucoup moins si l'on tient compte : 1) du fait que l'évolution de l'urbanisation à l'échelle mondiale témoigne de la nécessité de construire quelque 13 000 bâtiments par jour pour suivre le rythme de la croissance démographique d'ici à 2050 ; 2) des dernières estimations (datant de 2019) de la chaîne de valeur mondiale de la construction et de la rénovation de bâtiments, dont moins de 3 % pourraient mériter un label vert (152 milliards USD sur 5 800 milliards USD) ; et 3) de la valeur des actifs immobiliers mondiaux, soit 310 000 milliards USD (0.05 %). Les obligations vertes et les TACH ont représenté 1.5 % seulement du total obligations classiques et des nouveaux prêts hypothécaires accordés en 2021.

Parmi les différents types d'actifs de crédit verts, les titres adossés à des actifs (ABS) verts englobent les titres adossés à des créances hypothécaires (TACH) immobilières. Ces cinq dernières années, les marchés des TACH verts ont connu une forte expansion, en particulier aux États-Unis et, dans une moindre mesure, sur d'autres grands marchés de TACH, y compris en Europe, en Chine et en Australie. Aux États-Unis, les marchés de TACH verts sont principalement alimentés par les emissions d'entreprises parapubliques et de municipalités, à l'origine destinées à financer des logements collectifs, mais finalement utilisées pour financer également des logements individuels. Cependant, leur expansion a été beaucoup plus lente que celle du marché des TACH dans sa globalité, et leur part a été ramenée à 0.3 % seulement en 2021 après avoir atteint un point culminant, soit 1.4 %, en 2017. L'activité a même été plus limitée encore dans le reste du monde. Les sociétés d'investissement immobilier ont elles aussi émis des obligations vertes, au départ surtout en Europe ; récemment, on a toutefois pu observer une croissance rapide de ce marché en Amérique du Nord, essentiellement pour financer des bâtiments à usage commercial.

De nombreuses plateformes de négociation d'obligations sont entrées sur le segment des obligations vertes, notamment en Europe et en Asie, mais aussi en Amérique latine. Certaines agences de notation ont créé des indices pour les obligations vertes, à commencer par Standard and Poor's en 2014, même si aucun de ces indices ne concerne les obligations vertes émises par des émetteurs du secteur immobilier. Au fur et à mesure de l'amélioration des normes visant à promouvoir la neutralité carbone des actifs immobiliers et de l'expansion du marché, les indices sont appelés à jouer un rôle de plus en plus important dans la levée de certains des obstacles auxquels se heurtent les investisseurs institutionnels. Plus précisément, ces indices permettront aux investisseurs de mieux évaluer les performances des produits de financement vert de l'immobilier et le risque associé, et aideront les gestionnaires de fonds à rendre compte des performances comparées de leurs placements en obligations destinées au financement vert de l'immobilier.

Après une décennie de croissance, les marchés du financement vert de l'immobilier demeurent modestes comparés aux marchés du financement classique de l'immobilier. Plusieurs difficultés se présentent lorsqu'il s'agit d'aligner les pratiques en matière de financement vert de l'immobilier sur les objectifs de durabilité, notamment l'absence de définitions communes, de normes, de données de qualité et de produits financiers, autant de facteurs qui amoindrissent la capacité des acteurs du marché et des instances de réglementation de recenser, de suivre et de gérer les risques et les opportunités. C'est pourquoi il faudra redoubler d'efforts pour promouvoir les investissements dans des projets immobiliers verts afin d'opérer la transition vers un parc immobilier bas carbone et d'atteindre les objectifs climatiques définis dans l'Accord de Paris.

Les réformes peuvent accélérer la contribution du financement du logement à la transition climatique

Pour que la finance verte contribue à la décarbonation et à la réalisation d'autres objectifs environnementaux dans le secteur immobilier – économies d'énergie, lutte contre la pollution atmosphérique, limitation de l'utilisation de l'eau et traitement approprié des eaux usées, notamment –, la mission la plus importante des pouvoirs publics consiste à instaurer des conditions propices à un développement rapide de ce marché en expansion. Jusqu'ici, le marché a pu éclore à la faveur d'une multitude d'initiatives d'évaluation environnementale émanant principalement du secteur privé, mais cette mosaïque d'actions dispersées n'a pas permis d'aboutir à la normalisation, ni à l'intégration des marchés au niveau mondial qui auraient favorisé l'émergence et l'approfondissement des divers marchés par-delà des frontières, et ainsi ouvert la possibilité d'exploiter toutes les économies d'échelle existantes et de surmonter la fragmentation qui a entravé les progrès. Faute de progrès rapides, il semble peu probable que l'objectif de parvenir à la neutralité carbone à l'horizon 2050 inscrit dans l'Accord de Paris puisse être atteint, que ce soit dans le secteur immobilier ou dans l'ensemble de l'économie.

Il pourrait se révéler justifié de prendre des mesures pour renforcer l'alignement des actifs immobiliers verts sur la trajectoire de la transition vers une économie bas carbone. Elles pourraient être principalement axées sur le renforcement des cadres régissant les obligations immobilières et les prêts hypothécaires verts afin d'améliorer les outils, les méthodologies et les produits existants, d'éviter la fragmentation du marché du financement de l'immobilier et d'accompagner une transition climatique harmonieuse. L'adoption de principes et de bonnes pratiques au niveau sectoriel pourrait notamment apporter une contribution non négligeable à l'instauration de règles du jeu équitables sur ces marchés, et au renforcement de leur cohérence et de leur intégrité à l'appui de la décarbonation des actifs immobiliers.

Le déploiement et le partage de pratiques exemplaires, en particulier pour la classification, la fixation des prix et la titrisation des instruments financiers, concourrait également au déploiement d'instruments de financement vert de l'immobilier. Les investisseurs pourraient ainsi appréhender plus facilement les bénéfices climatiques à attendre de ces produits, et ils seraient mieux armés pour recenser, suivre et gérer les risques et opportunités associés. Compte tenu de l'appétance de plus en plus vive pour les actifs immobiliers verts, les orientations et incitations émanant des pouvoirs publics en faveur de l'émission d'obligations immobilières et de TACH verts pourraient apporter une contribution significative à la satisfaction des besoins de liquidités du secteur financier au niveau national et encourager l'essor des marchés du financement vert de l'immobilier. Ce serait par ailleurs un moyen d'adresser les bonnes incitations aux investisseurs et de faciliter l'accès aux marchés, et ce faisant, d'insuffler un véritable élan au développement de ces derniers.

Une intensification de la coopération internationale entre les instances de réglementation des marchés, les banques centrales et les acteurs du marché est également indispensable pour promouvoir la comparabilité internationale et l'alignement des actifs immobiliers verts sur la transition vers une économie bas carbone ainsi que pour accroître l'efficience des marchés, en réduire la fragmentation et en renforcer l'intégrité. La comparabilité des SEEB est une condition sine qua non de l'efficience et de l'efficacité des cadres de gestion des risques qui favorisera l'équité des règles du jeu et procurera aux investisseurs la confiance nécessaire pour devenir des acteurs à part entière sur ces marchés mondiaux en plein essor. Le bon fonctionnement des marchés du financement vert de l'immobilier sera primordial pour pouvoir répondre aux besoins de financement considérables suscités par le défi de la transition climatique et pour accompagner l'avènement d'une intermédiation financière résiliente au service de l'économie réelle.

Bibliographie

Adema, W., M. Plouin et J. Fluchtmann (2020), *Le logement social : un élément essentiel des politiques de logement d'hier et de demain*, Éditions OCDE, Paris, https://www.oecd.org/fr/social/base-de-donnees-logement-abordable/logement-social-synthese-2020.pdf (consulté le 1 septembre 2022). [8]

ANREV / INREV / NCREIF (2022), *Fund Manager Survey*, https://www.inrev.org/system/files/2022-05/Fund-Manager-Survey-2022-Snapshot_2.pdf. [18]

Antonini, E., L. Marchi et S. Politi (2021), *Green Building Rating Systems (GBRSs)*, Encyclopedia 2021, pp. 998–1009., https://doi.org/10.3390/encyclopedia1040076. [37]

An, X. et G. Pivo (2018), « Green Buildings in Commercial Mortgage-Backed Securities: The Effects of LEED and Energy Star Certification on Default Risk and Loan Terms », *Real Estate Economics*, vol. 48/1, pp. 7-42, https://doi.org/10.1111/1540-6229.12228. [35]

Baker, M., M. Egan et S. Sarkar (2022), *How Do Investors Value ESG?*, National Bureau of Economic Research, Cambridge, MA, https://doi.org/10.3386/w30708. [41]

Banque de Lituanie (2022), *Assessment of the riskiness of secondary housing loans*. [14]

Banque de Lituanie (2022), *Limiting real estate investment transactions by RE taxes*. [15]

BCE (2020), *Trends and risks in credit underwriting standards of significant institutions in the SSM*, Banque centrale européenne, Francfort., https://www.bankingsupervision.europa.eu/ecb/pub/pdf/ssm.creditunderwriting202006~d2a9e3329c.en.pdf. [11]

Billio, M. et al. (2021), « Buildings' Energy Efficiency and the Probability of Mortgage Default: The Dutch Case », *The Journal of Real Estate Finance and Economics*, vol. 65/3, pp. 419-450, https://doi.org/10.1007/s11146-021-09838-0. [33]

BRI (2020), *Balancing the risks and rewards of fintech developments*, Banque des règlements internationaux, https://www.bis.org/publ/bppdf/bispap113_t.pdf. [20]

Cerutti, E., J. Dagher et G. Dell'Ariccia (2017), « Housing finance and real-estate booms: A cross-country perspective », *Journal of Housing Economics*, vol. 38, pp. 1-13, https://doi.org/10.1016/j.jhe.2017.02.001. [1]

Conseil de stabilité financière (2021), *Policy proposals to enhance money market fund resilience*, Final Report, https://www.fsb.org/wp-content/uploads/P111021-2.pdf. [27]

Copiello, S. et E. Donati (2021), « Is investing in energy efficiency worth it? Evidence for substantial price premiums but limited profitability in the housing sector », *Energy and Buildings*, vol. 251, p. 111371, https://doi.org/10.1016/j.enbuild.2021.111371. [30]

CSBS (2021), *Proposed prudential standards for non-bank mortgage servicers*, Conference of State Bank Supervisors, https://www.csbs.org/sites/default/files/2021-08/Final%20Model%20Prudential%20Standards%20-%20July%2023%2C%202021%20Board%20Approved%20Aug_1.pdf. [22]

CSBS (2019), *MMC mortgage examination manual*, Conference of State Bank Supervisors, https://www.csbs.org/sites/default/files/2019-05/MMC%20Mortgage%20Examination%20Manual%20v2%20-%20May%202019.pdf. [28]

FMI (2021), *Investment funds and financial stability: Policy considerations*, Fonds monétaire international, Département des marchés monétaires et de capitaux, septembre, Washington D.C., https://www.imf.org/en/Publications/Departmental-Papers-Policy-Papers/Issues/2021/09/13/Investment-Funds-and-Financial-Stability-Policy-Considerations-464654. [26]

Fuerst, F. et al. (2015), « Does energy efficiency matter to home-buyers? An investigation of EPC ratings and transaction prices in England », *Energy Economics*, vol. 48, pp. 145-156, https://doi.org/10.1016/j.eneco.2014.12.012. [31]

Fuster, A. et al. (2019), *The role of technology in mortgage lending*, The Review of Financial Studies, vol. 32, n° 5, mai, pp. 1854–1899. [21]

GAO (2021), *Mortgage forbearance and other federal efforts have reduced default and foreclosure risks*, Organisme d'audit du Congrès des États-Unis, https://www.gao.gov/assets/gao-21-554.pdf. [24]

Ginnie Mae (2016), *The Differences between Ginnie Mae and the GSEs and Why It's Important*, Document présenté au Sommet de la « Government National Mortgage Association (Ginnie Mae) », Washington D.C., septembre, https://www.ginniemae.gov/issuers/issuer_training/Summit%20Documents/gnma_gse_differences.pdf. [23]

GlobalABC/AIE/PNUE (2020), *Feuille de route mondiale GLobalABC pour les bâtiments et la construction : tracer la voie vers un secteur des bâtiments et de la construction à zéro émission, efficace et résilient*, Alliance mondiale pour les bâtiments et la construction, Agence internationale de l'énergie, Programme des Nations Unies pour l'environnement, https://globalabc.org/index.php/roadmaps-buildings-and-construction. [40]

Green, G. (2022), *Who took out mortgage payment holidays during the pandemic?*, https://bankunderground.co.uk/2022/08/02/who-took-out-mortgage-payment-holidays-during-the-pandemic/#more-10198. [17]

Hyland, M., R. Lyons et S. Lyons (2013), « The value of domestic building energy efficiency — evidence from Ireland », *Energy Economics*, vol. 40, pp. 943-952, https://doi.org/10.1016/j.eneco.2013.07.020. [32]

ICMA (2021), *Green project mapping*, Association internationale des marchés de capitaux, https://www.icmagroup.org/assets/documents/Sustainable-finance/2021-updates/Green-Project-Mapping-June-2021-100621.pdf. [38]

ICMA (2020), *Handbook for harmonized framework for impact reporting*, Green Bond Principles, Association internationale des marchés de capitaux, https://www.icmagroup.org/assets/documents/Regulatory/Green-Bonds/Handbook-Harmonized-Framework-for-Impact-Reporting-December-2020-151220.pdf. [39]

Karmelavičius, J., I. Mikaliūnaitė-Jouvanceau et A. Petrokaitė (2022), *Housing and credit misalignments in a two-market disequilibrium framework*, https://www.lb.lt/en/publications/housing-and-credit-misalignments-in-a-two-market-disequilibrium-framework. [13]

Lima, V. (2020), « The financialization of rental housing: Evictions and rent regulation », *Cities*, vol. 105, p. 102787, https://doi.org/10.1016/j.cities.2020.102787. [7]

Mathew, P., P. Issler et N. Wallace (2021), « Should commercial mortgage lenders care about energy efficiency? Lessons from a pilot study », *Energy Policy*, vol. 150, p. 112137, https://doi.org/10.1016/j.enpol.2021.112137. [34]

Millar-Powell, B. et al. (2022), « Measuring effective taxation of housing: Building the foundations for policy reform », *Documents de travail de l'OCDE sur la fiscalité*, n° 56, Éditions OCDE, Paris, https://doi.org/10.1787/0a7e36f2-en. [4]

Ministère des Finances Canada (2017), *Équilibrer la répartition des risques dans le système canadien de financement du logement*. [5]

Molloy, R. (2020), « The effect of housing supply regulation on housing affordability: A review », *Regional Science and Urban Economics*, vol. 80, p. 103350, https://doi.org/10.1016/j.regsciurbeco.2018.03.007. [6]

OCDE (2022), « Deteriorating conditions of global financial markets amid high debt », *OECD Business and Finance Policy Papers*, n° 15, Éditions OCDE, Paris, https://doi.org/10.1787/89757fae-en. [12]

OCDE (2022), *La fiscalité immobilière dans les pays de l'OCDE*, Études de politique fiscale de l'OCDE, n° 29, Éditions OCDE, Paris, https://doi.org/10.1787/242b9308-fr. [3]

OCDE (2022), « Real estate finance and climate transition: Market practices, challenges and policy considerations », *OECD Business and Finance Policy Papers*, n° 09, Éditions OCDE, Paris, https://doi.org/10.1787/fa86b326-en. [42]

OCDE (2021), *Pierre par pierre : Bâtir de meilleures politiques du logement*, Éditions OCDE, Paris, https://doi.org/10.1787/78520651-fr. [9]

OCDE (2021), *The rise of non-bank financial intermediation in real estate finance: Post-COVID-19 trends, vulnerabilities and policy implications*, Éditions OCDE, Paris., https://www.oecd.org/daf/fin/financial-markets/The-rise-of-non-bank-financial-intermediation-in-real-estate-finance.pdf. [25]

OCDE (2020), *Housing amid Covid-19: Policy responses and challenges*, https://www.oecd.org/coronavirus/policy-responses/housing-amid-covid-19-policy-responses-and-challenges-cfdc08a8/. [16]

Phillips, L. (2020), « Decentralisation and inter-governmental relations in the housing sector », *OECD Working Papers on Fiscal Federalism*, n° 32, Éditions OCDE, Paris, https://doi.org/10.1787/2d3c3241-en. [10]

SEC (2020), *U.S. credit markets interconnectedness and the effects of the COVID-19 economic shock*, Securities Exchange Commission, Division of Economic and Risk Analysis, https://www.sec.gov/files/US-Credit-Markets_COVID-19_Report.pdf. [19]

Taruttis, L. et C. Weber (2022), « Estimating the impact of energy efficiency on housing prices in Germany: Does regional disparity matter? », *Energy Economics*, vol. 105, p. 105750, https://doi.org/10.1016/j.eneco.2021.105750. [29]

Van Hoenselaar, F. et al. (2021), *Mortgage Finance Across OECD Countries*, Documents de travail du Département des Affaires économiques de l'OCDE, n° 44, Éditions OCDE, Paris, décembre, https://doi.org/10.1787/f97d7fe0-en. [2]

Whole Building Design Guide (2022), *Green building standards and certification systems*, https://www.wbdg.org/resources/green-building-standards-and-certification-systems. [36]

4 Adapter les politiques urbaines à la nouvelle géographie de la demande de logements

La pandémie de COVID-19 et la transformation numérique en cours des économies et sociétés ont eu une incidence sur les préférences relatives aux types de logements et à la localisation. Les gens passent davantage de temps à domicile d'où une demande pour plus d'espace et de meilleures aménités au niveau local. L'adoption plus large des pratiques de travail à domicile a permis aux travailleurs de s'éloigner de leur lieu de travail. Ce chapitre porte sur l'évolution de la géographie de la demande de logements, ses déterminants et ses retombées pour l'action publique.

Principaux enseignements

Sous l'effet des confinements généralisés et des obligations de travail à domicile, la pandémie de COVID-19 a eu des répercussions profondes sur les marchés du logement. Plus précisément, le recours accru au télétravail, à tout le moins dans les secteurs de l'économie et les activités ne nécessitant guère de proximité physique régulière, a sans doute accéléré une évolution durable des habitudes de travail que la transformation numérique rendait possible mais qui aurait mis plus longtemps à se matérialiser sans cela. Cette évolution a une incidence sur les choix et préférences de localisation, qui ont rebattu les cartes de la demande de logements dans plusieurs pays de l'OCDE depuis le début de la pandémie. Ses conséquences pour l'action publique peuvent varier à l'intérieur des pays et entre eux selon les spécificités locales et les préférences sociales.

Les principaux éclairages pour la conception des politiques du logement sont les suivants :

- Dans la plupart des grandes villes, les prix de l'immobilier résidentiel accusent un net repli sous l'effet du desserrement urbain, dont atteste un « gradient des prix des logements » négatif. La déclivité de ce gradient s'était accentuée avant la pandémie, mais s'est aplatie depuis en raison de la hausse de la demande de logements dans les zones périphériques.
- Ce phénomène a été plus marqué là où l'adoption du travail à domicile a été plus généralisée, ce qui corrobore l'idée selon laquelle la transformation numérique est un déterminant essentiel de la nouvelle géographie du logement. Il a également été plus prononcé là où les aménités locales sont de meilleure qualité.
- Le renchérissement de l'immobilier résidentiel a été plus modéré quand l'offre a répondu plus rapidement à l'évolution de la demande.
- Les aménités et désaménités environnementales ont une forte influence sur la demande de logements.
- La demande de logements s'est également amplifiée dans les communes adjacentes aux zones métropolitaines, notamment dans les centres urbains secondaires plutôt que dans les villes moyennes et petites ou les régions rurales.
- Les priorités des réformes de la politique du logement sont les suivantes :
    - tirer parti des technologies numériques afin de parvenir à une meilleure adéquation de la demande et l'offre de logements ;
    - concevoir des solutions d'administration numérique et combler la fracture de compétences numériques en procurant des possibilités facilement accessibles d'apprentissage et de formation tout au long de la vie ;
    - assouplir les règles d'urbanisme afin que l'offre puisse répondre à la demande dans le cadre de stratégies urbaines incorporant des objectifs en matière d'environnement, de transport et d'offre de services publics ;
    - appliquer des impôts immobiliers à taux différenciés, autrement dit appliquer un taux d'imposition plus élevé à la valeur des terrains qu'à la valeur du bâti, et densifier les zones urbaines et suburbaines ;
    - supprimer les obstacles à la mobilité résidentielle en réorientant la charge fiscale foncière des prélèvements sur les transactions vers les impôts périodiques ;
    - recourir à des mécanismes de valorisation foncière en vue de procurer des aménités de manière inclusive et de financer des mesures compensatoires en faveur des ménages modestes domiciliés dans les zones affectées par des désaménités environnementales ;
    - mettre en œuvre des réglementations du marché locatif qui, tout en protégeant les locataires, soient suffisamment souples pour préserver les incitations à proposer des logements en location.

La demande de logements varie considérablement au sein des zones métropolitaines. D'après les travaux majeurs d'Alonso (1964[1]), Mills (1967[2]) et Muth (1969[3]), un large corpus de publications économiques a pour champ d'étude l'équilibre entre la distance par rapport aux marchés du travail et les prix de l'immobilier résidentiel. Les emplois et les aménités urbaines sont concentrés dans les quartiers d'affaires centraux où l'espace disponible pour le bâti résidentiel est rare. Comme les travailleurs cherchent à réduire les coûts de déplacement, la demande décroît proportionnellement à la distance. De ce fait, les prix des logements et les loyers reculent d'autant que s'allonge la distance par rapport aux quartiers d'affaires en centre-ville selon un schéma généralement appelé « gradient des prix des logements » négatif, concordant avec l'hypothèse de modélisation retenue pour les « villes monocentriques ».

Les marchés du logement ont pâti de la pandémie de COVID-19 qui a influé sur les préférences en matière de logement et sur les choix de localisation, avec des conséquences sur la conception des politiques du logement. La transformation numérique, qui a permis une montée en puissance rapide du télétravail à tout le moins dans les secteurs de l'économie et les activités ne nécessitant guère de proximité physique régulière, a facilité cette mutation. L'évolution de la configuration de la demande de logements sur le territoire a une incidence sur les prix de l'immobilier d'habitation et sur les loyers, en particulier quand l'offre est rigide, d'où un risque d'aggravation des difficultés d'accessibilité financière du logement dans l'espace urbain. Dans ce contexte, le présent chapitre contient une analyse des évolutions récentes de la distribution spatiale de l'immobilier d'habitation et recense les domaines se prêtant à une réforme des politiques publiques en vue de parvenir à un fonctionnement plus efficace des marchés du logement et de manière à tenir compte des objectifs d'accessibilité financière et de durabilité du logement.

Suivre les évolutions spatiales des prix du logement et de la construction à usage résidentiel à l'aide de nouvelles données

Depuis le début de la pandémie il y a plus de trois ans, un corpus croissant d'éléments probants semble confirmer les premières observations ponctuelles d'un aplatissement des gradients des prix des logements en ville dans les grandes zones métropolitaines (Graphique 4.1)[1]. L'OCDE a apporté sa contribution à ce débat en collectant des données comparables entre pays fondées sur les prix des logements ventilés (Annexe A). Le gradient des prix des logements négatif est plus marqué dans les grandes villes où les coûts de déplacement sont généralement plus élevés (Graphique 4.2). Les grandes villes, comme Londres, New York, Washington, Mexico, Paris, Berlin, Hambourg, Bruxelles, Barcelone et Madrid, comptent parmi les zones urbaines fonctionnelles (ZUF) dont la déclivité des gradients négatifs est la plus forte. Cela étant, pour un petit nombre d'entre elles, le gradient négatif est faible, comme c'est le cas dans plusieurs zones métropolitaines étalées des États-Unis, de la région de la Ruhr en Allemagne et du comté des West Midlands en Angleterre. On observe rarement des gradients négatifs dans les petites et moyennes ZUF[2].

---

[1] Gupta et al. (2022[48]) montrent que les prix des logements et des loyers décroissent d'autant que s'accroît la distance par rapport au centre-ville dans la plupart des zones métropolitaines des États-Unis. L'ampleur de cette déclivité des gradients négatifs dépend de l'intensité du travail à domicile et de la capacité de l'offre d'habitation urbaine à s'adapter à l'évolution des préférences en matière de logement. Huang, Pang et Yang (2022[47]) montrent que le début de la pandémie a réduit le gradient dans les villes chinoises dès lors que les populations ont privilégié les zones peu densément peuplées associées à de moindres risques de contamination. Gokan et al. (2022[50]), ont fait apparaître une nette réduction du gradient dans l'agglomération londonienne. Voir Ziemann et al (2023[6]) pour plus de références bibliographiques.

[2] Le gradient pourrait être sous-estimé du fait que les prix des logements ayant fait l'objet d'une transaction ne prennent pas en compte la qualité moyenne plus faible des logements urbains. Si l'analyse tient compte des écarts de taille moyenne des logements au moyen des prix au mètre carré, elle n'offre aucune correction selon l'ancienneté,

Graphique 4.1. Les prix des logements décroissent proportionnellement à la distance par rapport au centre-ville dans les grandes zones métropolitaines

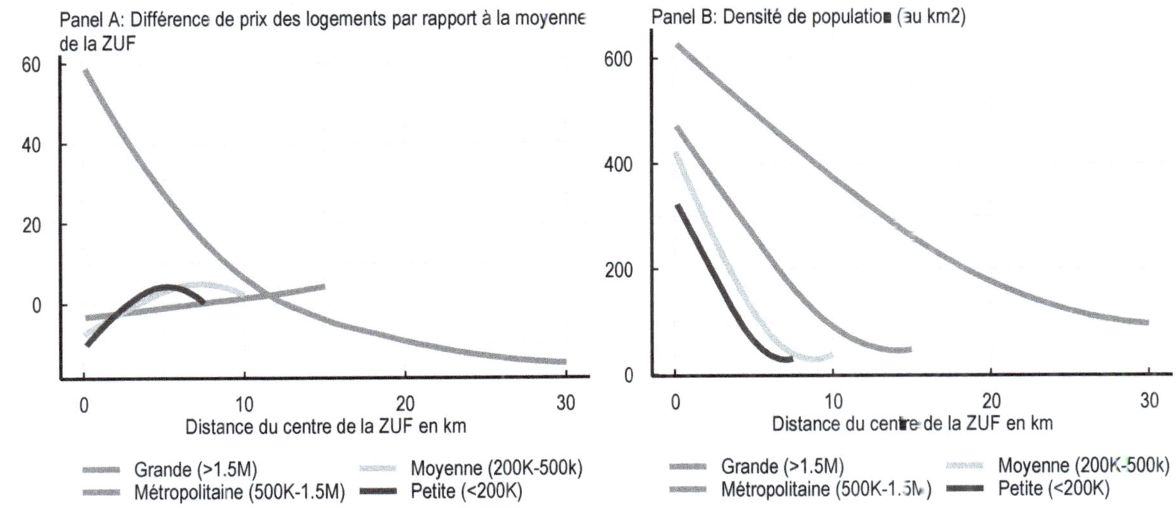

Note : Le graphique présente des valeurs moyennes à l'aide de projections locales (filtre de Loess) dans plus de 10 000 unités locales de plus de 500 zones urbaines fonctionnelles (ZUF) de 16 pays.
Source : Base de données de l'OCDE relative la géographie de la demande de logements et calculs de l'OCDE.

StatLink https://stat.link/nerpl6

L'évolution des prix des logements s'explique par les variations de la demande et de l'offre. Si l'on peut postuler que l'offre est fixe à court terme, on ne peut ignorer qu'elle s'ajuste à moyen et long terme, même en tenant compte de la longueur des délais de construction et de la rareté générale des terrains constructibles dans les zones urbaines denses[3]. La réaction de l'offre face à l'évolution de la demande varie néanmoins d'un pays à l'autre, comme en témoignent les variations que l'on a pu observer dans les zones résidentielles bâties de pays de l'OCDE entre 2019 et 2021 (Graphique 4.3).

la performance énergétique possiblement moindre et la plus grande prévalence des logements mitoyens dans les villes (Reusens, Vastmans et Damen, 2022[41]).

[3] De nouvelles sources de données géospatiales et les algorithmes d'apprentissage automatique les plus récents ont donné la possibilité de suivre l'activité de construction en temps quasi réel. Dans le cadre de travaux menés récemment par l'OCDE, un modèle de segmentation des images a été entraîné au moyen de données d'imagerie issues des satellites Sentinel et à l'aide de l'Atlas urbain Copernicus afin de repérer différents types d'occupation des sols – « résidentiel », « commercial et industriel », « infrastructures de transport », « espaces ouverts » et « eaux et zones humides », notamment – et d'en suivre l'évolution (Banquet et al., 2022[4]).

Graphique 4.2. Les gradients des prix des logements varient considérablement à l'intérieur des zones urbaines et entre elles

Variation des prix estimée en pourcentage en cas d'augmentation de 1 % de la distance par rapport au centre, 2018

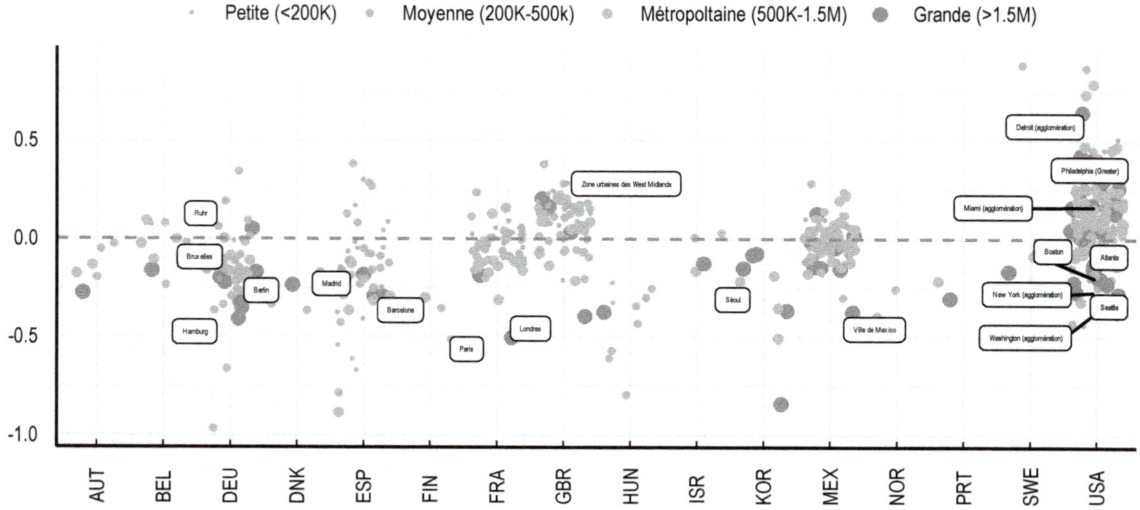

Note : Les prix des logements pour 2018 sont centrés sur les prix moyens des logements dans les zones urbaines fonctionnelles (ZUF), pondérés par la population, et sont calculés par régression à partir de la distance par rapport au pôle urbain à forte densité le plus important au sein de la ZUF (prix et distances exprimés en logarithmes). L'élasticité estimée au moyen de cette régression correspond à une variation estimée des prix en cas d'augmentation de 1 % de la distance par rapport au centre-ville, reportée sur l'axe vertical. Seules figurent les ZUF dont les coefficients sont significatifs à 95 %. La couleur et la taille des cercles correspondent aux différentes catégories classées en fonction de la taille de la population des ZUF respectives : petites (<200K), moyennes (200K-500K), métropolitaines (500K-1.5m), grandes (>1.5m).
Source : Calculs de l'OCDE fondés sur la base de données relative à la géographie de la demande de logements.

StatLink https://stat.link/zb0etj

Graphique 4.3. L'offre résidentielle est plus ou moins dynamique selon les pays

Augmentation 2019-2021 en points de pourcentage de la part des zones urbaines occupée par des logements

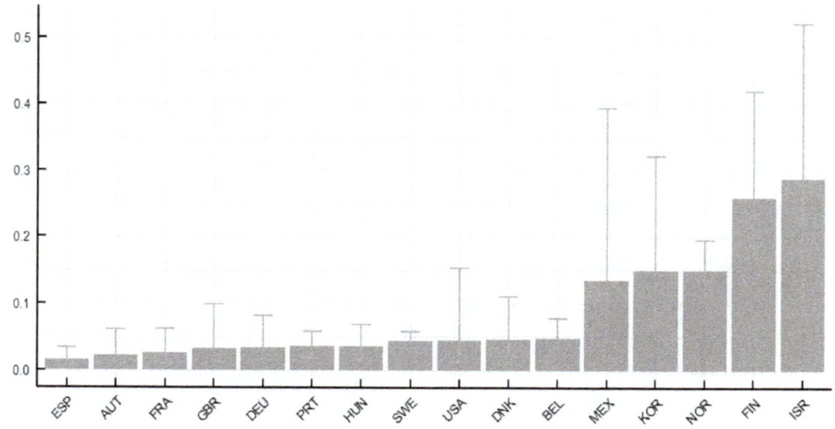

Note : Les barres bleues montrent l'expansion médiane de l'empreinte résidentielle dans les différentes unités locales de chaque pays. Les barres d'erreur indiquent respectivement le 25e et le 75e percentile de la progression de l'occupation résidentielle dans les différentes unités.
Source : « Monitoring land use in cities using satellite imagery and deep learning » (Banquet et al., 2022[4]).

StatLink https://stat.link/d4fops

Étudier les effets du travail à domicile sur la distribution spatiale de la demande de logements

Le recours au travail à domicile depuis le début de la pandémie réduit les coûts de déplacement, ce qui a une incidence sur la répartition urbaine de l'emploi. En effet, moins les déplacements sont devenus fréquents, plus les zones résidentielles éloignées des centres urbains ont gagné en attractivité, un phénomène qui a élargi l'éventail des choix de localisation (Graphique 4.4). Ainsi, un travailleur dont le temps de trajet était de trente minutes cinq fois par semaine pourrait accepter d'effectuer un trajet de cinquante minutes trois fois par semaine. Le recours au travail à domicile a été variable selon les pays et les villes (Graphique 4.5).

Graphique 4.4. 5x30=3x50 minutes : le travail à domicile élargit la zone de résidence

Accès aux activités économiques et sociales, zone métropolitaine de Paris, 2018

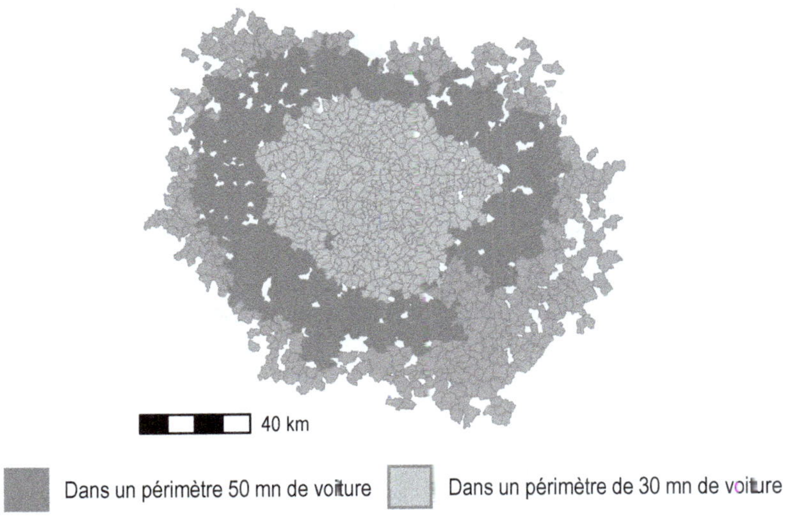

Note : Accès aux activités économiques et sociales, mesuré par l'accessibilité de 500 restaurants en 30 (50) minutes de voiture.
Source : Cadre d'analyse de l'accessibilité urbaine de l'OCDE (OCDE/FIT, 2019[5]).

StatLink https://stat.link/64f0yc

Graphique 4.5. Le développement du travail à domicile dans le monde a été variable

Variation, en points de pourcentage, de la variable représentative du recours au travail à domicile entre le février 2020 et le février 2022.

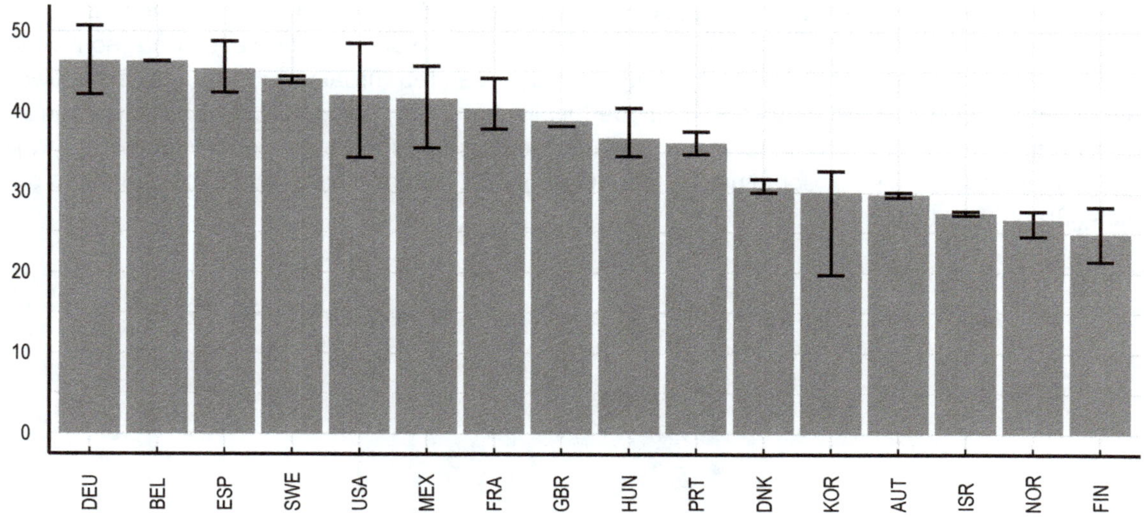

Note : Travail à domicile mesuré à l'aide du critère de recherche « Microsoft Teams » dans Google Trends. Le graphique fait apparaître les variations par régions, en points de pourcentage, survenues entre début 2020 et début 2022. Les barres vertes représentent la variation médiane du travail à domicile au sein des différentes zones urbaines fonctionnelles d'un pays. Les barres d'erreur indiquent respectivement le 25e et le 75e percentile de cette variation entre les régions. Cette variable de Google Trends est corrélée au pourcentage de la population active totale ayant déclaré travailler souvent à domicile, selon le module régional de l'enquête 2022 d'Eurostat sur les forces de travail.
Source : Google Trends et calculs de l'OCDE.

StatLink https://stat.link/4p5gda

Les gradients des prix des logements urbains se sont aplatis depuis le début de la pandémie, mais uniquement dans les grandes ZUF (Graphique 4.6)[4]. L'évolution est plus prononcée pour les ZUF où la déclivité des gradients était plus forte avant la pandémie, ce qui s'explique par les coûts de déplacement alors plus élevés. Dans les zones où la demande de logements est élevée, un surplus d'offre devrait atténuer les tensions sur les prix.

[4] L'analyse économétrique de l'impact des pratiques de travail à domicile sur les gradients des prix des logements se fonde sur des études antérieures de l'OCDE (Ahrend et al., 2022[34]). La nouvelle base de données inclut les prix des transactions immobilières résidentielles et les volumes de transactions de plus de 600 ZUF dans 16 pays. L'Annexe B contient une présentation de la méthodologie utilisée pour étudier les raisons de l'aplatissement des gradients. Les résultats sont présentés par sous-échantillonnage selon la taille des ZUF et le degré de concordance avec le modèle monocentrique : les ZUF dont le gradient est nettement négatif sont classées en tant que « ZUF monocentriques ».

Graphique 4.6. Le gradient des prix des logements urbains s'est aplati dans les grandes zones urbaines

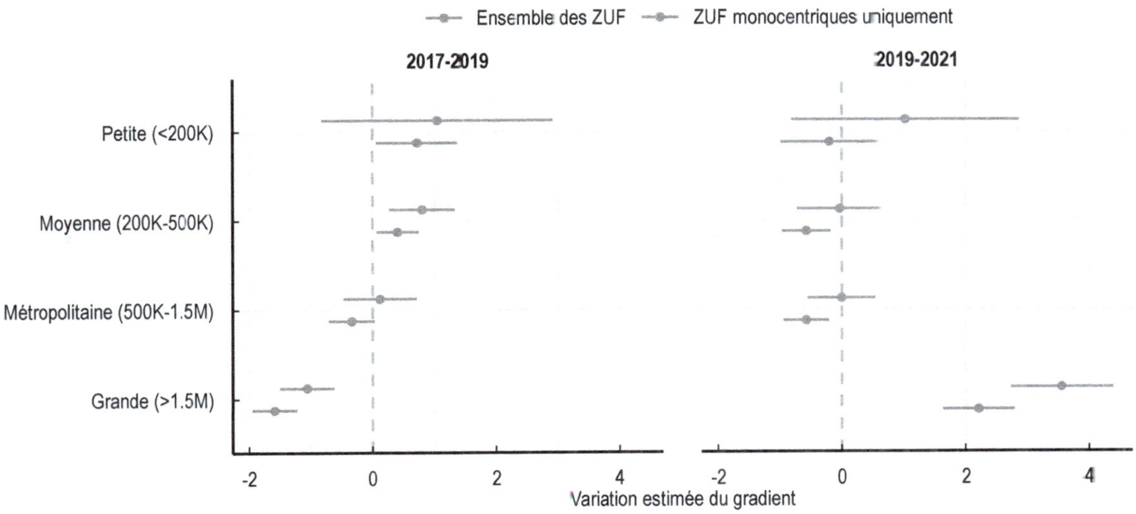

Note : Les barres d'erreur montrent deux écarts-types autour du coefficient estimé. Les zones urbaines fonctionnelles (ZUF) « monocentriques » se caractérisent par un gradient prix-distance négatif (voir Graphique 4.2). Les catégories de ZUF par taille de population sont les suivantes : petites (<200K habitants), moyennes (200K-500K), métropolitaines (500K-1.5m), grandes (>1.5m).
Source : Calculs de l'OCDE fondés sur la base de données relative à la géographie de la demande de logements.

StatLink https://stat.link/9lr4uq

Graphique 4.7. La construction à usage résidentiel augmente avec la distance par rapport au centre

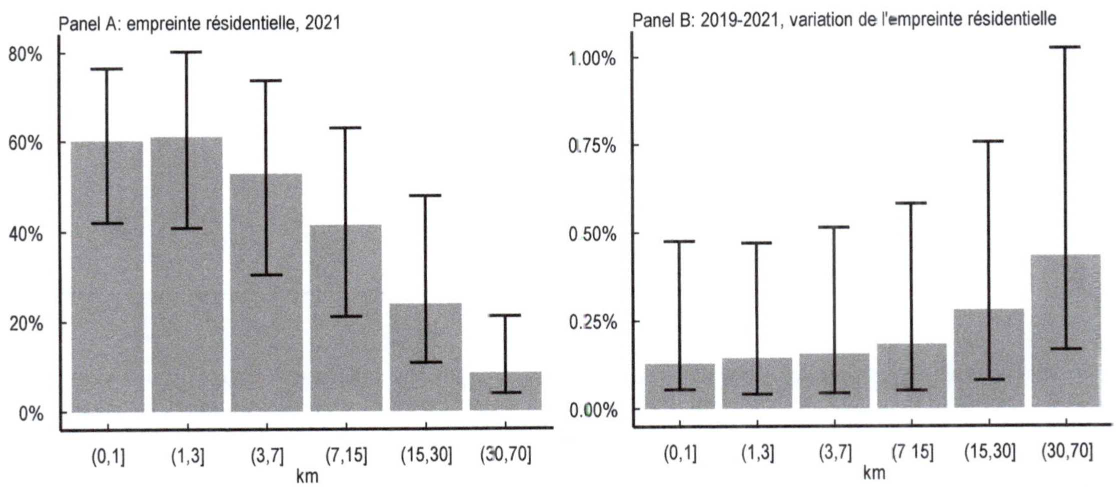

Note : Le graphique montre la répartition de la part de l'occupation résidentielle et son évolution dans les différentes unités locales en fonction de la distance en km par rapport au centre de la zone urbaine fonctionnelle. Les barres d'erreur indiquent respectivement le 25e et le 75e percentile.
Source : « Monitoring land use in cities using satellite imagery and deep learning » (Banquet et al., 2022[4]) et calculs de l'OCDE.

StatLink https://stat.link/dk9soc

La prise en compte de l'activité de construction à usage résidentiel au niveau local permet donc de mieux cerner l'évolution de la demande de logement. En effet, l'appréciation des prix pourrait s'expliquer par la rareté de l'offre, la vigueur de la demande ou les deux. Il est essentiel d'effectuer une distinction entre ces effets pour analyser la nouvelle géographie de la demande. La répartition de l'occupation des sols au sein des ZUF corrobore des faits stylisés sur les densités de population, dans la mesure où la part du résidentiel recule proportionnellement à la distance par rapport au centre de ces zones (Graphique 4.7, partie A). Cela étant, de 2019 à 2021, les images satellites indiquent que la construction à usage résidentiel a été plus dynamique dans les périphéries des grandes zones métropolitaines (Graphique 4.7, partie B).

L'incorporation, dans l'analyse, de ces variables mesurant la construction résidentielle zone par zone permet d'isoler les effets de l'offre sur l'évolution des prix des logements et donc de déterminer avec plus de précision les tensions de la demande[5]. Ces résultats indiquent que la prise en compte des effets de la demande accroît l'ampleur et la signification des corrélations estimées, ce qui renforce l'idée selon laquelle l'aplatissement observé des gradients des prix des logements après la pandémie est lié à l'évolution de la configuration de la demande (Ziemann et al., 2023[6]).De plus, l'incorporation de l'adoption estimée du télétravail (Graphique 4.8) dans le modèle corrobore les indications selon lesquelles il existe un lien de causalité entre cette pratique, qui favorise le desserrement urbain, et l'aplatissement du gradients des prix des logements. En effet, cet aplatissement a été plus prononcé dans les zones où le recours au travail à domicile a augmenté (courbe continue bleue foncée du Graphique 4.8). En revanche, le gradient des zones urbaines caractérisées par un moindre recours au télétravail par rapport à la moyenne a peu évolué dans la mesure où les variations des prix des logements enregistrées entre 2019 et 2021 n'y ont guère dépendu de la distance par rapport au centre-ville (courbe tiretée bleue claire du Graphique 4.8).

Graphique 4.8. Un recours plus large au télétravail se traduit par un recul des tensions sur les prix dans les centres-villes et par une accentuation des tensions dans les périphéries des grandes zones urbaines

Impact estimé du télétravail après prise en compte des zones de construction résidentielle, zone par zone

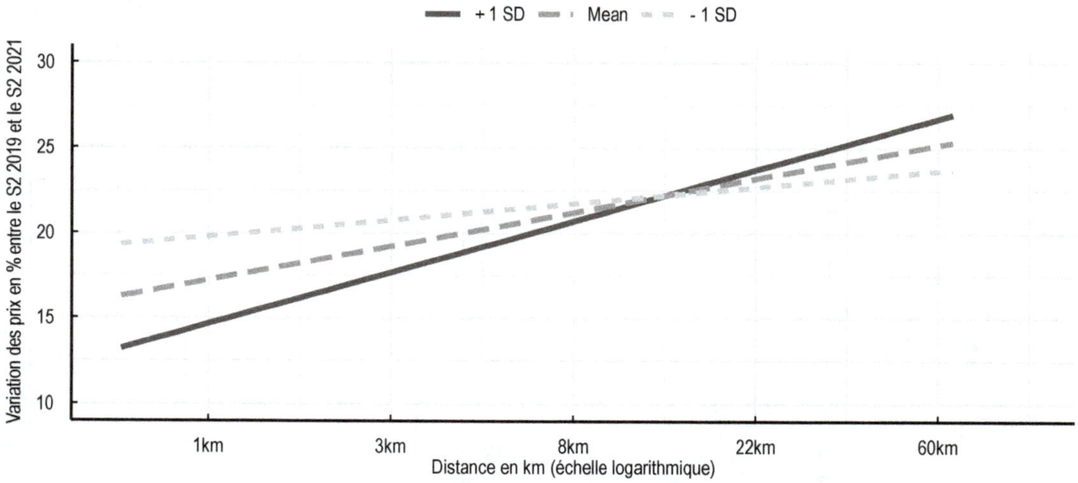

Note : Les courbes montrent en quoi la relation entre la distance et les variations de prix dépend du degré de recours au télétravail (spécification 4 de l'Annexe B), mesuré par la variable représentative gt_teams, qui correspond à l'évolution de l'indice Google Trends pour la recherche « Microsoft Teams » de 2019 à 2021 : cette variable est étroitement corrélée à une mesure directe du travail à domicile, tout en offrant l'avantage d'une couverture plus large. À titre indicatif, trois niveaux de la variable d'interaction sont montrés ici : « Mean » (valeur moyenne du télétravail équivalente à la pente de la courbe prix-distance sans interaction), « + 1 SD » (plus d'un écart-type à la valeur moyenne) et « - 1 SD » (moins un écart-type de la valeur moyenne).
Source : Base de données relative à la géographie de la demande de logements ; Google Trends ; et calculs de l'OCDE.

StatLink https://stat.link/cxu9ij

Les tensions sur les prix ont été moindres dans les zones suburbaines où l'offre a été plus réactive à la hausse de la demande. En revanche, les gradients des prix se sont moins aplatis dans les zones urbaines densément peuplées où les activités de construction ont été moins dynamiques (Ziemann et al., 2023[6]).

[5] Voir spécification 3 à l'Annexe B.

Les gradients ont connu la même évolution en présence d'aménités urbaines, comme l'accès à des espaces ouverts ou encore la qualité des infrastructures de transport, qui ont une incidence sur les choix de localisation. L'aplatissement a été moins prononcé dans les zones dévaluées (Graphique 4.9). Cette conclusion donne à penser que le mouvement vers les banlieues n'est pas homogène. Les aménités locales semblent être plus appréciées dans les zones éloignées que dans celles proches des centres-villes. En effet, la perte d'aménités est généralement considérée comme l'un des coûts d'opportunité induits par une installation en banlieue.

Graphique 4.9. Les aménités locales ont un impact plus fort sur les prix dans les zones périphériques

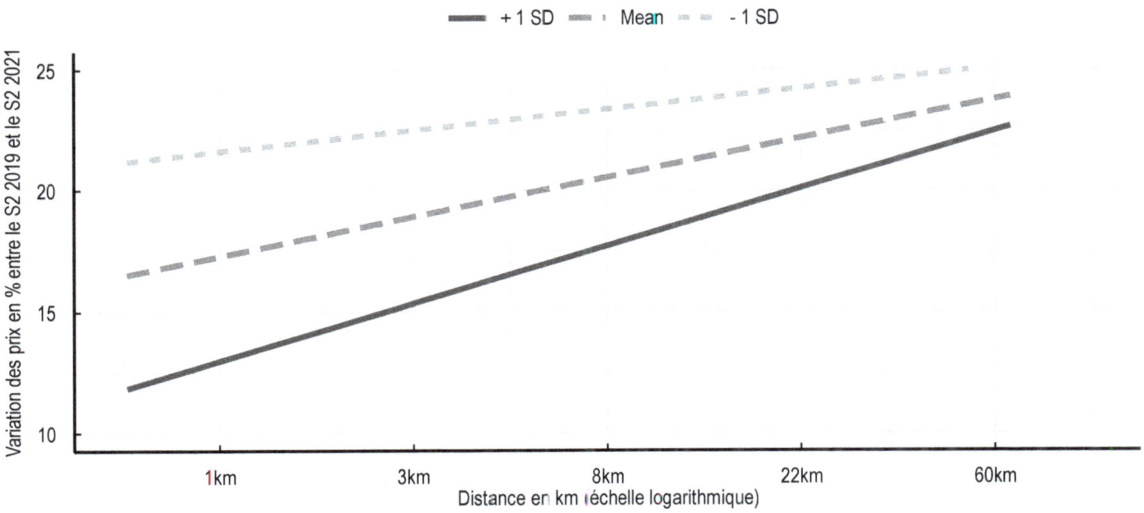

Note : Le graphique montre en quoi la relation entre la distance et les variations de prix dépend du niveau de la variable d'interaction (ici : « V_aménité » ; voir Annexe B pour plus de précisions). À titre indicatif, trois niveaux de la variable d'interaction sont montrés ici : « Mean » (valeur moyenne équivalente à la pente de la courbe prix-distance sans interaction), « + 1 SD » (plus un écart-type de la valeur moyenne) et « — 1 SD » (moins un écart-type de la valeur moyenne). « V_aménité » est une variable représentative des caractéristiques moyennes non liées à la distance dont la valeur correspond aux résidus issus d'une régression du logarithme des prix des logements en fonction du logarithme de la distance par rapport au centre de la ZUF.
Source : Calculs de l'OCDE.

StatLink https://stat.link/vsq2pk

De plus en plus d'éléments indiquent que la valeur des aménités et des désaménités environnementales locales se répercute sur les prix des logements. Dans la mesure où l'appréciation des prix des logements valorise le patrimoine des ménages, la présence d'aménités environnementales accroît la prospérité des propriétaires de logements. À l'inverse, les accédants à la propriété et les locataires peuvent avoir à arbitrer entre la qualité environnementale et l'accessibilité financière des logements. S'agissant de la prospérité, la présence d'aménités est socialement souhaitable tant que la valeur économique qu'elles génèrent est supérieure aux coûts qui en découlent.

La demande de logements a également évolué au-delà des zones métropolitaines. Après la levée de la plupart des restrictions de déplacement en 2020-21, les prix des logements se sont aussi envolés en dehors des centres métropolitains, voire au-delà de leurs zones de navettage [Graphique 4.10 et OCDE et al. (2021[7])]. Avant la pandémie, l'augmentation des prix des logements avait été moins forte dans les zones de navettages et les couronnes. Cette nouvelle tendance donne à penser que les ménages s'installant en dehors des limites métropolitaines recherchent une densité de population leur assurant l'accès à des services et aménités essentiels. En revanche, les zones rurales ne bénéficient des retombées de la pandémie que lorsqu'elles sont situées non loin d'un centre urbain.

Graphique 4.10. Les prix des logements se sont aussi envolés en dehors des grandes zones métropolitaines: l'exemple de New York, S1 2019 - S1 2021

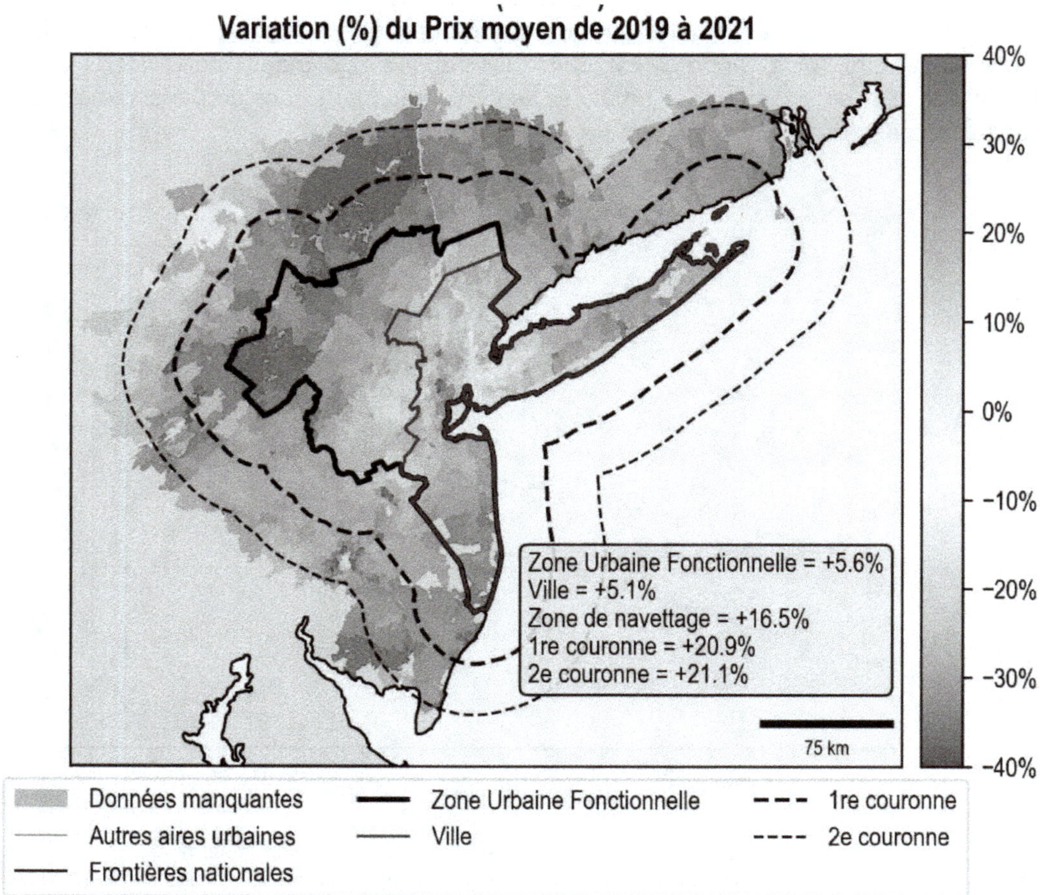

Source : « The geography of housing demand in times of COVID-19: Are housing markets changing beyond the metropolitan boundaries? », (Ahrend et al., 2023[8]).

StatLink https://stat.link/e5jzvi

Tenir compte de l'impact des aménités environnementales sur la demande de logements

La qualité environnementale contribue pour beaucoup à la valeur de l'aménité associée aux choix de localisation, particulièrement motivés par la présence d'espaces ouverts ou d'espaces verts pendant la pandémie. Ces aménités ont des effets positifs sur la santé dus à la moindre congestion et à la meilleure qualité de l'air, mais favorisent aussi la cohésion sociale et améliorent la qualité de vie dans les zones urbaines, autant de bienfaits de plus en plus prisés depuis l'épisode pandémique. Les lieux ne disposant que de peu d'espaces ouverts et où l'accès aux espaces verts est difficile ont connu une désaffection du centre-ville en faveur de la périphérie (Graphique 4.11).

Graphique 4.11. La qualité de l'environnement est un déterminant majeur de la désaffection des centres-villes induite par les prix

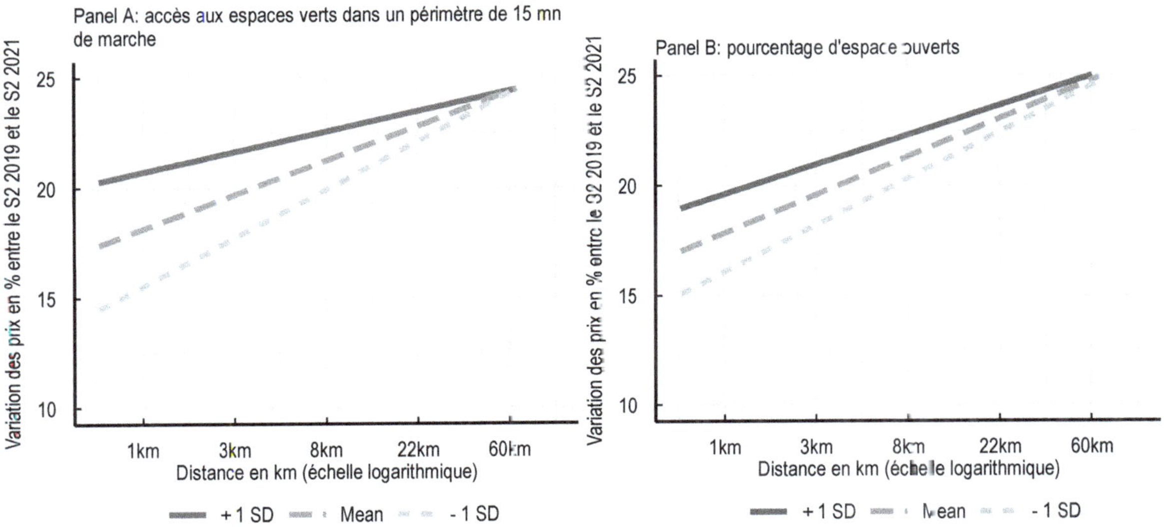

Note : Les courbes montrent en quoi la relation entre la distance et les variations de prix dépend de la variable d'interaction considérée (ici : « 15mn _ espace vert _marche » et « Espace. ouvert » ; voir Annexe B pour plus de précisions). À titre indicatif, trois niveaux des variables d'interaction sont montrés ici : « Mean » (valeur moyenne équivalente à la pente de la courbe prix-distance sans interaction), « + 1 SD » (plus un écart-type de la valeur moyenne) et « - 1 SD » (moins un écart-type de la valeur moyenne). La variable « 15mn _ espace vert _marche » correspond à la surface d'espace vert accessible à 15 mn de marche. La variable « Espace.ouvert » désigne le pourcentage d'espaces ouverts des zones locales, dont la présence peut être déduite de l'imagerie satellite, par rapport à l'occupation des sols. « Log distance » désigne les valeurs logarithmiques centrées de la distance par rapport au centre de la ZUF.

Source : « Benchmarking Accessibility in Cities - Measuring the Impact of Proximity and Transport Performance » (OCDE/FIT, 2019[5]); « Monitoring land use in cities using satellite imagery and deep learning » (Banquet et al., 2022[4]); base de données relative à la géographie de la demande de logements et calculs de l'OCDE.

StatLink https://stat.link/yr1izg

Lien entre qualité de l'environnement et prix des logements

Le lien positif entre qualité environnementale et prix des logements est bien établi. Les aménités environnementales, comme la proximité d'espaces ouverts ou d'étendues d'eau, se répercutent positivement sur les prix immobiliers résidentiels, et accroissent généralement l'agrément des localisations résidentielles. L'impact des désaménités, comme la pollution de l'air et de l'eau, la proximité de sites industriels et de décharges est, à l'inverse, négatif. Un large corpus d'éléments probants nationaux et internationaux attestant de ces effets apporte des éclairages utiles à l'action publique[6].

La proximité d'espaces ouverts, comme les parcs et, dans une moindre mesure, les forêts et les ceintures vertes, ou d'étendues d'eau, est associée à des prix des logements plus élevés. (Farrow et al., 2022[9]). Des données empiriques indiquent que l'effet positif d'une vue sur parc sur les prix oscille entre 4 et 8 % (Graphique 4.12). Il en va de même de la proximité d'étendues d'eau, comme les lacs, les rivières, les cours d'eau et les mers et océans, et d'un tel point de vue (Graphique 4.13). Dans certains cas toutefois,

[6] Afin de mieux comparer les résultats obtenus dans les diverses études, qui peuvent utiliser différents mécanismes de mesure, les résultats communiqués sur les variations en pourcentage des prix des logements ont été harmonisés, lorsque cela a été possible, pour ce qui est des effets marginaux. Ainsi, en ce qui concerne les études évaluant l'effet de la distance par rapport à des espaces ouverts, les valeurs monétaires ont été converties en variations en pourcentage à l'aide du prix moyen de l'immobilier résidentiel utilisé dans l'échantillon retenu dans les différentes études. Cependant, il n'a pas été possible de procéder à des comparaisons directes avec les valeurs utilisées dans certaines études, qui ont par conséquent été exclues des graphiques figurant dans le présent chapitre.

la proximité de vastes zones humides entraîne une décote. Ces zones peuvent donc, semble-t-il, être considérées à la fois comme des aménités et comme des désaménités en fonction de facteurs contextuels et de facteurs de risques, tels que les inondations.

Graphique 4.12. Effet d'une vue sur un espace ouvert sur les prix des logements

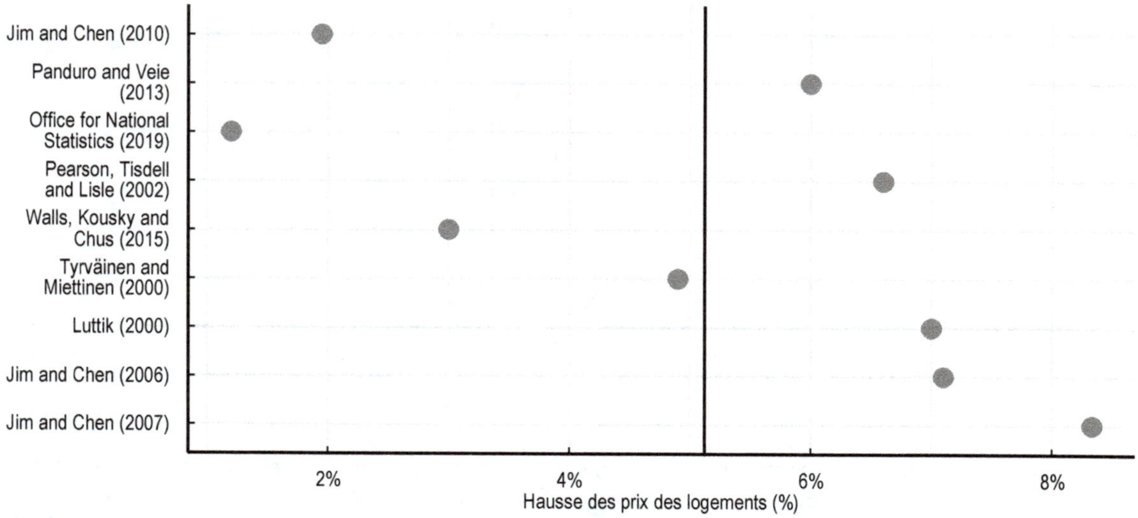

Note : La ligne représentant l'impact moyen est calculée comme une moyenne des résultats des différentes études, à l'exclusion de Black et Richards (2020[10]), qui fait exception puisque cette publication indique une appréciation des prix estimée à 35.5 %. Cette exception peut sans doute s'expliquer par le fait que l'aménité concernée est la High Line de New York, attraction touristique qui est, d'une certaine façon, plus qu'une simple aménité environnementale. De plus, la High Line est située dans un quartier où les activités de promotion immobilière sont particulièrement dynamiques. La source citée ci-après contient les informations bibliographiques relatives aux études dont sont tirées les estimations reproduites ici.
Source : « Provision of urban environmental amenities: A policy toolkit for inclusiveness », (Farrow et al., 2022[9]).

StatLink https://stat.link/cjatys

Graphique 4.13. Effet d'une vue sur une étendue d'eau sur les prix des logements

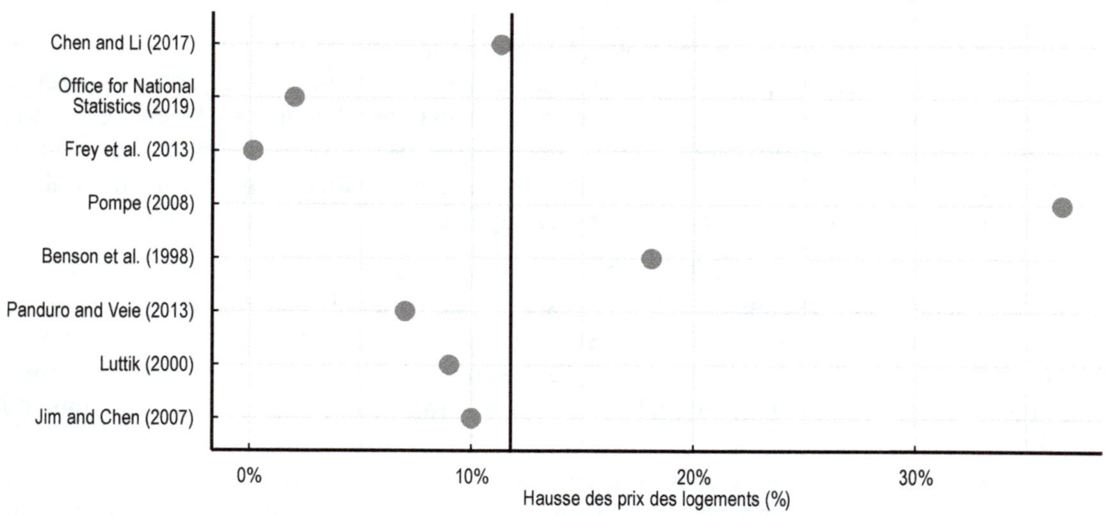

Note : La ligne représentant l'impact moyen est calculée comme une moyenne des résultats des différentes études, à l'exclusion de Pompe (2008[11]), qui fait exception en raison de l'échantillon particulier des logements retenus dont les prix sont supérieurs à la moyenne. La source citée ci-après contient les informations bibliographiques relatives aux études dont sont tirées les estimations reproduites ici.
Source : « Provision of urban environmental amenities: A policy toolkit for inclusiveness », (Farrow et al., 2022[9]).

StatLink https://stat.link/5lnpu3

La proximité d'infrastructures industrielles a des effets contrastés, quoique largement négatifs, sur les prix des logements. Font partie de ces infrastructures les sites non résidentiels bâtis pour fournir des services, comme la production d'électricité, la mise au rebut des déchets ou la production manufacturière. Dans le cas des installations de production d'électricité, par exemple, l'expérience internationale semble indiquer que la présence de parcs éoliens a des effets variables sur les prix, selon la distance par rapport aux éoliennes ou leur taille (Graphique 4.14). La présence d'un parc éolien fait généralement d'autant plus baisser les prix que cet aménagement est proche d'un site résidentiel et que les éoliennes sont hautes (Dröes et Koster, 2021[12]). La présence d'une centrale électrique classique entraîne aussi une décote, même si cet effet s'amenuise avec la distance par rapport à son emplacement. Les données sont moins claires s'agissant des centrales nucléaires.

D'autres installations industrielles, comme les usines, les friches industrielles et les décharges, ont des effets hétérogènes mais généralement négatifs. En revanche, une fois que les friches industrielles où des polluants dangereux ont pu avoir été mis au rebut ont été remises en état, les prix remontent généralement, en particulier dans les zones qui avaient auparavant été fortement dégradées. La présence d'une décharge est associée à une décote sensible.

Graphique 4.14. Effets de la présence d'éoliennes sur les prix des logements

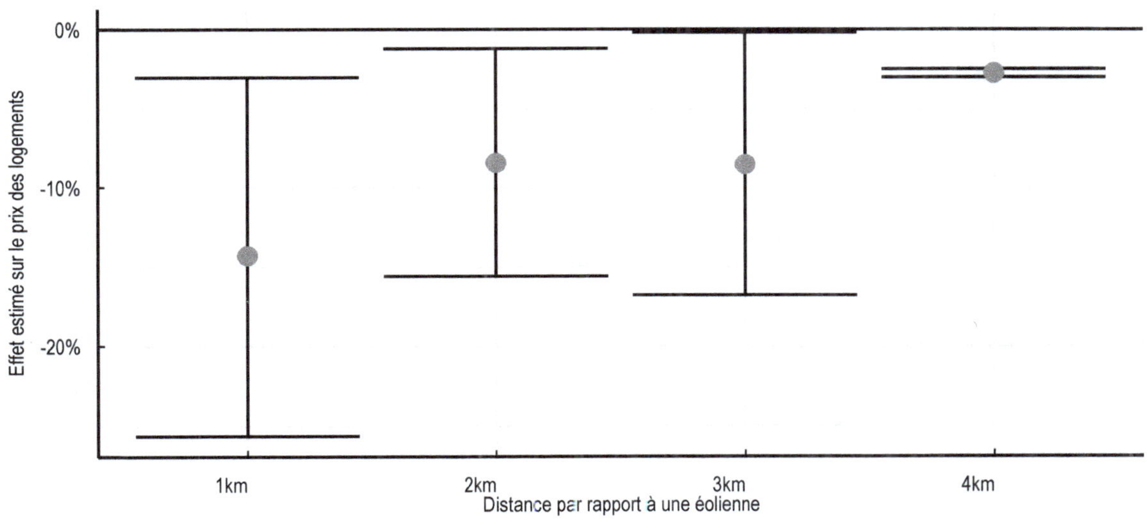

Note : L'effet sur les prix résultant de la présence d'un parc éolien varie de -25,6 %, lorsque les éoliennes se trouvent à moins de 1 km de l'emplacement résidentiel correspondant, à -0,2 %, lorsque cette distance augmente jusqu'à 3 km. Les études qui n'ont pas trouvé d'effet significatif du parc éolien sont basées sur des résidences situées à 8 km, 3 km, 16 km, 8 km, 800 m d'un parc éolien, et sur l'annonce de la construction d'un parc éolien. Les estimations varient également en fonction de la taille des éoliennes considérées. Plus de détails sur chaque étude peuvent être trouvés dans la bibliographie de la source.

Source : « Provision of urban environmental amenities: A policy toolkit for inclusiveness », (Farrow et al., 2022[9]).

StatLink https://stat.link/vfink8

La pollution atmosphérique et sonore pèse généralement sur les prix. La décote s'explique par le désagrément associé à un environnement dégradé. Les logements situés dans les zones où la qualité de l'eau est médiocre sont généralement moins prisés que ceux situés dans des zones où elle est meilleure (Young, 1984[13] ; Gibbs et al., 2002[14]).

Graphique 4.15. Effet d'une diminution de 1 décibel sur les prix des logements

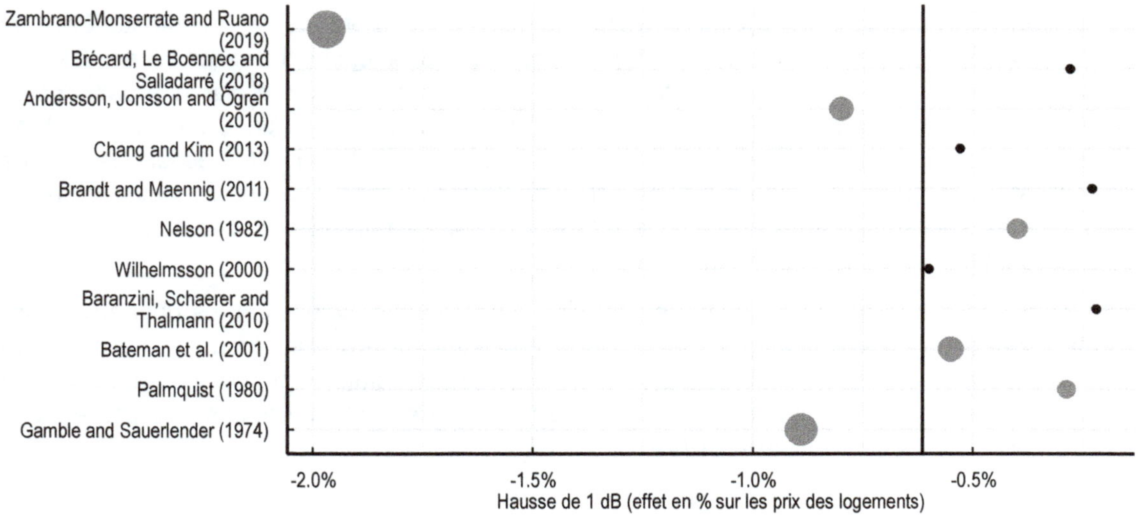

Note : La taille des cercles bleus représente l'écart-type de l'impact rapporté dans l'article correspondant. Les articles représentés par des points noirs ne mentionnent aucun écart-type. La source citée ci-après contient les informations bibliographiques relatives aux études dont sont tirées les estimations reproduites ici.
Source : « Provision of urban environmental amenities: A policy toolkit for inclusiveness », (Farrow et al., 2022[9]).

StatLink https://stat.link/t8ki0w

Des facteurs contextuels peuvent atténuer ou au contraire amplifier les impacts des aménités environnementales sur les prix. Ainsi, plus les résidents sont sensibilisés aux bienfaits de la présence de parcs et d'espaces verts au niveau local, plus l'impact de ces aménités sur les prix tend à s'accentuer. A contrario, l'information sur les risques d'inondation et la sensibilisation aux risques liés à la proximité d'un fleuve ou d'une rivière influent aussi sur les prix (Chen, Li et Hua, 2019[15] ; OCDE, 2019[16]).

La densité de la population a également une incidence sur la perception des bienfaits associés aux aménités environnementales urbaines. Une forte densité est souvent associée à un souhait plus vif de payer pour bénéficier d'espaces ouverts et sensibilise en outre davantage les ménages aux bienfaits des aménités, ce qui peut se répercuter positivement sur les prix. Cependant, la densité peut également dévaluer les bienfaits des aménités environnementales dans la mesure où le surpeuplement rend celles-ci moins agréables (Neuts, Nijkamp et Leeuwen, 2012[17]).

La propension à payer pour bénéficier d'une aménité n'est qu'un indicateur partiel de l'ensemble des bienfaits que les aménités engendrent pour la collectivité. Ainsi, l'amélioration des retombées à long terme d'une meilleure qualité de l'air sur la santé est un bienfait découlant de la création de forêts urbaines qui ne se répercute pas nécessairement sur les prix. Si elles engendrent des coûts ou des bienfaits indirects, les aménités environnementales créent une distorsion entre le prix des logements et la valeur sociale réelle de ces aménités. On peut considérer que l'évolution des prix associée à la mise à disposition d'une aménité environnementale ne reflète que partiellement les variations éventuelles de prospérité.

En raison de biais comportementaux ou d'informations incomplètes, la propension à payer peut également s'avérer être un indicateur inexact de la prospérité. En effet, il manque souvent aux acheteurs au moins certaines informations sur le bien qu'ils ont acquis. D'autres biais, comme une surcote alimentée par un effet de contagion sociale ou encore une aversion à la perte disproportionnée par rapport à la perspective d'un gain de même montant, peuvent contribuer à une évaluation inexacte des aménités environnementales (Salzman et Zwinkels, 2017[18]). Ces inexactitudes touchant les valorisations peuvent, tôt ou tard, se répercuter sur les prix.

Impacts redistributifs de l'offre d'aménités

La répartition de l'accès aux aménités environnementales est inégale selon les catégories sociales. Les populations défavorisées sont exposées de manière disproportionnée aux désaménités comme la pollution, la mauvaise qualité de d'eau et la proximité d'installations de stockage ou d'élimination de déchets dangereux et de friches industrielles (Farrow et al., 2022[9]), OCDE (2006[19]). En raison des inégalités de la répartition initiale des désaménités environnementales, les mesures destinées à améliorer la qualité de l'environnement seront progressives, pour autant que les populations les plus proches de ces désagréments bénéficient le plus des activités de remise en état ou de dépollution (Banzhaf, Ma et Timmins, 2019[20]). Il s'ensuit donc que la remise en état des friches industrielles peut bénéficier de manière disproportionnée aux différentes catégories de population. Le fait que l'offre d'une aménité environnementale exacerbe ou réduise les inégalités dépend des facteurs déterminant l'inégalité de l'offre d'aménités ou la présence de désaménités selon la situation socioéconomique, ainsi que d'effets (comme les variations des temps de trajet ou de la qualité de vie) ne se limitant pas aux variations des prix des logements que cette offre ou cette présence peuvent entraîner.

L'accession à la propriété joue aussi un rôle essentiel concernant l'impact de l'offre d'aménités au niveau local sur l'accessibilité financière du logement. L'appréciation des prix des logements peut en diminuer l'accessibilité financière pour les locataires. À la différence des propriétaires, les locataires ne bénéficient pas des plus-values découlant de l'appréciation des prix. Ils peuvent également être davantage exposés à l'augmentation du coût du logement dès lors qu'ils consacrent généralement une plus large part de leur budget aux dépenses y afférentes. Parmi les locataires, les ménages modestes supportent des coûts de logement plus élevés que les ménages aisés.

Les ménages dont une part importante du revenu sert à couvrir les coûts liés au logement sont particulièrement exposés à l'impact redistributif de l'offre d'aménités. La relocalisation des locataires et des ménages modestes sous l'effet de l'offre d'aménités environnementales peut procéder de deux mécanismes.

- Premièrement, plus une zone reçoit d'aménités, plus elle attire les ménages aisés qui peuvent payer davantage pour bénéficier de l'aménité fournie au niveau local. Ainsi, la conversion d'une friche urbaine en parc attirera de potentiels acquéreurs et locataires prisant les espaces ouverts et les installations de loisir correspondantes. Les locataires qui ne bénéficient guère de la valorisation induite par les aménités peuvent donc se trouver contraints de déménager.
- Deuxièmement, une offre de logements inélastique, autrement dit une offre relativement très peu réactive dans un contexte d'augmentation des prix, exacerbe la relocalisation, au fil du temps, des locataires modestes vivant dans des zones où l'encadrement des loyers est faible. Pour éviter que ces populations soient exclues des logements proches des aménités environnementales, il convient d'accompagner leur mise à disposition de mesures prenant en compte des aspects touchant à l'offre autant qu'à la demande. Par conséquent, il serait bon que les pouvoirs publics prennent des mesures visant à pérenniser une offre adéquate de logements financièrement abordables et d'aider les ménages modestes, confrontés à des hausses de loyer dues au renchérissement des logements induit par l'offre d'aménités.

Les politiques monétaires, financières et fiscales déterminent l'accès relatif aux prêts ainsi que le coût des emprunts que les locataires souhaitant accéder à la propriété auront à supporter. La baisse des taux d'intérêt facilite temporairement l'accès à la propriété et qui permet aux acquéreurs entrés sur le marché au bon moment de recueillir la valeur sociale des aménités offertes qui se capitalisera dans les prix des logements. Cependant, la faiblesse des taux d'intérêt entraîne aussi une hausse des prix de l'immobilier d'habitation en stimulant la demande. La déduction fiscale au titre des intérêts d'emprunt hypothécaire réduit aussi les coûts d'emprunt, facilitant temporairement les achats immobiliers résidentiels avant que la valeur de cette déduction ne se capitalise dans le prix des logements (chapitre 3). De plus, l'évolution de la demande et les variations des prix des logements ne seront pas spatialement uniformes, l'offre d'aménités et la rareté des droits de construction jouant un rôle central dans la répartition asymétrique des plus-values perçues.

Adapter les politiques

Face à l'évolution de la configuration de la demande engendrée par la transformation numérique, les pouvoirs publics doivent prendre des mesures pour libérer l'offre et éviter l'accumulation de nouvelles inégalités. Les décideurs publics peuvent envisager plusieurs solutions en fonction des spécificités locales, des préférences sociales et des paramètres de l'action publique.

Transformation numérique

La transformation numérique ouvre la voie à diverses mutations technologiques et innovations possibles en matière de construction et de gestion « intelligente » des bâtiments, notamment au travers de l'intelligence artificielle et de l'internet des objets. Des innovations sont déjà à l'œuvre dans le domaine de l'urbanisme et de la gestion urbaine et peuvent améliorer la gestion de la circulation, les aménités et infrastructures urbaines, ainsi que l'efficacité énergétique des bâtiments et des villes en général. Les plateformes numériques peuvent accroître la concurrence et améliorer l'adéquation entre l'offre et la demande de logements. Les technologies financières appliquées au logement peuvent élargir l'accès aux financements et réduire les coûts d'emprunt, pourvu que ces activités soient correctement réglementées afin de prévenir toutes nouvelles sources de risque financier (chapitre 3).

Une infrastructure numérique efficace est une condition préalable à la transformation numérique et au télétravail. Il importe particulièrement de s'attaquer à la fracture numérique entre zones urbaines et zones rurales dans un contexte d'évolution spatiale de la demande de logements. Il serait judicieux que les pouvoirs publics assurent un accès très haut débit généralisé à l'internet, mettent à niveau les compétences techniques et managériales et engagent des réformes des marchés des produits et du travail destinées à faciliter l'adoption des technologies numériques par les entreprises (Sorbe et al., 2019[21]). Le projet « Vers le numérique » de l'OCDE vise à aider les décideurs publics à mieux comprendre la transformation numérique et à élaborer des mesures contribuant à donner forme à un avenir numérique porteur (OCDE, 2020[22])[7].

Urbanisme

Les règles d'urbanisme sont d'importants outils de l'action publique permettant de répondre à la nouvelle géographie de la demande de logements dans le cadre de stratégies urbaines compatibles avec les objectifs visés en matière d'environnement, de transport et de prestations de services publics. L'évolution géographique de cette demande amplifie les avantages résultant d'une révision régulière des limites géographiques du développement urbain en vue de faire face à la croissance des villes, tout en veillant à ce que les formes d'expansion soient compatibles avec les objectifs environnementaux. Dans la mesure où les réglementations le permettent, disposer d'une certaine flexibilité pour convertir les biens commerciaux et tertiaires en habitations faciliterait la réaffectation du capital logement en fonction de l'évolution de la demande relative à différents usages, ce qui pourrait rendre le logement plus abordable. Il existe néanmoins un risque que la désaffection des centres-villes ne conduise à une ségrégation

[7] La Boîte à outils sur la transformation numérique contient une feuille de route à l'intention des responsables de l'action publique qui recense les politiques et réglementations visant à réduire les fractures de connectivité. Ces politiques entendent notamment promouvoir la concurrence, stimuler l'investissement et supprimer les obstacles au déploiement du haut débit, et prévoient un ensemble d'approches destinées à étendre la connectivité dans les zones rurales ou éloignées. La mise en place de services publics numériques peut assurer une réponse de meilleure qualité et plus inclusive aux besoins des citoyens et améliorer l'accès des populations défavorisées aux services publics. Combler la fracture de compétences numériques en donnant à tous les citoyens la possibilité d'acquérir des compétences dans les domaines des technologies de l'information et de la communication, de la lecture et de l'écriture, et du calcul exige une égalité des chances en termes de formation, d'éducation, de perfectionnement des compétences et de reconversion professionnelle pour les emplois et les sociétés de demain.

du logement, si ce sont les ménages les plus aisés qui s'en vont. De telles tendances posent des difficultés sur le plan de l'urbanisme, de la conception des plans d'occupation des sols et des règles en matière de zonage.

La gouvernance de l'urbanisme est souvent fragmentée entre plusieurs niveaux d'administration, et parfois entre plusieurs ministères ou organismes publics (OCDE, 2021[23]). Cette situation peut compliquer les réformes si les organismes publics en charge des règles d'occupation des sols, par exemple, n'ont pas compétence dans d'autres domaines tels que la fiscalité ou le logement social, ce qui les empêche de concevoir des programmes de réforme intégrés. Les responsabilités et les décisions devraient être déléguées au niveau métropolitain et non au niveau local afin d'éviter une dynamique comportementale des propriétaires consistant à s'opposer à tout projet exogène considéré comme une nuisance, notamment lorsqu'il s'agit de mettre en place des services publics et d'infrastructures de transport collectif. Dans d'autres cas, il est justifié de renforcer l'autonomie des collectivités locales en matière de fiscalité et de dépenses pour stimuler la réactivité de l'offre de logements, en particulier quand les responsabilités de l'élaboration des politiques publiques sont excessivement centralisées aux niveaux d'administration plus élevés (Dougherty, Cournède et van Hoenselaar, 2023[24]).

La nouvelle géographie de la demande de logements induit un accroissement des distances entre le lieu de travail et le domicile. En raison de la moindre fréquence des déplacements et de l'allongement de leur durée, il pourrait être nécessaire de repenser les systèmes de transport urbain de voyageurs, notamment à la lumière des efforts continus déployés pour ldécarboner les transports. Un urbanisme compact – couramment appelé urbanisme à usages mixtes – privilégiant les transports en commun accessibles à pied depuis les bâtiments résidentiels, peut rendre les transports collectifs plus pratiques, encourager leur fréquentation et faire reculer la dépendance automobile (FIT, 2020[25]).

Offre d'aménités

Les politiques environnementales devraient favoriser l'offre d'aménités environnementales lorsque les avantages nets en termes de prospérité sont supérieurs aux coûts nets qui en découlent. En dépit des multiples bienfaits qui en découlent, l'offre d'aménités environnementales reste insuffisante dans de nombreuses zones urbaines. Les investissements publics à fortes dimensions spatiales, comme la mise à disposition d'espaces ouverts, peuvent avoir pour effet une appréciation des prix de l'immobilier d'habitation tout en pesant sur les résidents ne bénéficiant pas des plus-values associées. Il s'ensuivra une répartition inégale des avantages nets des biens fournis. Il conviendrait que les politiques environnementales anticipent ces effets en vue de favoriser l'offre d'aménités et d'accorder une attention toute particulière aux effets redistributifs entre locataires et propriétaires dans les zones concernées. Une attention accrue devrait en outre être placée sur les effets de relocalisation en vertu desquels des résidents peuvent, au fil du temps, se trouver poussés à quitter ces zones par suite de l'augmentation du coût du logement induite par la présence d'aménités.

Il faudrait donc sans doute accompagner l'offre d'aménités de mesures complémentaires destinées à atténuer ses effets sur l'ensemble de l'économie (OCDE, 2018[26]) et ses impacts redistributifs négatifs, qui peuvent survenir par le biais des marchés du logement. Subventionner la rénovation du stock de logements existants (chapitre 2) et investir dans un parc de logements sociaux verts, autrement dit des logements sociaux incorporant des aménités environnementales, sont des exemples de mesures tenant compte à la fois des enjeux environnementaux et du principe d'équité (OCDE, 2021[23]). Au nombre des actions possibles figure aussi la transférabilité des droits d'accès à ce type de logement (OCDE, 2021[27]). L'assouplissement de la limitation de la hauteur des bâtiments peut egalement améliorer l'accès aux aménités environnementales.

Les zones à faible revenu sont généralement ignorées lors de la planification des projets de rénovation écologique (Haase et al., 2017[28] ; Anguelovski et al., 2016[29]). Il est possible d'instaurer plus d'équité dans les processus d'urbanisme dès les tout premiers stades de ces projets. Pour y parvenir, une solution consiste à associer les résidents de toutes situations socioéconomiques aux procédures d'urbanisme participatives. Procurer plus d'aménités dans les zones qui en sont peu pourvues engendrerait de plus larges avantages marginaux que d'en adjoindre encore davantage dans des zones où l'offre est déjà importante. Les décideurs publics devraient viser à une répartition plus uniforme des aménités, par exemple en ciblant les zones où cette offre a été délaissée.

Les politiques budgétaires, les mesures relatives à l'occupation des sols et les mécanismes de financement public en vigueur au niveau local, ainsi que la répartition spatiale des aménités, le statut d'occupation et le revenu déterminent le potentiel des effets redistributifs. Il convient donc de tenir compte de ces facteurs pour évaluer le caractère approprié des éventuels mécanismes de compensation. Ainsi, pour qu'elle soit un succès, la mise en œuvre des mécanismes de valorisation foncière devrait prendre en compte des facteurs comme la maturité des marchés fonciers, les règles d'occupation des sols, les politiques d'investissement, les cadres juridiques, les structures budgétaires et de gouvernance, ainsi que les spécificités locales et les conventions relatives aux droits fonciers (OCDE, 2021[27]). L'impact des impôts fonciers en termes de prospérité, par exemple, ne dépend pas seulement de leur ampleur mais aussi de la relation entre le taux de l'impôt foncier et les différences des taux appliqués selon les catégories d'occupation des sols (Brandt, 2014[30]).

Valorisation foncière

Des mesures de valorisation foncière, telles que des prélèvements liés aux infrastructures ou l'application de certaines obligations aux promoteurs immobiliers, ainsi que des dispositifs judicieux de gestion foncière et de remembrement, peuvent favoriser l'aménagement immobilier et aider à densifier les zones résidentielles existantes (OCDE/Lincoln Institute of Land Policy, PKU-Lincoln Institute Center, 2022[31]). Ces mesures peuvent en outre contribuer au financement des infrastructures et des aménités nécessaires pour améliorer l'accessibilité des structures économiques et sociales dans les zones éloignées. Il existe un grand nombre de stratégies de valorisation foncière, telle que les contributions liées à l'appréciation d'actifs, les redevances au titre de l'impact sur l'environnement, le remembrement foncier et le zonage inclusif (OCDE, 2021[27] ; Farrow et al., 2022[9]) :

- En vertu des contributions liées à l'appréciation d'actifs et des taxes à évaluation spéciale, les propriétaires bénéficiant d'un investissement public sont tenus d'acquitter une redevance à la municipalité. Cette redevance est calculée en fonction de la valeur ajoutée immobilière perçue par les propriétaires en conséquence de cet investissement public.
- Les redevances au titre de l'impact sur l'environnement sont similaires aux contributions liées à l'appréciation d'actifs et aux taxes à évaluation spéciale, mais sont prélevées ponctuellement.
- Il y a remembrement foncier lorsque les propriétaires fonciers coopèrent avec la municipalité en vue de mettre en commun le parcellaire pour créer des aménités. Une fois que les parcelles regroupées ont été aménagées, chaque propriétaire foncier reçoit une parcelle plus petite qui a été valorisée par l'aménité créée.
- Le zonage inclusif implique que les promoteurs s'engagent, pour obtenir un permis de construire des logements résidentiels, à attribuer aux ménages à faible ou moyen revenu une part minimale déterminée des logements prévus. Ce zonage pourrait être couplé à la création d'aménités en vue d'assurer une offre de logements abordables dans des zones proches d'une aménité environnementale.

Ces redevances peuvent être utilisées de différentes manières selon les spécificités locales et peuvent servir à financer des investissements dans le logement social ou des aides au logement ciblées sur les ménages modestes. Des mécanismes de prix peuvent aussi être utilisés afin de recouvrer les coûts générés par les désaménités environnementales. Les recettes ainsi générées peuvent servir à des dispositifs de compensation visant à indemniser les ménages qui pâtissent de manière disproportionnée des effets de ces désaménités.

Fiscalité du logement

La conception de la fiscalité du logement influe sur la mobilité résidentielle. On estime généralement que l'application d'impôts sur les transactions génère des pertes d'efficience, principalement en raison d'effets de verrouillage qui entravent cette mobilité (OCDE, 2022[32]). En outre, le recours aux impôts sur les transactions peut renforcer les incitations à acquérir des terrains à moindre coût, situés généralement loin des centres-villes et des infrastructures de transport, tout en décourageant les transactions qui permettraient une affectation des terrains à de meilleurs usages, notamment résidentiels. Elles favorisent en outre l'achat de terrains à construire en vue de nouveaux projets immobiliers plutôt que la rénovation des zones bâties (Blöchliger et Kim, 2016[33]). Le remplacement, au moins en partie, des impôts sur les transactions par des impôts immobiliers périodiques améliorerait l'efficience des régimes d'imposition et des marchés du logement tout en ayant des retombées positives sur la mobilité résidentielle et professionnelle (OCDE, 2022[32]).

En dépit de leur efficience avérée, il est encore largement possible d'améliorer encore la conception et le fonctionnement des impôts périodiques sur la propriété immobilière (OCDE, 2022[32]). Si les pays de l'OCDE appliquent des impôts périodiques sur la propriété immobilière, ces taxes sont, dans de nombreux cas, calculées sur des valeurs immobilières dépassées, ce qui réduit nettement, au détriment de l'équité et de l'efficience économique, les recettes qui pourraient en découler. Appliquer des impôts immobiliers à taux différenciés, autrement dit appliquer un taux d'imposition plus élevé à la valeur des terrains qu'à la valeur du bâti, inciterait à aménager les terrains vacants ou sous-utilisés, ce qui favoriserait un aménagement compact et atténuerait l'étalement urbain.

Les impôts sur la propriété immobilière procurent aux pouvoirs publics des recettes stables leur permettant de financer l'offre de biens et services publics au niveau local. Cette offre est, par ricochet, un déterminant essentiel des décisions d'installation, en particulier pour les résidents prévoyant de quitter des centres urbains bien pourvus en aménités et services divers. Dans les zones où les pénuries de l'offre de logements coïncident avec une abondance de logements vacants, l'application d'impôts périodiques sur les logements vacants peut contribuer à accroître l'offre d'habitations. Ces impôts doivent être assortis de mesures crédibles destinées à contrôler la discipline fiscale et à éviter les failles juridiques favorisant les locations de courte durée (OCDE, 2022[32]).

Politiques relatives au marché locatif

La réglementation du marché locatif peut brider l'offre lorsqu'elle implique un encadrement excessif des loyers (OCDE, 2021[23]). Des règles strictes régissant les relations entre bailleurs et locataires, aboutissant à une sécurité d'occupation élevée, conjuguées à un encadrement des loyers, peut faire baisser le rendement attendu de l'offre locative résidentielle, entraînant un recul de l'investissement résidentiel ou incitant les propriétaires à faire d'autres utilisations du stock de logements existant.

Des baux de location assortis de restrictions sévères peuvent pénaliser les locataires vulnérables, ce qui crée des obstacles à la mobilité résidentielle et professionnelle. Lorsque les locataires sont excessivement protégés, les personnes dont les perspectives professionnelles sont incertaines ont du mal à trouver un logement à louer. De strictes restrictions des marchés locatifs entravent donc davantage la mobilité résidentielle dans la mesure où les locataires occupant des logements à loyers encadrés, inférieurs au prix du marché, seront peu disposés à déménager. Comme il est également souhaitable de donner aux locataires des garanties raisonnables quant à la sécurité d'occupation de leur logement et au montant des loyers, un système équilibré pourrait comporter un certain degré de stabilisation des loyers, qui permettrait de les modifier lors de l'établissement d'un nouveau bail (ou de la reconduction éventuelle du bail existant), mais les alignerait sur l'évolution du marché pendant la durée du bail.

Bibliographie

Adrjan, P. et al. (2021), « Will it stay or will it go? Analysing developments in telework during COVID-19 using online job postings data », *OECD Productivity Working Papers*, n° 30, Éditions OCDE, Paris, https://doi.org/10.1787/aed3816e-en. [74]

Ahrend, R. et al. (2023), « The geography of housing demand in times of COVID-19: Are housing markets changing beyond the metropolitan boundaries? », *Documents de travail du Département des affaires économiques de l'OCDE*, Éditions OCDE, Paris, à paraître. [8]

Ahrend, R. et al. (2022), « Changes in the geography housing demand after the onset of COVID-19: First results from large metropolitan areas in 13 OECD countries », *Documents de travail du Département des affaires économiques de l'OCDE*, n° 1713, Éditions OCDE, Paris, https://doi.org/10.1787/9a99131f-en. [34]

Ahrend, R. et al. (2022), « Changes in the geography housing demand after the onset of COVID-19: First results from large metropolitan areas in 13 OECD countries », *Documents de travail du Département des affaires économiques de l'OCDE*, n° 1713, Éditions OCDE, Paris, https://doi.org/10.1787/9a99131f-en. [73]

Allain-Dupré, D., C. Hulbert et M. Vincent (2017), « Subnational Infrastructure Investment in OECD Countries: Trends and Key Governance Levers », *Documents de travail de l'OCDE sur le développement régional*, n° 2017/05, Éditions OCDE, Paris, https://doi.org/10.1787/e9077df7-en. [72]

Alonso, W. (1964), *Location and Land Use: Toward a General Theory of Land Rent*, Cambridge, Mass.: Harvard University Press Pr., https://www.hup.harvard.edu/catalog.php?isbn=9780674730854. [1]

Anguelovski, I. et al. (2016), « Equity Impacts of Urban Land Use Planning for Climate Adaptation: Critical Perspectives from the Global North and South », *http://dx.doi.org/10.1177/0739456X16645166*, vol. 36/3, pp. 333-348, https://doi.org/10.1177/0739456X16645166. [29]

Banquet, A. et al. (2022), « Monitoring land use in cities using satellite imagery and deep learning », *Documents de travail de l'OCDE sur le développement régional*, n° 28, https://www.oecd-ilibrary.org/urban-rural-and-regional-development/monitoring-land-use-in-cities-using-satellite-imagery-and-deep-learning_dc8e85d5-en (consulté le 8 novembre 2022). [4]

Banzhaf, S., L. Ma et C. Timmins (2019), « Environmental Justice: The Economics of Race, Place, and Pollution », *Journal of Economic Perspectives*, vol. 33/1, pp. 185-208, https://doi.org/10.1257/jep.33.1.185. [20]

Barker, A. (2021), « Consumer data and competition: A new balancing act for online markets? », *OECD Going Digital Toolkit Notes*, n° 5, Éditions OCDE, Paris, https://doi.org/10.1787/e22e3a47-en. [71]

Barnes, S. et al. (2021), « The impact of COVID-19 on corporate fragility in the United Kingdom: Insights from a new calibrated firm-level Corporate Sector Agent-Based (CAB) Model », *Documents de travail du Département des affaires économiques de l'OCDE*, n° 1674, Éditions OCDE, Paris, https://doi.org/10.1787/b6805eed-en. [70]

Bartolini, D., S. Stossberg et H. Blöchliger (2016), « Fiscal Decentralisation and Regional Disparities », *Documents de travail du Département des affaires économiques de l'OCDE*, n° 1330, Éditions OCDE, Paris, https://doi.org/10.1787/5jlpq7v3j237-en. [69]

Berestycki, C. et al. (2022), « Measuring and assessing the effects of climate policy uncertainty », *Documents de travail du Département des affaires économiques de l'OCDE*, n° 1724, Éditions OCDE, Paris, https://doi.org/10.1787/34483d83-en. [68]

Black, K. et M. Richards (2020), « Eco-gentrification and who benefits from urban green amenities: NYC's high Line », *Landscape and Urban Planning*, vol. 204, p. 103900, https://doi.org/10.1016/J.LANDURBPLAN.2020.103900. [10]

Blöchliger, H. et al. (2015), « The stabilisation properties of immovable property taxation: Evidence from OECD countries », *Documents de travail du Département des affaires économiques de l'OCDE*, n° 1237, Éditions OCDE, Paris, https://doi.org/10.1787/5js0cqq93djg-en. [66]

Blöchliger, H. et J. Kim (dir. pub.) (2016), *Fiscal Federalism 2016: Making Decentralisation Work*, Éditions OCDE, Paris, https://doi.org/10.1787/9789264254053-en. [33]

Blöchliger, H. et S. Strumskyte (2021), « Greening Lithuania's growth », *Documents de travail du Département des affaires économiques de l'OCDE*, n° 1667, Éditions OCDE, Paris, https://doi.org/10.1787/5211d402-en. [67]

Bowick, M. et al. (2022), *Lignes directrices nationales en matière d'analyse du cycle de vie de l'ensemble du bâtiment*, https://doi.org/10.4224/40002740. [65]

Brandt, N. (2014), « Greening the Property Tax », *OECD Working Papers on Fiscal Federalism*, n° 17, Éditions OCDE, Paris, https://doi.org/10.1787/5jz5pzw9mwzn-en. [30]

Casalini, F., J. López González et T. Nemoto (2021), « Mapping commonalities in regulatory approaches to cross-border data transfers », *Documents de travail de l'OCDE sur la politique commerciale*, n° 248, Éditions OCDE, Paris, https://doi.org/10.1787/ca9f974e-en. [63]

Casalini, F., J. López González et T. Nemoto (2021), « Mapping commonalities in regulatory approaches to cross-border data transfers », *OECD Trade Policy Papers*, n° 248, Éditions OCDE, Paris, https://doi.org/10.1787/ca9f974e-en. [64]

Causa, O., N. Luu et M. Abendschein (2021), « Labour market transitions across OECD countries: Stylised facts », *Documents de travail du Département des affaires économiques de l'OCDE*, n° 1692, Éditions OCDE, Paris, https://doi.org/10.1787/62c85872-en. [62]

Château, J., R. Dellink et E. Lanzi (2014), « An Overview of the OECD ENV-Linkages Model: Version 3 », *Documents de travail de l'OCDE sur l'environnement*, n° 65, Éditions OCDE, Paris, https://doi.org/10.1787/5jz2qck2b2vd-en. [61]

Chen, W., X. Li et J. Hua (2019), « Environmental amenities of urban rivers and residential property values: A global meta-analysis », *Science of The Total Environment*, vol. 693, p. 133628, https://doi.org/10.1016/J.SCITOTENV.2019.133628. [15]

Costa, H. et al. (2021), « Are online platforms killing the offline star? Platform diffusion and the productivity of traditional firms », *Documents de travail du Département des affaires économiques de l'OCDE*, n° 1682, Éditions OCDE, Paris, https://doi.org/10.1787/1e2bbe10-en. [60]

Criscuolo, C. et al. (2021), « The role of telework for productivity during and post-COVID-19: Results from an OECD survey among managers and workers », *OECD Productivity Working Papers*, n° 31, Éditions OCDE, Paris, https://doi.org/10.1787/7fe47de2-en. [59]

D'Arcangelo, F. et al. (2022), « A framework to decarbonise the economy », *OECD Economic Policy Papers*, n° 31, Éditions OCDE, Paris, https://doi.org/10.1787/4e4d973d-en. [58]

D'Arcangelo, F. et al. (2022), « Estimating the CO2 emission and revenue effects of carbon pricing new evidence from a large cross-country dataset », *Documents de travail du Département des affaires économiques de l'OCDE*, n° 1732, Éditions OCDE, Paris, https://doi.org/10.1787/39aa16d4-en. [57]

Dechezleprêtre, A. et al. (2022), « Fighting climate change: International attitudes toward climate policies », *Documents de travail du Département des affaires économiques de l'OCDE*, n° 1714, Éditions OCDE, Paris, https://doi.org/10.1787/3406f29a-en. [56]

Demmou, L. et al. (2021), « Insolvency and debt overhang following the COVID-19 outbreak: assessment of risks and policy responses », *Documents de travail du Département des affaires économiques de l'OCDE*, n° 1651, Éditions OCDE, Paris, https://doi.org/10.1787/747a8226-en. [55]

Dougherty, S., B. Cournède et F. van Hoenselaar (2023), *Housing supply responsiveness across levels of government: tax & spending autonomy*, Éditions OCDE. [24]

Dröes, M. et H. Koster (2021), « Wind turbines, solar farms, and house prices », *Energy Policy*, vol. 155, p. 112327, https://doi.org/10.1016/J.ENPOL.2021.112327. [12]

Égert, B. et P. Gal (2017), « The quantification of structural reforms in OECD countries: A new framework », *Documents de travail du Département des affaires économiques de l'OCDE*, n° 1354, Éditions OCDE, Paris, https://doi.org/10.1787/2d887027-en. [53]

Égert, B. et I. Wanner (2016), « Regulations in services sectors and their impact on downstream industries: The OECD 2013 Regimpact Indicator », *Documents de travail du Département des affaires économiques de l'OCDE*, n° 1303, Éditions OCDE, Paris, https://doi.org/10.1787/5jlwz7kz39q8-en. [54]

Farrow, K. et al. (2022), « Provision of urban environmental amenities: A policy toolkit for inclusiveness », *Documents de travail de l'OCDE sur l'environnement*, n° 204, Éditions OCDE, Paris, https://doi.org/10.1787/0866d566-en. [9]

FIT (2021), *Perspectives des transports FIT 2021*, Éditions OCDE, Paris, https://doi.org/10.1787/3dd41b17-fr. [95]

FIT (2020), *Perspectives des transports FIT 2019*, Éditions OCDE, Paris, https://doi.org/10.1787/e4367294-fr. [25]

Germán, L. et A. Bernstein (2021), « Land Value Return: Tools to Finance our Urban Future », *Policy Brief*, http://archive.citiscope.org/story/2014/how-sao-paulo-uses- (consulté le 29 avril 2022). [52]

Gibbs, J. et al. (2002), « An Hedonic Analysis of the Effects of Lake Water Clarity on New Hampshire Lakefront Properties », *cambridge.org*, https://www.cambridge.org/core/journals/agricultural-and-resource-economics-review/article/an-hedonic-analysis-of-the-effects-of-lake-water-clarity-on-new-hampshire-lakefront-properties/7D3AE434A407BF9DCB11F289DDC4F57B (consulté le 15 octobre 2021). [14]

Gierten, D. et M. Lesher (2022), « Assessing national digital strategies and their governance », *Documents de travail de l'OCDE sur l'économie numérique*, n° 324, Éditions OCDE, Paris, https://doi.org/10.1787/baffceca-en. [51]

Gokan, T. et al. (2022), « How the Rise of Teleworking Will Reshape Labor Markets and Cities », *SSRN Electronic Journal*, https://doi.org/10.2139/SSRN.4235466. [50]

Guillemette, Y. et D. Turner (2021), « The long game: Fiscal outlooks to 2060 underline need for structural reform », *OECD Economic Policy Papers*, n° 29, Éditions OCDE, Paris, https://doi.org/10.1787/a112307e-en. [49]

Gupta, A. et al. (2022), « Flattening the curve: Pandemic-induced revaluation of urban real estate », *Journal of Financial Economics*, vol. 146/2, pp. 594-636, https://doi.org/10.1016/J.JFINECO.2021.10.008. [48]

Haase, D. et al. (2017), « Greening cities – To be socially inclusive? About the alleged paradox of society and ecology in cities », *Habitat International*, vol. 64, pp. 41-48, https://doi.org/10.1016/J.HABITATINT.2017.04.005. [28]

Huang, N., J. Pang et Y. Yang (2022), « COVID-19 and household preference for urban density in China », *Journal of Urban Economics*, p. 103487, https://doi.org/10.1016/j.jue.2022.103487. [47]

Huerta Melchor, O. et A. Lembcke (2020), « Developing transit-oriented communities for better accessibility and affordability : The case of the Metro Vancouver Region », *OECD Regional Development Papers*, n° 07, Éditions OCDE, Paris, https://doi.org/10.1787/f2bb60fc-en. [46]

Jouanjean, M. et al. (2020), « Issues around data governance in the digital transformation of agriculture: The farmers' perspective », *Documents de l'OCDE sur l'alimentation, l'agriculture et les pêcheries*, n° 146, Éditions OCDE, Paris, https://doi.org/10.1787/53ecf2ab-en. [45]

López González, J. et M. Jouanjean (2017), « Digital Trade: Developing a Framework for Analysis », *OECD Trade Policy Papers*, n° 205, Éditions OCDE, Paris, https://doi.org/10.1787/524c8c83-en. [44]

Luu, C. (2016), « Concurrence dans les industries de réseau et renforcement du marché intérieur au Canada », *Documents de travail du Département des affaires économiques de l'OCDE*, n° 1322, Éditions OCDE, Paris, https://doi.org/10.1787/5jlswbxcs0mt-fr. [43]

Mills, E. (1967), « An Aggregative Model of Resource Allocation in a Metropolitan Area », *The American Economic Review*, vol. 57/2, pp. 197-210, https://doi.org/10.2307/2981088. [2]

Mitchell, J., D. Ker et M. Lesher (2021), « Measuring the economic value of data », *OECD Going Digital Toolkit Notes*, n° 20, Éditions OCDE, Paris, https://doi.org/10.1787/f46b3691-en. [42]

Muth, R. (1969), *Cities and Housing. The Spatial Pattern of Urban Residential Land Use*, Cambridge University Press, https://doi.org/10.1017/s0770451800027500. [3]

Neuts, B., P. Nijkamp et E. Leeuwen (2012), « Crowding Externalities from Tourist Use of Urban Space: », *http://dx.doi.org/10.5367/te.2012.0130*, vol. 18/3, pp. 649-670, https://doi.org/10.5367/TE.2012.0130. [17]

OCDE (2023), *Tendances des impôts sur la consommation 2022 : TVA/TPS et droits d'accise, tendances et questions stratégiques*, Éditions OCDE, Paris, https://doi.org/10.1787/edb73711-fr. [81]

OCDE (2022), *Administration fiscale 2022 : Informations comparatives sur les pays de l'OCDE et autres économies avancées et émergentes*, Éditions OCDE, Paris, https://doi.org/10.1787/6f55a020-fr. [153]

OCDE (2022), *Cross-border Data Flows: Taking Stock of Key Policies and Initiatives*, Éditions OCDE, Paris, https://doi.org/10.1787/5031dd97-en. [147]

OCDE (2022), « Dark commercial patterns », *Documents de travail de l'OCDE sur l'économie numérique*, n° 336, Éditions OCDE, Paris, https://doi.org/10.1787/44f5e846-en. [146]

OCDE (2022), « Data shaping firms and markets », *Documents de travail de l'OCDE sur l'économie numérique*, n° 344, Éditions OCDE, Paris, https://doi.org/10.1787/7b1a2d70-en. [144]

OCDE (2022), « Data shaping firms and markets », *Documents de travail de l'OCDE sur l'économie numérique*, n° 344, Éditions OCDE, Paris, https://doi.org/10.1787/7b1a2d70-en. [145]

OCDE (2022), « Enhancing online disclosure effectiveness », *Documents de travail de l'OCDE sur l'économie numérique*, n° 335, Éditions OCDE, Paris, https://doi.org/10.1787/6d7ea79c-en. [137]

OCDE (2022), « Fostering cross-border data flows with trust », *Documents de travail de l'OCDE sur l'économie numérique*, n° 343, Éditions OCDE, Paris, https://doi.org/10.1787/139b32ad-en. [132]

OCDE (2022), « Fostering cross-border data flows with trust », *Documents de travail de l'OCDE sur l'économie numérique*, n° 343, Éditions OCDE, Paris, https://doi.org/10.1787/139b32ad-en. [133]

OCDE (2022), *Going Digital Guide to Data Governance Policy Making*, Éditions OCDE, Paris, https://doi.org/10.1787/40d53904-en. [131]

OCDE (2022), *Going Digital to Advance Data Governance for Growth and Well-being*, Éditions OCDE, Paris, https://doi.org/10.1787/e3d783b0-en. [129]

OCDE (2022), *Gouvernance des données de santé à l'ère du numérique : Mise en œuvre de la Recommandation de l'OCDE sur la gouvernance des données de santé*, Éditions OCDE, Paris, https://doi.org/10.1787/37ef3797-fr. [128]

OCDE (2022), *La fiscalité immobilière dans les pays de l'OCDE*, Études de politique fiscale de l'OCDE, n° 29, Éditions OCDE, Paris, https://doi.org/10.1787/242b9308-fr. [32]

OCDE (2022), *Les impôts sur les salaires 2022 : L'impact du COVID-19 sur le coin fiscal dans les pays de l'OCDE*, Éditions OCDE, Paris, https://doi.org/10.1787/cd7faa8e-fr. [120]

OCDE (2022), « Measuring the value of data and data flows », *Documents de travail de l'OCDE sur l'économie numérique*, n° 345, Éditions OCDE, Paris, https://doi.org/10.1787/923230a6-en. [114]

OCDE (2022), *OECD Economic Surveys: Norway 2022*, Éditions OCDE, Paris, https://doi.org/10.1787/df7b87ab-en. [107]

OCDE (2022), *OECD Economic Surveys: United Kingdom 2022*, Éditions OCDE, Paris, https://doi.org/10.1787/7c0f1268-en. [106]

OCDE (2022), *OECD Reviews of Innovation Policy - Germany 2022: Building Agility for Successful Transitions*, Examens de l'OCDE des politiques d'innovation, Éditions OCDE, Paris, https://doi.org/10.1787/50b32331-en. [104]

OCDE (2022), *Perspectives économiques de l'OCDE, Volume 2022 Numéro 2*, Éditions OCDE, Paris, https://doi.org/10.1787/25b26d2e-fr. [94]

OCDE (2022), *Principes de l'OCDE applicables en matière de prix de transfert à l'intention des entreprises multinationales et des administrations fiscales 2022*, Éditions OCDE, Paris, https://doi.org/10.1787/5357f003-fr. [92]

OCDE (2022), « Regulating corporate political engagement: Trends, challenges and the role for investors », *Documents d'orientation sur la gouvernance publique de l'OCDE*, n° 13, Éditions OCDE, Paris, https://doi.org/10.1787/8c5615fe-en [89]

OCDE (2022), « Responding to societal challenges with data: Access, sharing, stewardship and control », *Documents de travail de l'OCDE sur l'économie numérique*, n° 342 Éditions OCDE, Paris, https://doi.org/10.1787/2182ce9f-en. [84]

OCDE (2022), « Responding to societal challenges with data: Access, sharing, stewardship and control », *Documents de travail de l'OCDE sur l'économie numérique*, n° 342, Éditions OCDE, Paris, https://doi.org/10.1787/2182ce9f-en. [85]

OCDE (2022), *Statistiques des recettes publiques 2022 : L'impact du COVID-19 sur les recettes fiscales de l'OCDE*, Éditions OCDE, Paris, https://doi.org/10.1787/96463460-fr. [63]

OCDE (2022), *Tax Policy Reforms 2022: OECD and Selected Partner Economies*, Éditions OCDE, Paris, https://doi.org/10.1787/067c593d-en. [82]

OCDE (2022), « Turning data into business », dans *Financing Growth and Turning Data into Business : Helping SMEs Scale Up*, Éditions OCDE, Paris, https://doi.org/10.1787/f5fcdf71-en. [77]

OCDE (2021), *Building a Global Compendium on Land Value Capture* , https://www.oecd.org/cfe/cities/Land-Value-Capture.htm (consulté le 3 novembre 2021). [27]

OCDE (2021), *Continuing Education and Training in Germany*, Getting Skills Right, Éditions OCDE, Paris, https://doi.org/10.1787/1f552468-en. [148]

OCDE (2021), *Effective Carbon Rates 2021: Pricing Carbon Emissions Through Taxes and Emissions Trading*, Série de l'OCDE sur la tarification du carbone et la fiscalité des énergies, Éditions OCDE, Paris, https://doi.org/10.1787/0e8e24f5-en. [141]

OCDE (2021), *Fiscal Federalism 2022: Making Decentralisation Work*, Éditions OCDE, Paris, https://doi.org/10.1787/201c75b6-en. [134]

OCDE (2021), *Impôt sur les successions dans les pays de l'OCDE*, Études de politique fiscale de l'OCDE, n° 28, Éditions OCDE, Paris, https://doi.org/10.1787/33d40568-fr. [125]

OCDE (2021), *La gouvernance au service des jeunes, de la confiance et de la justice intergénérationnelle : Des politiques adaptées à toutes les générations ?*, Examens de l'OCDE sur la gouvernance publique, Éditions OCDE, Paris, https://doi.org/10.1787/57092ccc-fr. [124]

OCDE (2021), « Le télétravail pendant la pandémie de COVID-19 : tendances et perspectives », *Les réponses de l'OCDE face au coronavirus (COVID-19)*, Éditions OCDE, Paris, https://doi.org/10.1787/e76db9dd-fr. [121]

OCDE (2021), *Lobbying in the 21st Century: Transparency, Integrity and Access*, Éditions OCDE, Paris, https://doi.org/10.1787/c6d8eff8-en. [118]

OCDE (2021), *Making Property Tax Reform Happen in China: A Review of Property Tax Design and Reform Experiences in OECD Countries*, OECD Fiscal Federalism Studies, Éditions OCDE, Paris, https://doi.org/10.1787/bd0fbae3-en. [117]

OCDE (2021), « Mapping data portability initiatives, opportunities and challenges », *Documents de travail de l'OCDE sur l'économie numérique*, n° 321, Éditions OCDE, Paris, https://doi.org/10.1787/a6edfab2-en. [116]

OCDE (2021), *Mobilising Evidence at the Centre of Government in Lithuania: Strengthening Decision Making and Policy Evaluation for Long-term Development*, Examens de l'OCDE sur la gouvernance publique, Éditions OCDE, Paris, https://doi.org/10.1787/323e3500-en. [112]

OCDE (2021), *OECD Skills Strategy Lithuania: Assessment and Recommendations*, Études de l'OCDE sur les compétences, Éditions OCDE, Paris, https://doi.org/10.1787/14deb088-en. [102]

OCDE (2021), *OECD Skills Strategy Lithuania: Assessment and Recommendations*, Études de l'OCDE sur les compétences, Éditions OCDE, Paris, https://doi.org/10.1787/14deb088-en. [103]

OCDE (2021), *Panorama des administrations publiques 2021*, Éditions OCDE, Paris, https://doi.org/10.1787/9556b25a-fr. [100]

OCDE (2021), *Panorama des administrations publiques 2021*, Éditions OCDE, Paris, https://doi.org/10.1787/9556b25a-fr. [101]

OCDE (2021), *Pensions at a Glance 2021: OECD and G20 Indicators*, Éditions OCDE, Paris, https://doi.org/10.1787/ca401ebd-en. [98]

OCDE (2021), *Pensions at a Glance 2021: OECD and G20 Indicators*, Éditions OCDE, Paris, https://doi.org/10.1787/ca401ebd-en. [99]

OCDE (2021), *Pierre par pierre : Bâtir de meilleures politiques du logement*, Éditions OCDE, Paris, https://doi.org/10.1787/78520651-fr. [23]

OCDE (2021), *The Digital Transformation of SMEs*, OECD Studies on SMEs and Entrepreneurship, Éditions OCDE, Paris, https://doi.org/10.1787/bdb9256a-en. [80]

OCDE (2021), « The inequalities-environment nexus: Towards a people-centred green transition », *OECD Green Growth Papers*, n° 2021/01, Éditions OCDE, Paris https://doi.org/10.1787/ca9d8479-en. [79]

OCDE (2021), *Transport Strategies for Net-Zero Systems by Design*, Éditions OCDE, Paris, https://doi.org/10.1787/0a20f779-en. [78]

OCDE (2020), *Axer le secteur public sur les données : marche à suivre*, OECD Digital Government Studies, Éditions OCDE, Paris, https://doi.org/10.1787/0090312e-fr. [152]

OCDE (2020), *Enhanced Access to Publicly Funded Data for Science, Technology and Innovation*, Éditions OCDE, Paris, https://doi.org/10.1787/947717bc-en. [140]

OCDE (2020), « Going Digital integrated policy framework », *Documents de travail de l'OCDE sur l'économie numérique*, n° 292, Éditions OCDE, Paris, https://doi.org/10.1787/dc930adc-en. [22]

OCDE (2020), « Going Digital integrated policy framework », *Documents de travail de l'OCDE sur l'économie numérique*, n° 292, Éditions OCDE, Paris, https://doi.org/10.1787/dc930adc-en. [130]

OCDE (2020), *OECD Economic Surveys: Germany 2020*, Éditions OCDE, Paris, https://doi.org/10.1787/91973c69-en. [110]

OCDE (2020), *OECD Economic Surveys: Lithuania 2020*, Éditions OCDE, Paris, https://doi.org/10.1787/62663b1d-en. [108]

OCDE (2019), *Analyse coûts-avantages et environnement : Avancées théoriques et utilisation par les pouvoirs publics*, Éditions OCDE, Paris, https://doi.org/10.1787/9789264300453-fr. [16]

OCDE (2019), *Enhancing Access to and Sharing of Data: Reconciling Risks and Benefits for Data Re-use across Societies*, Éditions OCDE, Paris, https://doi.org/10.1787/276aaca8-en. [138]

OCDE (2019), *Enhancing Access to and Sharing of Data: Reconciling Risks and Benefits for Data Re-use across Societies*, Éditions OCDE, Paris, https://doi.org/10.1787/276aaca8-en. [139]

OCDE (2019), *Hausse du niveau des mers : Les approches des pays de l'OCDE face aux risques côtiers*, Éditions OCDE, Paris, https://doi.org/10.1787/9789264312999-fr. [127]

OCDE (2019), *Measuring the Digital Transformation: A Roadmap for the Future*, Éditions OCDE, Paris, https://doi.org/10.1787/9789264311992-en. [115]

OCDE (2019), *OECD Good Practices for Performance Budgeting*, Éditions OCDE, Paris, https://doi.org/10.1787/c90b0305-en. [105]

OCDE (2019), *Perspectives de l'emploi de l'OCDE 2018*, Éditions OCDE, Paris, https://doi.org/10.1787/g2g9ed68-fr. [97]

OCDE (2019), *Perspectives de l'emploi de l'OCDE 2019 : L'avenir du travail*, Éditions OCDE, Paris, https://doi.org/10.1787/b7e9e205-fr. [96]

OCDE (2019), *PISA 2018 Results (Volume II): Where All Students Can Succeed*, PISA, Éditions OCDE, Paris, https://doi.org/10.1787/b5fd1b8f-en. [93]

OCDE (2019), *Public Procurement in Germany: Strategic Dimensions for Well-being and Growth*, Examens de l'OCDE sur la gouvernance publique, Éditions OCDE, Paris, https://doi.org/10.1787/1db30826-en. [91]

OCDE (2019), *Rapport sur les données ouvertes publiques : Encourager la maturité des politiques de données ouvertes pour un impact durable*, OECD Digital Government Studies, Éditions OCDE, Paris, https://doi.org/10.1787/12ea5027-fr. [90]

OCDE (2019), « Vectors of digital transformation », *Documents de travail de l'OCDE sur l'économie numérique*, n° 273, Éditions OCDE, Paris, https://doi.org/10.1787/5ade2bba-en. [76]

OCDE (2019), *Vers le numérique : Forger des politiques au service de vies meilleures*, Éditions OCDE, Paris, https://doi.org/10.1787/7cba1873-fr. [75]

OCDE (2018), *L'apprentissage et l'alternance en sept questions : Leçons des expériences internationales*, Examens de l'OCDE sur l'éducation et la formation professionnelles, Éditions OCDE, Paris, https://doi.org/10.1787/9789264307513-fr. [123]

OCDE (2018), *OECD Economic Surveys: Lithuania 2018*, Éditions OCDE, Paris, https://doi.org/10.1787/eco_surveys-ltu-2018-en. [109]

OCDE (2018), « Steering urban development to more sustainable pathways », dans *Rethinking Urban Sprawl : Moving Towards Sustainable Cities*, Éditions OCDE, Paris, https://doi.org/10.1787/9789264189881-7-en. [26]

OCDE (2017), « Business models for sustainable research data repositories », *OECD Science, Technology and Industry Policy Papers*, n° 47, Éditions OCDE, Paris, https://doi.org/10.1787/302b12bb-en. [150]

OCDE (2017), *Examens environnementaux de l'OCDE : Canada 2017*, Examens environnementaux de l'OCDE, Éditions OCDE, Paris, https://doi.org/10.1787/9789264283244-fr. [136]

OCDE (2017), *Mesurer et suivre les données relatives au BEPS, Action 11 - Rapport final 2015*, Projet OCDE/G20 sur l'érosion de la base d'imposition et le transfert de bénéfices, Éditions OCDE, Paris, https://doi.org/10.1787/9789264282711-fr. [113]

OCDE (2017), *Norme d'échange automatique de renseignements relatifs aux comptes financiers en matière fiscale, Seconde édition*, Éditions OCDE, Paris, https://doi.org/10.1787/9789264268050-fr. [111]

OCDE (2016), *Back to Work: Denmark: Improving the Re-employment Prospects of Displaced Workers*, Back to Work, Éditions OCDE, Paris, https://doi.org/10.1787/9789264267503-en. [151]

OCDE (2016), *Financial Management of Flood Risk*, Éditions OCDE, Paris, https://doi.org/10.1787/9789264257689-en. [135]

OCDE (2016), *Le financement de la démocratie : Financement des partis politiques et des campagnes électorales et risque de capture de l'action publique*, Examens de l'OCDE sur la gouvernance publique, Éditions OCDE, Paris, https://doi.org/10.1787/9789264263994-fr. [122]

OCDE (2016), *L'impératif d'innovation : Contribuer à la productivité, à la croissance et au bien-être*, Éditions OCDE, Paris, https://doi.org/10.1787/9789264251540-fr. [119]

OCDE (2016), « Research Ethics and New Forms of Data for Social and Economic Research », *OECD Science, Technology and Industry Policy Papers*, n° 34, Éditions OCDE, Paris, https://doi.org/10.1787/5jln7vnpxs32-en. [86]

OCDE (2016), « Research Ethics and New Forms of Data for Social and Economic Research », *OECD Science, Technology and Industry Policy Papers*, n° 34, Éditions OCDE, Paris, https://doi.org/10.1787/5jln7vnpxs32-en. [87]

OCDE (2016), « Research Ethics and New Forms of Data for Social and Economic Research », *OECD Science, Technology and Industry Policy Papers*, n° 34, Éditions OCDE, Paris, https://doi.org/10.1787/5jln7vnpxs32-en. [88]

OCDE (2015), *Climate Change Risks and Adaptation: Linking Policy and Economics*, Éditions OCDE, Paris, https://doi.org/10.1787/9789264234611-en. [149]

OCDE (2015), *Data-Driven Innovation : Big Data for Growth and Well-Being*, Éditions OCDE, Paris, https://doi.org/10.1787/9789264229358-en. [143]

OCDE (2015), *Data-Driven Innovation: Big Data for Growth and Well-Being*, Éditions OCDE, Paris, https://doi.org/10.1787/9789264229358-en. [142]

OCDE (2015), *Health Data Governance: Privacy, Monitoring and Research*, Études de l'OCDE sur les politiques de santé, Éditions OCDE, Paris, https://doi.org/10.1787/9789264244566-en. [126]

OCDE (2006), *The Distributional Effects of Environmental Policy*, Organisation de coopération et de développement économiques, Paris, https://www.oecd-ilibrary.org/environment/the-distributional-effects-of-environmental-policy_9789264066137-en. [19]

OCDE et al. (2021), *Applying the Degree of Urbanisation: A Methodological Manual to Define Cities, Towns and Rural Areas for International Comparisons*, OECD Regional Development Studies, Éditions OCDE, Paris/Union européenne, Bruxelles, https://doi.org/10.1787/4bc1c502-en. [7]

OCDE/FIT (2019), *Benchmarking Accessibility in Cities - Measuring the Impact of Proximity and Transport Performance*, https://www.itf-oecd.org/benchmarking-accessibility-cities. [5]

OCDE/Lincoln Institute of Land Policy, PKU-Lincoln Institute Center (2022), *Global Compendium of Land Value Capture Policies*, OECD Regional Development Studies, Éditions OCDE, Paris, https://doi.org/10.1787/4f9559ee-en. [31]

Pompe, J. (2008), « The effect of a gated community on property and beach amenity valuation », *Land Economics*, vol. 84/3, pp. 423-433, http://le.uwpress.org/content/84/3/423.short (consulté le 20 octobre 2021). [11]

Reusens, P., F. Vastmans et S. Damen (2022), « The impact of changes in dwelling characteristics and housing preferences on house price indices », *NBB Working Paper Series*, n° 406, Banque nationale de Belgique, https://www.nbb.be/en/articles/impact-changes-dwelling-characteristics-and-housing-preferences-house-price-indices (consulté le 15 février 2023). [41]

Robinson, L., K. Kizawa et E. Ronchi (2021), « Interoperability of privacy and data protection frameworks », *OECD Going Digital Toolkit Notes*, n° 21, Éditions OCDE, Paris, https://doi.org/10.1787/64923d53-en. [40]

Salzman, D. et R. Zwinkels (2017), « Behavioral Real Estate », *Journal of Real Estate*, vol. 25/1, pp. 77-106, https://www.jstor.org/stable/26391901 (consulté le 13 décembre 2021). [18]

Smith, D., P. Kowalski et F. van Tongeren (2022), « Modelling trade policy scenarios: Macroeconomic and trade effects of restrictions in cross border labour mobility », *OECD Trade Policy Papers*, n° 259, Éditions OCDE, Paris, https://doi.org/10.1787/b37fa34f-en. [39]

Sorbe, S. et al. (2019), « Digital Dividend: Policies to harness the productivity potential of digital technologies », *OECD Economic Policy Papers*, n° 26, Éditions OCDE, Paris, https://doi.org/10.1787/273176bc-en. [21]

Sorbe, S. et al. (2019), « Digital Dividend: Policies to harness the productivity potential of digital technologies », *OECD Economic Policy Papers*, n° 26, Éditions OCDE, Paris, https://doi.org/10.1787/273176bc-en. [38]

Teusch, J. et S. Ribansky (2021), « Greening international aviation post COVID-19: What role for kerosene taxes? », *Documents de travail de l'OCDE sur la fiscalité*, n° 55, Éditions OCDE, Paris, https://doi.org/10.1787/d0e62c41-en. [37]

Ubaldi, B. (2013), « Open Government Data: Towards Empirical Analysis of Open Government Data Initiatives », *Documents de travail de l'OCDE sur la gouvernance publique*, n° 22, Éditions OCDE, Paris, https://doi.org/10.1787/5k46bj4f03s7-en. [36]

van Hoenselaar, F. et al. (2021), « Mortgage finance across OECD countries », *Documents de travail du Département des affaires économiques de l'OCDE*, n° 1693, Éditions OCDE, Paris, https://doi.org/10.1787/f97d7fe0-en. [35]

Young, C. (1984), *The Influence of Water Quality on the Value of Recreational Properties Adjacent to St. Albans Bay, Vermont*, https://ageconsearch.umn.edu/record/276791/ (consulté le 15 octobre 2021). [13]

Ziemann, V. et al. (2023), « Tailoring urban policies to the new geography of housing demand », *Documents de travail du Département des affaires économiques de l'OCDE*, Éditions OCDE, Paris, à paraître. [6]

Annex 4.A. La base de données de l'OCDE relative à la géographie de la demande de logements

2. L'OCDE, avec le concours d'un réseau de fournisseurs de données publics et privés, a assemblé une base de données sur la géographie de la demande de logements rendant compte des prix des transactions dans 16 pays, disponibles au niveau de la plus petite unité administrative (Ziemann et al., 2023[6] ; Ahrend et al., 2022[34])). Dans la plupart des cas, ces données sont communiquées par les offices statistiques nationaux qui les collectent pour compiler les indices des prix des logements (IPL). La France et le Royaume-Uni publient des données en accès libre pour chacune des transactions. Enfin, les opérateurs de données privés de l'Allemagne (« vdpResearch ») et du Portugal (« Confidencial Imobiliário ») ont accepté de communiquer des données précises sur les prix des logements.

Tableau d'annexe 4.A.1. Sources des données et couverture par pays

	Couverture			Nombre de ZUF				Source	Variable du prix des logements au niveau local
	Période	Population (%)	Zone (%)	Petite (<200K)	Moyenne (200K – 500K)	Métropolitaine (500K – 1.5m)	Grande (> 1.5m)		
AUT	T1 2017 — T1 2022	62	24	-	3 (67)	2 (70)	1 (123)	Statistik Austria	Prix médian au m² des transactions
BEL	T1 2017 — T4 2021	94	77	5 (16)	4 (35)	4 (105)	1 (125)	STATBEL	Prix médian au m² des transactions
DEU	T1 2018 — T4 2021	74	60	12 (76)	54 (751)	17 (698)	8 (1293)	vdpResearch	Prix médian au m² des transactions
DNK	T4 2017 — T1 2022	46	25	-	3 (67)	-	1 (68)	Statistics Denmark	Prix médian au m² des transactions
ESP	T1 2017 — T3 2021	92	51	46 (277)	22 (225)	8 (222)	3 (383)	INE	Prix médian au m² des transactions
FIN	T1 2017 — T4 2021	81	37	3 (15)	3 (31)	1 (15)	-	Statistics Finland	Prix médian au m² des transactions
FRA	T1 2017 — T4 2021	86	66	17 (1075)	30 (3301)	13 (2338)	2 (2071)	Demande de valeurs foncières	Prix médian au m² des transactions
GBR	T1 2017 — T3 2022	86	62	36 (570)	27 (1233)	14 (1845)	4 (2556)	UK Government Price Paid data	Moyenne des prix médians des transactions par type et ancienneté du bien immobilier
HUN	T1 2017 — T1 2022	92	74	11 (263)	7 (304)	-	1 (201)	Hungarian Central Statistics Office	Prix médian au m² des transactions
ISR	T1 2017 — T4 2021	65	12	1 (5)	4 (27)	2 (25)	1 (59)	Central Bureau of Statistics	Prix médian au m² des transactions
KOR	T1 2018 — T4 2021	81	26	1 (1)	10 (11)	6 (22)	5 (105)	MOLIT	Prix médian au m² des transactions
MEX	T1 2017 — T4 2021	54	2	18 (246)	36 (885)	30 (1847)	8 (2070)	Sociedad Hipotecária Federal (SHF)	Prix médian au m² des transactions
NOR	T1 2017 — T1 2022	65	12	2 (2)	3 (9)	1 (11)	-	Statistics Norway	Prix médian au m² des transactions
PRT	T1 2017 — T4 2021	44	8	5 (15)	2 (22)	1 (43)	1 (110)	Confidencial Imobiliário	Prix médian au m² des transactions
SWE	T1 2017 — T4 2021	90	98	6 (22)	3 (13)	2 (18)	1 (21)	Svensk Mäklarstatistik	Prix médian au m² des transactions
USA	T1 2017 — T3 2022	96	56	34 (496)	84 (2181)	59 (3263)	34 (6617)	Zillow Research Institute	Zillow Home Value Index

Annexe 4.B : Mesurer le gradient des prix des logements urbains et son évolution

La spécification suivante permet d'établir si les prix des logements varient ou non selon la distance par rapport au centre-ville

$$\ln P_{i,j} = \alpha_j + \beta_j \ln D_i^j + \varepsilon_{i,j} \tag{1}$$

Sachant que $P_{i,j}$ désigne le prix des logements dans l'unité locale *i* de la ZUF *j* en 2018 et que D_i^j désigne la distance en mètre de l'unité locale *i* par rapport au centroïde du plus grand pôle urbain à forte densité de la ZUF *j* correspondante. Le coefficient estimé β_j est appelé *gradient*.

Est testée ici l'hypothèse centrale selon laquelle les gradients des prix des logements situés à l'intérieur de la ZUF se sont aplatis après la pandémie de COVID-19 avec la pratique généralisée du télétravail. Pour cela, la variation des prix des logements au niveau local entre le second semestre de 2019 (avant la pandémie) et le second semestre de 2021 (dernières données uniformément disponibles depuis le début de la pandémie) est calculée par régression en fonction de la distance par rapport au centroïde de la ZUF correspondante.

$$\Delta P_{i,j} = \alpha + \delta \ln D_i^j + \mu_j + \varepsilon_{i,j} \tag{2}$$

Sachant que Δ est un opérateur différentiel exprimé en logarithme (mesurant la variation en % entre le S2 2019 et le S2 2021) et μ_j désigne les effets fixes associés à la ZUF. Un coefficient de pente δ positif implique un aplatissement du gradient des prix des logements au sein de la ZUF β_j par rapport à l'équation en niveau (1).

Pour mieux recenser les chocs de demande dans les variations de prix, l'estimation de base sous forme réduite (équation 2) est augmentée d'une valeur approximative des nouvelles constructions résidentielles (S_i) :

$$\Delta P_{i,j} = \alpha + \delta_0 \ln D_i^j + \boldsymbol{\delta_O}(\mathbf{ln}\, \boldsymbol{D_i^j} \times \boldsymbol{S_i}) + \boldsymbol{\gamma}\, \boldsymbol{S_i} + \mu_j + \varepsilon_{i,j} \tag{3}$$

$$\Delta P_{i,j} = \alpha + \delta_0 \ln D_i^j + \boldsymbol{\delta_{\mathrm{TAD}}}(\mathbf{ln}\, \boldsymbol{D_i^j} \times \boldsymbol{TAD_j}) + \delta_S(\ln D_i^j \times S_i) + \gamma\, S_i + \mu_j + \varepsilon_{i,j} \tag{4}$$

Par conséquent, le coefficient δ peut être réécrit comme une fonction de l'augmentation du travail à domicile (TAD) et du surplus d'offre (S) pondérée par les élasticités respectives :

$$\delta_{i,j} = \delta_0 + \delta_{TAD} TAD_j + \delta_S S_i$$

- Hypothèse 1 : δ et δ_0 sont positifs, attestant un aplatissement du gradient des prix des logements depuis l'apparition du COVID-19.
- Hypothèse 2 : δ_{TAD} est positif conformément au postulat selon lequel un recours accru au TAD accentue, toutes choses égales par ailleurs, la demande de logements dans les zones plus éloignées.
- Hypothèse 3 : δ_s est négatif puisque, toutes choses égales par ailleurs, le surplus d'offre atténue la tension sur les prix induite par la demande.